자본론
경제학 비판

제1권
자본의 생산과정

제1분책

칼 맑스 **자본론**: 경제학 비판

프리드리히 엥엘스 편   제1권 제1분책

번역: 채만수
발행: 노사과연
표지 디자인: 이규환

등록: 302-2005-00029 (2005. 04. 20.)
주소: 서울 동작구 노량진로22길 33, 나동 2층 (우 06916)
전화: (02) 790-1917 | 팩스: (02) 790-1918
이메일: wissk@lodong.org
홈페이지: http://www.lodong.org

제1판 발행: 2018년 5월 5일

ISBN

*책값은 뒤표지에 있습니다.
*잘못된 책은 바꿔 드립니다.

칼 맑스

자본론
DAS KAPITAL

경제학 비판
Kritik der politischen Ökonomie

제 I 권
Erster Band
(제1분책)
Buch I

자본의 생산과정
Der Produktionsprozeß des Kapitals

프리드리히 엥엘스 편
채만수 역

노사과연
노동사회과학연구소 부설

Karl Marx, 1875

일러두기

1. 이 책은 칼 맑스, ≪자본론≫ 제1권의 번역이다. 4권의 분책으로 간행된다.
2. 독일민주공화국(구동독) 독일사회주의통일당(SED) 중앙위원회 부설, 맑스-레닌주의연구소 편 *Karl Marx · Friedrich Engels Werke* (*MEW*), Band 23 (Dietz Verlag, Berlin, 1972)을 대본으로 하고, 프랑스어판(K. 맑스 교열판), 영어판(F. 엥겔스 편집), 일본어판들(마르크스·엥겔스전집간행위원회역, 大月書店판; 사키사카 이츠로역, 岩波文庫판; 자본론번역위원회역, 新日本出版社판), 최영철·전석담·허동 번역판, 김수행 번역판, 조선로동당사판(도서출판 백의판) 등을 참고하면서 번역하였다.
3. *MEW*판의 각주들은 페이지별로 각주로, *MEW*편집자의 후주/해설은 후주[]로 처리했으며, '역주' 등은 *1, *2 등의 번호를 붙여 페이지별로 처리하였다. 본문 좌·우의 숫자와 각 후주 말미 ( ) 속의 숫자는 *MEW*판의 페이지수다.
4. 독일어 특유의 표현(제2판 후기 참조)으로 이해가 어려울 것으로 보이는 부분은, 맑스 자신과 엥겔스는 이를 어떻게 번역했는지를 보여주기 위해서 프랑스어판과 영어판을 참조, 필요하다고 생각되는 경우 '역주'로 번역하였다.
5. *MEW*판의 독일어 이외의 언어들은 원칙적으로 그것을 병기하였고, 이탤릭체로 강조된 부분은 밑줄로, 굵은 글씨로 강조된 부분은 밑줄과 굵은 글씨로 강조해두었다.
6. 이 책에서 '영어판'이란, 다른 말이 없는 한, F. 엥겔스가 편집한 판으로, *MECW*, Vol. 34, Progress Publishers, 1954를 가리킨다.
7. 표기는 한글 맞춤법(특히 '두음법칙'과 관련하여) 및 외래어표기법(특히 경음[硬音]과 관련하여)을 반드시 따르지는 않았다.

* * *

프랑스어판으로부터의 번역은 역자의 아내 최선영이, 오·탈자의 교정은 ≪자본론≫을 공부하는, 노동사회과학연구소의 회원들이 맡아 주었다. 여기에 감사의 마음을 표한다. – 역자.

칼 맑스

자본론

경제학 비판

제1권
자본의 생산과정

나의 잊을 수 없는 동무,
용감하고 성실하며 고결한 프롤레타리아트의 전위투사

빌헬름 볼프 1809년 6월 21일, 타르나우에서 출생
1864년 5월 9일, 망명 중 맨체스터에서 사망

에게 바친다.

차례

칼 맑스 · 제1판 서문	13
칼 맑스 · 제2판 후기	20
칼 맑스 · 프랑스어판 서문과 후기	35
프리드리히 엥엘스 · 제3판에	38
프리드리히 엥엘스 · 영어판 서문	42
프리드리히 엥엘스 · 제4판에	50

제1권
자본의 생산과정

제1편
상품과 화폐

제1장. 상품	63
제1절. 상품의 두 요소: 사용가치와 가치 (가치의 실체, 가치의 크기)	63
제2절. 상품에 표현되는 노동의 이중성	74
제3절. 가치형태 즉 교환가치	84
A. 단순한, 개별적인 또는 우연한 가치형태	86
1. 가치표현의 두 극(極): 상대적 가치형태와 등가형태	86
2. 상대적 가치형태	88

a) 상대적 가치형태의 내용	88
b) 상대적 가치형태의 량적 규정성	94
3. 등가형태	98
4. 단순한 가치형태의 총체	106
B. 전체적, 즉 전개된 가치형태	110
1. 전개된 상대적 가치형태	110
2. 특수한 등가형태	112
3. 전체적, 즉 전개된 가치형태의 결함들	112
C. 일반적 가치형태	114
1. 가치형태의 변화된 성격	114
2. 상대적 가치형태와 등가형태의 발전관계	118
3. 일반적 가치형태로부터 화폐형태로의 이행	121
D. 화폐형태	122
제4절. 상품의 물신적 성격과 그 비밀	123
제2장. 교환과정	146
제3장. 화폐 또는 상품유통	161
제1절. 가치의 척도	161
제2절. 유통수단	176
a) 상품의 변태	176
b) 화폐의 회류	193
c) 주화. 가치표장	209
제3절. 화폐	217
a) 화폐축장	219
b) 지불수단	227
c) 세계화폐	238
후주/해설	244

제2권 분책

제2편. 화폐의 자본으로의 전화
   제4장. 화폐의 자본으로의 전화

제3편. 절대적 잉여가치의 생산
   제5장. 노동과정과 가치증식과정
   제6장. 불변자본과 가변자본
   제7장. 잉여가치률
   제8장. 노동일
   제9장. 잉여가치의 률과 총량

제3분책

제4편. 상대적 잉여가치의 생산
   제10장. 상대적 잉여가치의 개념
   제11장. 협업
   제12장. 분업과 매뉴팩쳐
   제13장. 기계설비와 대공장

제5편. 절대적·상대적 잉여가치의 생산
   제14장. 절대적·상대적 잉여가치
   제15장. 노동력의 가격과 잉여가치의 크기의 변동
   제16장. 잉여가치률을 표현하는 여러 공식

제4분책

제6편. 임금
- 제17장. 노동력의 가치 또는 가격의 임금으로의 전화
- 제18장. 시간임금
- 제19장. 개수임금
- 제20장. 임금의 국민적 차이

제7편. 자본의 축적과정
- 제21장. 단순재생산
- 제22장. 잉여가치의 자본으로의 전화
- 제23장. 자본주의적 축적의 일반적 법칙
- 제24장. 이른바 본원적 축적
- 제25장. 근대적 식민이론

제1판 서문[1]

여기에 그 제1권을 공간(公刊)하는 이 저작은 1859년에 간행된 나의 저서 ≪경제학 비판을 위하여(*Zur Kritik der politischen Ökonomie*)≫의 계속이다. 시작과 계속 사이의 긴 휴지(休止)는, 나의 작업을 거듭거듭 중단시킨 여러 해에 걸친 질병 때문이다.

이전 저작의 내용은 이 제1권의 제1장에 요약되어 있다.[2] 이렇게 한 것은 단지 연관성과 완전성을 기하기 위해서만은 아니다. 서술이 개선되어 있다. 이전에는 단지 변죽만 울렸을 뿐이었던 많은 점들이 여기에서는, 어떻게든 사정이 허락하는 한, 보다 더 상세히 설명되어 있는 반면에, 거꾸로 거기에서는 상세히 설명되었던 것이 여기에서는 단지 변죽만 울리는 데에 머물고 있다. 가치이론과 화폐이론의 역사에 관한 부분들은 이번에는 당연히 전부 없어졌다. 하지만, 이전 저작의 독자는 제1장의 각주들 속에 그 이론의 역사를 위한 새로운 전거들이 제시되어 있음을 발견할 것이다.

시작은 모두 어렵다(Aller Anfang ist schwer)는 것은 어느 과학에나 해당된다. 그리하여 제1장, 특히 상품의 분석을 포함하는 절(節, [이 책의 제1장에 해당: 역자])을 이해하기가 가장 어려울 것이다. 그러나 나아가 가치실체와 가치크기에 관해서는, 그리하여 나는 그것을 가능한 한 평이하게 하였다.1 그 완성된 모습이 화폐형태인 가치형태는 대단히 공허하고 단순하다. 그럼에도 불구하고 인간정신은 2000년 이상이나 그것을 해명하려고 노력했으나 성과가 없었던 반면에, 다른 한편에서는 훨씬 더 내용이 풍부하고 복잡한 형태들의 분석에는 적어도 대략은 성공했다. 왜 그랬을까? 성숙한 신체는 신체세포보다 연구하기 쉽기 때문이다. 뿐만 아니라, 경제적 형태들을 분석할 때에는 현미경도 화학적 시약도 아무 도움이 안 된다. 추상력(抽象力)이 그 양자(兩者)를 대신하지 않으면 안 된다. 그런데 부르주아 사회에서는 노동생산물의 상품형태 혹은 상품의 가치형태가 경제적 세포형태이다. 교양이 없는 사람에게는 그 분석은 괜스레 지나치게 세세한 것을 캐 대고 있는 것처럼 보인다. 실제로 이 경우에는 세세하게 캐는 것이 중요한데, 그러나 그것은 미세해부학에서 그렇게 하는 것이 중요한 것과 마찬가지이다.

따라서 가치형태에 관한 절을 제외하면, 이 책을 난해하다고 비난할 수는 없을 것이다. 나는 물론 무언가 새로운 것을 배우려 하고, 따라서 스스로 생각하려 하는 독자들을 염두에 두고 있다.

물리학자는 자연과정들을 그것들이 가장 전형적인 형태로, 그

---

1 슐체-델리취(Schulze-Delitzsch)를 논박한 자신의 저서 속에서 F. 라쌀(F. Lassalle)이, 예의 주제들에 대한 내 설명의 "정신적 진수(眞髓)"를 제공하겠다고 천명하고 있는 바로 그 부분조차 중대한 오해를 포함하고 있는 만큼, 더욱 그렇게 할 필요가 있다고 생각되었다. 내친 김에 말하자면, F. 라쌀은 자신의 경제학적 저작들의 일반적인 이론적 명제 전체를, 예컨대, 자본의 역사적 성격이나, 생산관계들과 생산양식 간의 관련 등등에 관한 명제들을 내가 만들어낸 술어들에 이르기까지 거의 문자 그대로 나의 저작들로부터, 그것도 전거도 밝히지 않은 채, 차용(借用)했는데, 이러한 행동은 다분히 선전상의 고려로부터 이루어졌을 터이다. 나는 물론 그의 상세한 논의나 활용에 관해서 말하는 것이 아니며, 나는 그것들과는 무관하다.

리고 교란적인 영향들에 의해서 가장 적게 혼탁해져 나타나는 곳에서 관찰하든가, 혹은 가능하다면, 과정의 순수한 진행을 보장하는 조건들 하에서 실험을 한다. 내가 이 저작에서 연구하지 않으면 안 되는 것은, 자본주의적 생산양식과, 그에 상응한 생산관계들 및 교역관계들이다. 그 전형적인 장소는 지금까지는 영국(England)이다. 이것이 내가 이론을 전개하면서 영국을 주요 예증(例證)으로서 이용하는 이유이다. 하지만 만일 독일의 독자가 영국의 공업노동자들이나 농업노동자들의 상태에 관해서 바리새인[*1]처럼 어깨를 으쓱하거나, 혹은 독일에서는 아직 사태가 그렇게 나쁘지 않다고 낙관적으로 안심한다면, 나는 그에게 소리쳐 알리지 않으면 안 된다: 당신에 관해서 말하고 있는 것이다! (De te fabula narratur![3])

자본주의적 생산의 자연법칙들로부터 생기는 사회적 적대관계의 보다 높거나 보다 낮은 발전정도는 그 자체로서는 문제가 아니다. 이들 법칙 그 자체, 철의 필연성으로 작용하며 자신을 관철하는 이 경향이 문제인 것이다. 산업이 보다 더 발전한 나라는 덜 발전한 나라에게 그 자신의 미래상을 보여주고 있을 뿐이다.

그러나 이는 제쳐두기로 하자. 우리[독일: 역자]의 경우 자본주의적 생산이 완전히 시민권을 획득한 곳, 예컨대 본래의 공장들에서는 상황이 영국에서보다도 훨씬 더 나쁜데, 이는 공장법이라는 평형추(平衡錘)가 없기 때문이다. 그 밖의 모든 분야에서는, 나머지 서유럽 대륙 전체와 마찬가지로, 자본주의적 생산의 발전뿐 아니라 그 발전의 결여도 역시 우리를 괴롭히고 있다. 근대적 궁핍과 나란히, 시대를 역행하는 사회적·정치적 관계들을 수반한, 시

---

*1 [역주] '바리새인'은 '위선적 독선자'라는 뜻.

대에 뒤떨어진 고풍(古風)의 생산양식들이 계속 발육하는 데에서 기인하는 수많은 전래의 궁핍이 우리를 짓누르고 있다. 우리는 살아 있는 것에 의해서 고통을 받고 있을 뿐 아니라 죽은 것에 의해서도 고통을 받고 있는 것이다. 죽은 자가 산 자를 움켜쥔다! (Le mort saisit le vif!)[*1]

영국의 사회통계에 비하면, 독일과 기타 서유럽 대륙의 그것은 빈약하다. 그럼에도 불구하고 그것은 그 배후에 메두사[*2]의 머리가 있다는 것을 알아채게 할 만큼은 충분히 베일을 걷어 올려주고 있다. 만일 우리 정부와 의회가 영국에서처럼 경제 상황에 대한 주기적인 위원회들을 설치한다면, 만일 이들 위원회에 영국에서처럼 진실을 규명하기 위한 전권이 부여된다면, 만일, 영국의 공장감독관들이나, "공중보건"(Public Health)에 관한 의료보고자들, 여성 및 아동의 착취나 주택상태 및 영양상태 등등에 관한 조사위원들이 그러한 것처럼, 이 목적을 위하여 마찬가지로 전문적 지식이 있고, 불편부당하며, 가차 없는 사람들을 발견하는 데에 성공한다면, 우리는 우리 자신의 상태에 경악할 것이다. 페르세우스(Perseus)[*3]는 괴물을 추적하기 위해서 마술모자(Nebelkappe,

---

[*1] [新日本판 역주] Le mort saisit le vif! (죽은 자가 산 자를 움켜쥔다!) — 삐에르 드롬, ≪프랑스 법언집≫(1614년)으로부터. 죽은 자는 어떤 법률적 절차도 취하지 않고 그 후계자에게 유산을 상속시킨다는 것을 의미하는 법언(法諺)인데, 맑스는 문자 그대로의 의미로 사용하고 있다.

[*2] [역주] 메두사(Medusa) — 꿈틀거리는 뱀의 머리칼을 가져 그 머리를 보는 사람은 그 끔찍함으로 인한 공포로 돌이 되었다는 그리스 신화 속의 괴물. 따라서 "그 배후에 메두사의 머리가 있다"는 "그 배후에 소름끼칠 만큼 끔찍한 광경이 있다"는 뜻.

[*3] [역주] 페르세우스(Perseus) — 메두사 등 많은 괴물을 퇴치한, 그리스 신화 속의 영웅.

Magic cap)를 이용했다. 우리는 괴물의 존재를 부인해버릴 수 있게끔 하기 위해서 그 마술모자를 눈과 귀 위로 깊이 당기고 있다.

이에 관해서 자신을 기만해서는 안 된다. 18세기의 미국의 독립전쟁이 유럽의 중간계급[부르주아계급: 역자]에 대하여 경종을 울렸던 것처럼, 19세기의 미국의 내전[남북전쟁: 역자]은 유럽의 노동자계급에 대하여 경종을 울렸다. 영국에서의 변혁과정(Umwälzungsprozeß)[*1]은 명백하다. 일정한 높이에 달하면, 그 변혁과정은 틀림없이 대륙에 반작용을 미칠 것이다. 대륙에서 그 변혁과정은, 노동자계급 자신의 발전정도에 따라서, 혹은 보다 더 잔혹한 형태들로, 혹은 보다 더 인도적인 형태들로 진행될 것이다. 따라서 보다 고상한 동기는 제쳐두더라도, 현 지배계급 자신의 이해관계가 그들로 하여금, 노동자계급의 발전을 억압하는 장애물들 가운데 법률적으로 통제할 수 있는 모든 것을 제거하도록 요구하고 있다. 그 때문에 나는 이 책에서 무엇보다도 영국의 공장입법의 역사와 내용, 결과들에 아주 상세하고 충분한 지면을 할애했다. 한 국민은 다른 국민으로부터 배워야 하고, 또 배울 수 있다. 설령 한 사회가 그 운동의 자연법칙을 찾아냈다 하더라도 —그리고 근대 사회의 경제적 운동법칙을 밝히는 것이 이 저작의 궁극적 목적이다— 그 사회는 자연적인 발전단계들을 뛰어넘을 수도, 법령에 의해 그것을 제거할 수도 없다. 그러나 산고(産苦)를 단축하고 완화할 수는 있다.

있을지 모를 오해를 피하기 위해서 한 마디 해두자. 자본가와 토지소유자의 모습들을 나는 결코 장밋빛으로 그리고 있지 않다. 그러나 여기에서 인물들이 문제가 되는 것은 단지 그들이 경제적

---

*1 [역주] 영어판에는 "사회적 분해의 진행(progress of social disintegration)".

범주들의 인격화인 한에서, 즉 일정한 계급관계들 및 이해관계들의 담지자(擔持者, Träger)인 한에서이다. 다른 어떤 관점보다도, 경제적 사회구성의 발전을 하나의 자연사적 과정으로서 파악하는 나의 관점에서는, 개인에게 [사회적: 역자] 관계들을, 즉, 아무리 주관적으로는 그 관계들을 초월할지 몰라도 사회적으로는 그 자신이 의연히 그 관계들의 산물임에 불과한 개인에게 그 관계들을 책임지울 수는 없다.

경제학의 영역에서는 자유로운 과학적 연구는 다른 모든 영역에서 부딪치는 것과 동일한 적대자들과만 부딪치는 게 아니다. 경제학이 다루는 소재의 특유한 성질은 그 과학적 연구에 대항하여 인간 흉중(胸中)의 가장 격렬하고, 가장 졸렬하며, 가장 악의에 찬 격정을, 즉 사적이해(私的利害)라는 복수의 여신들(Furien)을 전장(戰場)으로 불러낸다. 예컨대 영국의 고교회파(高敎會派)[*1]는 39개의 신앙 개조(箇條) 가운데 38개에 대한 공격은 용납할지언정, 그 화폐 수입의 39분의 1에 대한 공격은 용납하지 않는다. 오늘날에는, 전래의 소유관계들에 대한 비판에 비하면, 무신론조차 경범죄(culpa levis)인 것이다. 하지만 여기에도 하나의 진보는 부인할 수 없다. 예컨대, 최근 수주일 동안에 공표된 청서[4] ≪산업문제 및 노동조합에 관한 여왕 폐하의 해외사절단 통신(*Correspondence with Her Majesty's Missions Abroad, regarding Industrial Questions and Trade Unions*)≫을 참고로 지적해둔다. 영국 국왕의 해외 대표자들이 여기에서 꾸밈없이 말하고 있는 것은, 독일에서도, 프랑스에서도, 요컨대 유럽 대륙의 모든 문명국가들에서도

---

*1 [역주] 교회의 권위와 전통, 의식(儀式), 교리 등을 중시하는 영국 국교 성공회의 한 파. 고교회파에 비하여 복음주의적 파는 저교회파라고 불린다.

영국에서와 마찬가지로 자본과 노동의 기존 관계들의 변화가 감지되고 있으며 불가피하다는 것이다. 동시에 대서양 저편에서는 북미합중국의 부통령 웨이드(Wade) 씨가 공식 석상에서 이렇게 선언했다: 노예제 폐지 이후 자본관계들과 토지소유관계들의 변화가 일정에 올라 있다! 이것이야말로 자주색 망토로도 흑색의 승복(僧服)[*1]으로도 은폐되지 않는, 시대의 징후이다. 이 징후들은 내일이라도 기적들이 일어날 것이라는 것을 의미하는 것이 아니다. 그것들이 보여주고 있는 것은, 오늘날의 사회는 결코 딱딱한 결정체(結晶體)가 아니라 변화할 수 있고 또한 언제나 변화의 과정 속에 있는 유기체(有機體)라는 어렴풋한 관념이 어떻게 지배계급 속에서조차 떠오르고 있는가 하는 것이다.

이 저작의 제2권은 자본의 유통과정(제2부)과 총과정의 모습들(제3부)을 다룰 것이며, 최후의 제3권(제4부)은 이론의 역사를 다룰 것이다.

과학적 비판에 기초한 어떤 의견도 나는 환영한다. 내가 여태껏 한번도 양보한 적이 없는, 소위 여론이라는 편견에 대해서는 저 위대한 플로렌스인의 표어가 여전히 나에게 해당된다:

너의 길을 가라. 그리고 사람들은 지껄이도록 내버려둬라!
(Segui il tuo corso, e lascia dir le genti!)[5]

런던에서, 1867년 7월 25일

칼 맑스

---

*1 [역주] 자주색 망토는 황제의 의례복(儀禮服)으로서 왕권을 의미하며, 따라서 왕권으로도 종교적 권위로도 이 시대의 징후를 은폐할 수 없다는 뜻이다.

제2판 후기[6]

제1판의 독자들에게 우선 나는 제2판에서 이루어진 변경들에 관해서 보고하지 않으면 안 된다. 책을 더욱 이해하기 쉽게 분할한 것은 바로 눈에 띈다. 추가적인 주들은 모두 제2판의 주라고 표시되어 있다. 본문 자체와 관련해서는 다음의 것들이 가장 중요하다.

제1장 제1절에서는, 교환가치가 표현되는 등식들의 분석에 의한 가치의 도출이 과학적으로 한층 더 엄밀히 수행되어 있고, 마찬가지로 초판에서는 단지 암시만 되어 있던, 가치실체와 사회적 필요 노동시간에 의한 가치크기의 규정 간의 관련이 명시적으로 강조되어 있다. 제1장 제3절(가치형태)은 완전히 다시 썼는데, 그것은 이미 제1판의 이중적 서술에 의해서 요구된 바였다. ― 내친 김에 말하자면, 그 이중적 서술은 나의 벗인 하노버의 L. 쿠겔만 박사의 권유에 의한 것이었다. 1867년 봄 내가 그를 방문하고 있었을 때 함부르크로부터 최초의 교정쇄(校正刷)가 도착했고, 그는 대부분의 독자들을 위해서 가치형태를 보완적이고 보다 더 교사식(敎師式)으로 설명할 필요가 있다고 나를 설복시켰던 것이다. ― 제1장의 마지막 절, 즉 "상품의 물신적 성격 등"은 크게 수정되었다. 제3장, 제1절(가치의 척도)은 상세히 수정되어 있는데, 왜냐하면, 제1판에서는 이 부분이 ≪경제학 비판을 위하여≫(베를린, 1959)에 이미 있는 설명을 참조하라면서 소홀히

취급되어 있었기 때문이다. 제7장, 특히 제2절은 현저하게 수정되어 있다.

그저 문체만을 수정했을 뿐인 여기저기의 본문변경들을 일일이 지적할 필요는 없을 것이다. 그것들은 책 전체에 걸쳐 있다. 그럼에도 불구하고, 지금 빠리에서 [분책으로: 역자] 간행되고 있는 프랑스어 번역을 교열하면서 나는, 독일어 원문의 꽤 많은 부분들에서, 어떤 곳은 보다 더 철저하게 고쳐 써야 하고, 어떤 곳은 보다 더 문체를 수정해야 하며, 혹은 또 우연한 오류들을 보다 면밀히 제거할 필요가 있다는 것을 발견하고 있다. 그러할 시간이 없었는데, 왜냐하면 한창 다른 절박한 일들[*1]을 하고 있던 1871년 가을에야 비로소 책이 매진되어 1872년 1월에는 이미 제2판의 인쇄가 시작되어야 한다는 통지를 받았기 때문이었다.

광범한 독일 노동자계급이 ≪자본론≫을 신속히 이해한 것은 나의 노동에 대한 최고의 보수이다. 경제적으로는 부르주아적 관점에 서 있는 인물인 빈(Wien)의 공장주 마이어(Mayer) 씨는, 보불전쟁 중에 간행된 한 소책자[*2] 속에서 적절하게도, 독일의 상속재산으로 간주되었던 위대한 이론적 감각이 독일의 이른바 교양계급들에게서는 완전히 없어졌고, 그 반면에 노동자계급 속에서 새롭게 소생하고 있다고 밝혔다.

경제학은 독일에서는 오늘날에 이르기까지 외국의 학문이었

---

*1 [역주] 빠리 꼬뮌이 패배한 후 국제노동자협회, 즉 제1 인터내셔날 내부에서 치열하게 벌어졌고, 결국 협회에서 그들을 제명하는 것으로 끝난, 무정부주의자 바꾸닌(Mikhail Aleksandrovich Bakunin)파와의 투쟁.

*2 [역주] 지그문트 마이어(Sigmund Mayer), ≪빈의 사회문제 (*Die sociale Frage in Wien. Studie eines "Arbeitgebers". Dem Niederösterreichischen Gewerbeverein gewidmet.*)≫, 빈, 1871.

다. 구스타프 폰 귈리히(Gustav von Gülich)는 ≪상업, 공업, 등의 역사적 서술≫*1 속에서, 특히 1830년에 출판된 처음의 두 권 속에서, 우리나라에서 자본주의적 생산양식의 발전을, 따라서 또한 근대 부르주아 사회의 건설을 지체시킨 역사적 사정들을 이미 대부분 논급하였다. 결국, 경제학의 생생한 지반이 없었던 것이다. 경제학은 영국과 프랑스에서 완제품으로서 수입되었고, 독일의 경제학 교수들은 생도에 불과했다. 외국의 현실의 이론적 표현은 그들의 수중에서, 그들에 의해서 자신들을 둘러싸고 있는 소부르주아적 세계의 의미로 해석된, 따라서 곡해된 교의집(敎義集[도그마 모음: 역자])으로 전화(轉化)되었다. 완전히는 억누를 수 없는 과학적 무력감과 실제로는 낯선 분야에서 교사연하지 않으면 안 되는 꺼림칙한 양심을 그들은 문헌사적 박식이라는 장식물 밑에, 혹은 이른바 관방학(官房學),*2 즉 독일의 희망에 찬*3 관료지망생이 그 연옥(煉獄)을 견뎌내지 않으면 안 되는 지식의 잡탕으로부터 차용한 낯선 재료를 혼합함으로써 은폐하려고 하였다.

1848년 이후 독일에서 자본주의적 생산이 급속히 발전해왔고, 오늘날에는 이미 그 협잡의 꽃들을 피우고 있다.*4 그러나 운명은

---

*1 [역주] Gustav von Gülich, ≪우리 시대에 가장 중요한 상업 국가들의 상업, 공업, 농업의 역사적 서술(Geschichtliche Darstellung des Handels, der Gewerbe und des Ackerbaus der bedeutendsten handeltreibenden Staaten unsrer Zeit)≫, 5 Bände, Jena, 1830-45.

*2 [역주] 관방학(Kameralwissenschaft) — 16-18세기 독일의 중상주의적 행정·재정학. 그 부국책(富國策).

*3 [MEW 편집자 주] "희망에 찬(hoffnungsvoll)"은 제3판과 제4판에는 "희망이 없는(hoffnungslos)"으로 되어 있다.

*4 [역주] 이 뒷부분이 영어판에는 "오늘날에는 투기와 협잡이 만발해 있다"로 되어 있다.

여전히 우리의 전문가들의 편이 아니었다. 그들이 편견에 사로잡히지 않고 경제학에 종사할 수 있었던 동안에는 독일의 현실에는 근대적인 경제적 관계들이 없었다. 이들 관계가 생겨나자마자, 상황은 곧 그들에게 부르주아적 시야 내에서는 편견에 사로잡히지 않은 연구를 더 이상 허용하지 않게 되었다. 경제학이 부르주아적인 한, 즉 자본주의적 질서를 사회적 생산의 역사적으로 일시적인 발전단계로서 파악하는 대신에, 거꾸로 사회적 생산의 절대적이고 최종적인 모습으로 파악하는 한, 경제학이 과학일 수 있는 것은 다만, 계급투쟁이 아직 잠재적이든가, 혹은 단지 개별적인 현상으로서만 나타나고 있는 동안뿐이다.

영국을 예로 들어보자. 영국의 고전파 경제학은 계급투쟁이 발전하지 않은 시대의 것이다. 고전파 경제학의 최후의 위대한 대표자인 리카도(Ricardo)는 계급적 이해의 대립을, 즉 임금과 이윤의 대립, 이윤과 지대의 대립을 마지막으로 의식적으로 자신의 연구의 출발점으로 삼고 있는데, 이는 그가 순진하게도 이 대립을 사회적인 자연법칙이라고 이해하고 있기 때문이다. 그러나 또한 그와 더불어 부르주아 경제과학은 넘을 수 없는 한계에 도달했다. 아직 리카도가 생존했을 때에, 그리고 그에 대립하여, 부르주아 경제학에는 씨스몽디(Sismondi)라는 인물에 의해 비판이 가해졌던 것이다.[1]

그에 이어지는 1820-1830년대에 영국에서는 경제학 영역에서의 과학적 활기가 두드러지게 나타난다. 그것은 리카도 이론의 속류화와 보급의 시대이기도 했고, 리카도 이론과 구(舊)학파의 투쟁의 시대이기도 했다. 화려한 시합들이 벌어졌다. 당시 이루

---

[1] 나의 저서 ≪경제학 비판을 위하여≫, p. 39(*MEW*, Bd. 13, S. 46)를 보라.

어졌던 것은 유럽 대륙에는 거의 알려져 있지 않은데, 이유는 그 논쟁이 대부분 논문집(論文集)이나 시사 잡지, 소책자들에 분산되어 있기 때문이다. 이 논쟁의 불편부당(不偏不黨)한 성격은 — 리카도 이론이 예외적으로는 이미 부르주아 경제에 대한 공격무기로서 이용되긴 했지만— 시대상황으로부터 자명하다. 한편에서는 대공업 그 자체가, 1825년의 공황과 더불어 비로소 그 근대적 생활의 주기적 순환을 개시함으로써 이미 입증되어 있는 것처럼, 겨우 막 그 유년기를 벗어났다. 다른 한편에서는 자본과 노동 간의 계급투쟁이, 정치적으로는 신성동맹[*1]의 주위에 군집한 정부들이나 봉건영주들과 부르주아지에 의해서 인솔된 민중 간의 갈등에 의해서, 경제적으로는 프랑스에서는 분할지 소유와 대토지 점유의 대립 뒤에 숨겨져 있었으나 영국에서는 곡물법[*2] 이후 공공연하게 터져 나온, 산업자본과 귀족적 토지소유 간의 불화에 의해서, 여전히 뒷전에 밀려나 있었다. 이 시대의 영국의 경제학 문헌은 퀘네(Quesnay) 박사가 죽은 후 프랑스의 경제학의 질풍노도의 시대를 생각나게 하지만, 그러나 그것은 초가을의 따뜻한 날씨가 봄을 생각나게 하는 것과 같을 뿐이다. 1830년이 되자 최종적으로 결정적인 위기가 발생했다.

부르주아지는 프랑스와 영국에서 이미 정치권력을 장악하고

---

*1 [역주] 신성동맹(Heilige Allianz) — 1815년 9월에 러시아 황제 알렉산드르 1세(Alexandr I)의 제안으로, 영국과 로마 교황, 오스만 투르크를 제외한 유럽의 모든 국가가 참가하여 결성한 동맹. 기독교 정신으로 유럽평화를 이룩한다는 명분을 내세웠으나, 실제로는 프랑스 혁명 사상의 전파와 피억압 민족의 독립투쟁을 억누르기 위한 반동적 동맹이었다.

*2 [역주] 곡물법(Corn Laws) — 나폴레옹 전쟁 중 폭등했던 곡물 값이 전쟁의 종결로 폭락하자 대토지 소유 귀족의 이익을 위하여 해외로부터의 값싼 곡물의 수입을 제한하고, 고율의 수입관세를 부과하도록 1815년에 제정된 법률. 신흥 산업부르주아지와의 대립으로 1846년에 폐지되었다.

있었다. 그 이후 계급투쟁은, 실천적으로도 이론적으로도, 더욱 더 뚜렷하고도 위협적인 형태들을 띠었다. 그것은 과학적 부르주아 경제학의 조종(弔鐘)을 울렸다. 이제는 더 이상 이 명제(命題, Theorem)가 옳은가 저 명제가 옳은가가 문제가 아니라, 그것이 자본에 유익한가 유해한가, 편리한가 불편한가, 경찰령(警察令) 위반인가 아닌가[*1]가 문제였다. 사심 없는 연구 대신에 매수된 논쟁이, 편견에 사로잡히지 않은 연구 대신에 비양심적이고 사악한 의도를 가진 변호론이 등장했다. 하지만, 공장주 콥덴(Cobden)과 브롸이트(Bright)를 필두로 한 곡물법반대동맹[7]이 세상에 살포한 넉살좋은 소책자들조차, 토지소유 귀족에 대한 논전을 통해서, 결코 과학적이진 않지만 역사적인 관심을 제공했다. 롸버트 필 경(Sir Robert Peel) 이후의 자유무역입법은 속류경제학에서 이 최후의 자극조차 없애버렸다.

1848년 대륙의 혁명은 영국에도 반작용을 미쳤다. 아직 과학적 의의를 요구하며 지배계급의 단순한 궤변가나 아첨꾼으로 머물려 하지 않은 사람들은 자본의 경제학을, 이제는 더 이상 무시할 수 없는 프롤레타리아트의 요구들과 조화시키려고 하였다. 그리하여 존 스튜어트 밀(John Stuart Mill)에 의해서 가장 잘 대표되고 있는 것과 같은, 얼빠진 절충주의가 나타났다. 그것은, 러시아의 위대한 학자이자 비평가인 N. 체르니쉐프스키(N. Tschernyschewski)가 이미 그의 저서 ≪밀의 경제학 개요(*Umrisse der politischen Ökonomie nach Mill*)≫ 속에서 탁월하게 밝힌 바 있는, '부르주아' 경제학의 파산선고이다.

---

*1 [역주] "경찰령 위반인가 아닌가(ob polizeiwidrig oder nicht)" — "법령 위반인가 아닌가", 즉 "합법적인가 불법적인가"의 뜻.

독일에서는 그리하여 프랑스와 영국에서 역사적인 투쟁들을 통해서 자본주의적 생산양식의 적대적 성격이 이미 요란하게 드러난 후에야 자본주의적 생산양식이 성숙했는데, 그 반면에 독일의 프롤레타리아트는 이미 독일의 부르주아지보다 훨씬 더 확고하고 이론적인 계급의식을 가지고 있었다. 그리하여, 부르주아 경제과학이 독일에서 가능해진 듯하자마자 그것은 다시 불가능해졌던 것이다.

이러한 상황 하에서 부르주아경제학의 대변자들은 두 계열로 분열되었다. 약삭빠르고, 이득을 좋아하는 실제적인 사람들은 속류경제학적 변호론의 가장 천박하고 따라서 가장 성공적인(gelungenst)*1 대표자 바스띠아(Bastiat)의 깃발 주위에 모였으며, 자신들의 학문의 교수적 품위를 자랑하는 다른 사람들은 죤 스튜어트 밀을 따라서 화해할 수 없는 것들을 화해시키려고 했다. 부르주아 경제학의 고전 시대에 그랬던 것처럼, 그 붕괴의 시대에도 독일인들은 여전히 단순한 생도, 모방자와 추종자, 외국의 대상사(大商社)의 소행상인에 불과했다.

그리하여 독일 사회의 특유의 역사적 발전은 이 나라에서 '부르주아적' 경제학의 모든 독창적인 계승발전을 배제했는데, 그러나 그 비판을 배제하지는 않았다. 이러한 비판이 무릇 하나의 계급을 대표하는 한, 그것은 단지 그 역사적 사명이 자본주의적 생산양식의 변혁과 계급의 궁극적인 폐지인 계급—프롤레타리아트—만을 대표할 수 있을 뿐이다.

독일 부르주아지의 대변자들은, 배운 자도 못 배운 자도, 그들

---

*1 [역주] "가장 성공적인(gelungenst)"은 "가장 기묘한"·"가장 우스꽝스러운"의 의미도 담고 있다.

이 이전의 나의 저서들에 대해서 성공했던 것과 같이, 우선 ≪자본론≫을 묵살하려고 했다. 이러한 전술이 더 이상 시대상황에 맞지 않자 그들은 내 책을 비판한다는 구실 하에 "부르주아적 의식을 진정시키기 위한" 처방전을 썼는데, 그러나 그들이 노동자 신문에서 발견한 것은 ─예컨대, ≪폴크스쉬타트(*Volksstaat*, 인민국가)≫에 게재된 요제프 디츠겐(Joseph Dietzgen)의 논설들을 보라[8]─ 자신들보다 뛰어난 투사들이었고, 이들 투사들에게 그들은 오늘날까지도 답변을 못하고 있다.1

≪자본론≫의 훌륭한 러시아어 번역이 1872년 봄에 뻬쩨르부르끄에서 출판되었다. 그 판 3000부가 지금 이미 거의 매진되었

---

1 독일 속류경제학의 입이 걸쭉한 떠버리들은 내 저서의 문체와 서술을 욕한다. ≪자본론≫의 문필상의 결함들을 나 자신보다 더 엄격히 평가할 수 있는 사람은 아무도 없다. 그럼에도 불구하고, 이들 신사들과 그들의 독자들의 이익과 기쁨을 위하여, 나는 여기에 한 영국인과 한 러시아인의 판단을 인용하겠다. 나의 견해에 전적으로 적대적인 ≪쎄터데이 리뷰(*Saturday Review*, 토요평론)≫은 독일어 초판을 소개하면서 이렇게 말했다. ─ 서술은 "가장 무미건조한 경제적인 문제들에 대해서도 하나의 독특한 매력(charm)을 주고 있다." ≪에쓰. -뻬. 뷔도모스띠(*C. -П. Вѣдомости*, 성 뻬쩨르부르끄 신문)≫은 1872년 4월 20일자 지면에서 특히 이렇게 말하고 있다. ─ "서술은, 극소수의 특별한 부분을 제외하면, 전반적으로 이해하기 쉽다는 점, 명료하다는 점, 그리고 대상의 고도의 과학성에도 불구하고 비상히 생생하다는 점에서 특출하다. 이 점에서 저자는 … 보통 사람들은 그 때문에 머리가 깨질 만큼 애매모호하고 무미건조한 어투로 책을 쓰는 수많은 독일 학자들과는 전혀 다르다." 하지만, 작금의 독일국민자유당*1의 교수적 문헌의 독자들은 머리와는 전혀 다른 무언가가 깨지고 있다.

*1 [新日本版 역주] 1867년에 창립된 국민자유당은 부르주아지와 지주 외에 저명한 학자들과 관료들을 포함하고 있었고, 현실적 정책이라는 가면 하에 비스마르크에 의한 위로부터의 독일 통일이라는 반동적 정책을 지원했고, 대량의 문서를 통한 선전으로 한때 다수의 의원을 국회에 보냈지만, 후에 제국주의 정당으로 전락했다. 이 책 제4판 서문에 나오는 꼬마 라스커(Lasker)는 이 당의 지도자.; [역주] 영어판에는 "하지만" 이하의 이 마지막 문장이 없다.

다. 이미 1871년에 키에프 대학 경제학 교수인 N. 지베르(Зиберъ, Sieber) 씨는 그의 저서 ≪D. 리카도의 가치 및 자본에 관한 이론(*Теорія цѣнности и капитала Д. Рикадо*)≫ 속에서 가치 및 화폐, 자본에 관한 나의 이론이 본질적으로 스미쓰-리카도 학설의 필연적인 계승발전임을 논증했다. 그의 견실한 책을 읽으면서 서유럽인들이 놀라는 것은 순수하게 이론적인 관점이 시종일관 견지되고 있다는 점이다.

25 ≪자본론≫에 적용된 방법론은, 그에 대한 서로 모순된 이해들이 이미 입증하고 있는 것처럼, 거의 이해되고 있지 않다.

그리하여 빠리의 ≪르뷔 포지띠뷔스뜨(*Revue Positiviste*, 실증주의자 평론)≫[9]은, 한편에서는, 내가 경제학을 형이상학적으로 다루고 있다고, 다른 한편에서는, — 상상해보라! — 내가, 미래의 간이식당을 위한 (꽁뜨 식의?) 요리법들을 쓰는 대신에, 주어진 것들을 단순히 비판적으로 분석하는 데에만 그치고 있다고 나를 비난한다. 형이상학이라는 비난에 대하여 지베르 교수는 이렇게 말하고 있다.

"본래의 이론이 문제인 한, 맑스의 방법은 영국의 학파 전체의 연역적 방법이며, 그 단점들도 장점들도 최량의 경제학자들에게 공통적이다."[10]

M. 블록(Block) 씨는 —"독일의 사회주의 이론가들. ≪경제학자 잡지≫, 1872년 7월호 및 8월호 발췌(Les Théoriciens du Socialisme en Allemagne. Extrait du *Journal des Économistes*, juillet et août 1872)"에서— 나의 방법이 분석적임을 발견하고, 특히 이렇게 말하고 있다.

> "이 저작으로 맑스 씨는 가장 뛰어난 분석적 사상가들의 대열에 들어간다.(Par cet ouvrage M. Marx se classe parmi les esprits analytiques les plus éminents.)"

독일의 평론가들은 물론 헤겔적 궤변이라며 아우성치고 있다. 뻬쩨르부르끄의 ≪붸스뜨니끄 예브로비(*Вѣстникъ Европы*, 유럽의 전령)≫는 오로지 ≪자본론≫의 방법만을 다룬 논문(1872년 5월호, p. 427-436)에서 나의 연구방법은 엄격히 실재론적이지만, 서술방법은 불행히도 독일 변증법적임을 발견하고 있다. 그 잡지는 이렇게 말하고 있다.

> "서술의 외적 형태에 따라 판단하면, 일견, 맑스는 최대의 관념론적 철학자이며, 더욱이 그것도 그 말의 독일적, 즉 나쁜 의미에서 그렇다. 실제로는 그러나 그는 경제학적 비판이라는 작업에서 그의 모든 선행자들보다 무한히 더 실재론자이다. ... 결코 그를 관념론자라고 부를 수는 없는 것이다."

나는 이 필자[*1]에게는 그 자신의 비판으로부터 약간을 발췌하여 답변하는 것보다 더 좋은 답변을 할 수 없으며, 또한 이 발췌문은 러시아어 원문에 접근하기 어려운 나의 많은 독자들에게도 흥미가 있을 것이다.

이 필자는, 내가 내 방법의 유물론적 토대를 상세히 논한 ≪경제학 비판[을 위하여: 역자]≫, 베를린, 1859, p. IV-VII[*2]의 서문을 인용한 후, 이렇게 계속하고 있다.

---

*1 [*MEW*편집자 주] I. I. 카우프만(Kaufman).
*2 [*MEW*편집자 주] *MEW*, Bd. 13, S. 8-10을 보라.

"맑스에게는 오직 하나만이 중요하다. 그가 연구하고 있는 현상들의 법칙을 발견하는 것이 그것이다. 그리고 그들 현상들이 완성된 형태를 취하고 있고 또한 어떤 주어진 기간 동안에 관찰되는 것과 같은 어떤 연관 속에 있는 한, 그에게 중요한 것은 단지 이들 현상을 지배하는 법칙만이 아니다. 그에게는 무엇보다도 그들 현상의 변화·발전의 법칙, 즉 어떤 형태로부터 다른 형태로의, 연관의 어떤 질서로부터 다른 질서로의 이행의 법칙 또한 중요하다. 일단 이 법칙을 발견하자 맑스는 사회생활 속에서 나타나는 이 법칙의 결과들을 상세히 연구한다. … 따라서 맑스가 고심하는 것은 단 하나: 즉 정확한 과학적 연구를 통해서 사회적 관계들의 일정한 질서들의 필연성을 논증하고, 자신의 출발점과 근거들(Stützpunkten)의 역할을 하는 사실들을 가능한 한 나무랄 데 없이 확인하는 것이다. 이를 위해서는 그가, 현재의 질서의 필연성을 논증함과 동시에, 현 질서가 불가피하게, 즉 사람들이 그것을 믿든 말든, 그들이 그것을 의식하고 있든 아니든 전혀 상관없이 이행하지 않을 수 없는 다른 질서의 필연성을 논증하면, 그것으로 완전히 충분하다. 맑스는 사회의 운동을 하나의 자연사적 과정으로 간주하고 있으며, 인간의 의지와 의식, 의도로부터 독립적일 뿐 아니라 오히려 거꾸로 그들의 의욕과 의식, 의도를 규정하는 법칙들이 그 과정을 지배하고 있다고 생각하고 있다. … 의식적 요소가 문화사에서 이렇게 종속적인 역할을 한다면, 문화 그 자체를 대상으로 하는 비판이 의식의 이런저런 어떤 형태나 그 어떤 결과를 그 기초로 삼을 수 없다는 것은 저절로 자명하다. 다시 말하자면, 비판에 있어서는 관념이 아니라 외적인 현상만이 출발점이 될 수 있는 것이다. 비판은 어떤 사실을 관념이 아니라 다른 사실과 비교하고 대조하는 데에 한정될 것이다. 이 비판에 있어서는 양쪽의 사실들을 가능한 한 가장 정확히 연구하고, 현실적으로 그 한쪽의 사실이 그 다른 쪽에 대하여 상이한 발전계기들을 형성한다는 것을 연구하는 것만이 중요한데, 그러나 무엇보다도 중요한 것은, 일련의 질서, 즉 발전단계들이 나타나는 순서와 결합을 그에 못지않게 정확히 탐구하는 것이다. 그러나, 어떤 사람들은 경제생활의 일반적 법칙들은 전적으로 동일해서, 그것들을 현재에 적용하든 혹은 과거에 적용하든 전혀 상관이 없다고 말할 것이다. 바로 그것을 맑스는 부정한다. 그에 의하면 그러한 추상적 법칙들은 존재하지 않는다. … 그의 견해에 의하면, 그와는 반대로 각각의 역사적 시대는 각각 그 고유의 법칙들을 가지고 있다. … 삶(Leben)은 어떤 주어진 발전기간을 다 살고 어떤 주어진 단계로부터 다른 단계로 이행하자마자, 또 다른 법칙들에 의해서 지배되기 시작한다. 한 마디로 말하자면, 경제생활은 생물학의 다른 영역들에서의 발전사와 유사한 현상을 우리에게 보여준다. … 옛 경제학자들이 경제학적 법칙들을 물리학이나 화학의 그것들에 비유했을 때, 그들은 경제학적 법칙의 본성을 오해했다. … 현상들을 보다 깊이 분석함으로써 동식물 유기체들과 마찬가지로 사회적 유기체들도 서로 근본적으로 다르다는 것이 입증되었다. … 그렇다. 동일한 현상이 각 유기체들의 전체구조의 차이나 그 개별적 기관의 편차, 그것들이 기능하는 조건들의 차이 등등의 결과, 전혀 다른 법칙들의 지배를 받고 있다. 맑스는, 예컨대, 인구법칙이 모든 시대와 모든 장소에서 동일하다는 것을 부정한다. 반대로 그는 각 발전단계는 각각 그 특유의 인구법칙을 가지고 있다고 단언한다. … 생산력의 발전이 다름에 따라서 관계들도 그 관계들을 규제하는 법칙들도 달라진다. 맑스는 이러한 관점에서 자본주의적 경제 질서를 연구하고 해명한다는 목표를 스스로에게 세움으로써, 경제생활에 대한 모든 정확한 연구가 갖추지 않으면 안 되는 목표를 엄밀히 과학적으로 정식화하고 있을 뿐이다. … 이러한 연구의 과학적 가치는, 어떤 주어진 사회적 유기체의 생성과, 존재, 발전, 사멸을 규제하고, 다른 보다 고도의 유기체에 의한 그 대체를 규제하는 특수한 법칙들을 해명하는 데에 있다. 그리고 이러한 가치를 맑스의 저서는 실제로 가지고 있다."

이 필자는, 그가 나의 현실적 방법이라고 부르는 것을 이렇게 적절하게, 그리고 이 방법의 나의 개인적인 적용이 문제가 되는 한, 이렇게 호의적으로 묘사하고 있는데, 그럼으로써 그가 묘사한 것이 변증법적 방법 이외의 다른 무엇일까?

물론 서술방법은 형식적으로는 연구방법과 구별되지 않으면 안 된다. 연구는 그 소재를 상세히 자신의 것으로 만들지 않으면 안 되고, 그 다양한 발전형태들을 분석하지 않으면 안 되며, 그것들의 내적 연관을 탐지하지 않으면 안 된다. 이러한 작업을 완료한 후에야 비로소 현실의 운동은 그에 상응하게 서술될 수 있다. 이에 성공하고 그리하여 소재의 생명이 관념적으로 반영되게 되면, 마치 어떤 선험적인(a priori) 구성과 관련이 있는 것처럼 보일지도 모른다.

나의 변증법적 방법은 근본적으로 헤겔(Hegel)의 그것과 다를 뿐만 아니라 그것과는 정반대이다. 헤겔에게 있어서는 실로 그가 이념(Idee)이라는 이름 아래 하나의 자립적인 주체로까지 전화시키고 있는 사유과정(思惟過程, Denkprozeß)이 현실적인 것의 조물주(Demiurg)이며, 현실적인 것은 단지 그 [사유과정의: 역자] 외적 현상을 이룰 뿐이다. 나의 경우는 정반대로 관념적인 것은 인간의 두뇌 속에서 변환되고 번역된 물질적인 것 이외의 아무것도 아니다.

헤겔적 변증법의 신비화적 측면을 나는 거의 30년 전에 그것이 아직 유행하고 있었던 시절에 비판했다. 그러나 내가 ≪자본론≫ 제1권을 퇴고하고 있던 바로 그때에, 지금 개명(開明)한 독일에서 허풍을 떨고 있는 불쾌하고 주제넘으며 범용(凡庸)한 아류들[111]이 헤겔을 마치 레씽(Lessing) 시대에 용감한 모제스 멘델스존(Moses Mendelssohn)이 스피노자(Spinoza)를 취급했던 것처럼, 즉 '죽은 개'처럼 취급하면서 우쭐대고 있었다. 나는 그리하여 내 자신이 저 위대한 사상가의 제자임을 공개적으로 인정했으며, 가치론에 관한 장(章)의 이곳저곳에서 그의 독특한 표현양식에 영합하기까지 했다. 변증법이 헤겔의 수중에서 신비화되긴 했지만, 그렇다고 해서 그것이 변증법의 일반적 운동형태들을 그가 최초로 포괄적이고 의식적인 방식으로 서술했다는 것을 부정하는 것은 결코 아니다. 변증법은 헤겔의 경우 머리로 서 있다. 신비한 외피(外皮) 속의 합리적 핵심을 발견하기 위해서는 그것을 뒤집지 않으면 안 된다.

신비화된 형태로 변증법은 독일에서 유행했는데, 왜냐하면 그것이 현존하는 것을 찬미하는 것처럼 보였기 때문이다. 합리적인 형태에서는 변증법은 부르주아지와 그 공론적(空論的) 대변자들에게 분노이자 공포인데, 왜냐하면 변증법은 현존하는 것에 대한 긍정적인 이해 속에 동시에 또한 그 부정, 즉 그 필연적인 몰락의 이해도 포함하고 있기 때문이며, 생성된 모든 형태를 운동의 흐름 속에서, 그리하여 또한 그것들이 무상(無常)하다는 측면에서 파악하기 때문이고, 어떤 것에 의해서도 위압되지 않기 때문이고, 본질적으로 비판적이고 혁명적이기 때문이다.

자본주의 사회의 모순에 찬 운동을 실제적인 부르주아는 근대산업이 겪는 주기적 순환의 영고성쇠(榮枯盛衰) 속에서 가장 통절하게 감지하는데, 그 절정(絶頂)이 전반적 공황이다. 이 전반적 공황은, 아직 그 예비단계에 있지만, 재차 접근 중이며, 그 작용의 강도(强度)와 마찬가지로 그 무대의 전면성(全面性)을

통해서도 새로운 신성(神聖) 프로이쎈-독일제국의 벼락부자들에게까지 변증법을 주입할 것이다.*1

런던에서, 1873년 1월 24일

칼 맑스

---

*1 [新日本판 역주] 프랑스어판에 이 "후기"가 다시 수록되었을 때[즉, 1875년 4월에: 인용자], 거기에 맑스는 다음과 같은 주를 달고 있다. — "독일어 제2판 후기는 1873년 1월 24일자였는데, 그것이 출판된 후 곧 여기에서 예언했던 공황이 오스트리아, 미국 및 독일에서 발발했다. 많은 사람들이 전반적 공황은 격렬하긴 해도 부분적인 폭발에 의해서 말하자면 할인되었다고 잘못 믿고 있다. 그렇기는커녕 오히려 공황은 그 정점을 향해서 가고 있다. 영국이 중심적 폭발지로 되고, 그 충격은 세계시장에서 감지되게 될 것이다."

또한 맑스는 1878년 11월 15일자로 다니엘쓴(Nikolai Franzewitsch Danielson)에게 보낸 편지에서 이 주에 대해서 언급하면서 다음과 같이 쓰고 있다. — "내가 프랑스어판 제351페이지의 주(注)에서 예고했던 영국의 공황은 마침내 최근 수주 사이에 폭발해버렸습니다. 친구들은 — 이론가들도 실천가들도 — 그 주의 삭제를 저에게 요청했는데, 왜냐하면 그 주가 그들에게는 근거가 박약한 것처럼 생각되었기 때문이었습니다. 그들은 미국의 북부 및 남부의 공황과 독일 및 오스트리아의 공황이 영국의 공황을 말하자면 '할인함'에 틀림없다고 확신하고 있었던 것입니다." (*MEW*, Bd. 34, S. 359.)

프랑스어판 서문과 후기

런던에서, 1872년 3월 18일
  시민 모리스 라 샤뜨르(Maurice La Châtre) 귀하

  친애하는 시민!
  ≪자본론≫의 번역을 정기적인 분책들로 발행하려는 귀하의 의견에 대찬성입니다. 이러한 형태라면 이 저작에 노동자계급이 보다 쉽게 접근할 수 있을 것이며, 이러한 배려가 저에게는 다른 무엇보다도 중요합니다.
  이것은 귀하의 메달의 앞면입니다만, 그러나 여기에는 그 뒷면도 있습니다. 내가 이용했으나 경제적인 문제들에는 아직 적용된 적이 없는 분석방법(méthode d'analyse)[*1]은 맨 처음 장(章)들의 독해(讀解)를 꽤 어렵게 만들고 있는데, 그리하여 염려되는 바는, 언제나 성급히 결론을 내리려 하며, 또한 일반적인 원칙들과 자신이 열중하고 있는 당면 문제들 간의 연관을 알고자 갈망하는 프랑스의 독자들이, 즉각 더 앞으로 밀고 나아갈 수 없기 때문에, 계속 읽기를 싫어하지 않을까 하는 것입니다.
  이것은 하나의 결점인데, 그에 대해서 제가 할 수 있는 것은, 진리를 열망하는 독자들에게 처음부터 그것을 미리 알려 대비하

---

*1 [역주] *MEW*의 독일어 번역엔 "연구방법(Untersuchungsmethode)".

게 하는 것 외에는 아무것도 없습니다. 학문에는 결코 왕도(王道)가 없으며, 학문의 가파른 오솔길을 기어오르는 노고를 두려워하지 않는 사람들에게만 빛나는 정상에 다다를 가망이 있는 것입니다.

저의 충정(衷情)을 담아서 친애하는 시민께 드립니다.

칼 맑스

독자에게

J. 로아(J. Roy) 씨는 가능한 한 아주 정확하고 축자적(逐字的)이기까지 한 번역을 제공하기로 작정했고, 그는 자신의 과제를 극도로 면밀하게 수행했다. 그러나 바로 그 극도의 면밀함이야말로 나로 하여금 독자들이 보다 더 접근하기 쉽도록 표현을 변경하지 않을 수 없도록 하였다. 이 책이 분책들로 발간되었기 때문에 이들 변경은, 그날그날 이루어져서, 균일하게 세심하게는 수행되지 못했고, 문체가 불균일(不均一)해지지 않을 수 없었다.

일단 이러한 수정작업에 착수하고 나자, 나는 그 대본이 되었던 원본(독일어 제2판)에도 역시 그러한 수정작업을 적용하게끔 되어, 몇몇 자세한 설명은 단순화하고, 다른 설명들은 완전하게 하며, 보충적이고 역사적인 혹은 통계적인 자료를 제공하고, 비판적 소견을 부가하게 되었다. 이 프랑스어판에 어떠한 문필상의 결점들이 있더라도, 그것은 원본과는 독립적으로 과학적 가치를 가지고 있으며, 독일어에 숙달해 있는 독자들도 마땅히 참조하여야 할 것이다.

나아가 독일어 제2판의 후기 가운데 독일에서의 경제학의 발전과 이 저작에서 이용된 방법과 관련된 부분들을 아래에 적어둔다.[*1]

런던에서, 1875년 4월 28일

칼 맑스

[*1] [*MEW*편집자 주] 이 책[*MEW*, Bd. 23], S. 19-28을 참조하라.

제3판에

이 제3판을 인쇄에 붙일 수 있도록 손수 마무리하는 것이 맑스에게는 허용되지 않았다. 그의 위대함 앞에서는 이제 적대자들조차 머리를 숙이는 이 강력한 사상가는 1883년 3월 14일에 서거했다.

그의 서거로 나는 가장 뛰어나고 가장 친밀했던 40년간의 지기지우, 말로는 다할 수 없는 은혜를 입었던 동무를 잃었는데, 그러한 나에게 이제 이 제3판 및 원고로서 남겨진 제2권의 출간을 돌봐야 하는 의무가 부과되었다. 이 의무의 첫번째 부분을 내가 어떻게 수행하는가에 관해서 여기에서 독자들에게 해명하지 않으면 안 된다.

맑스는 원래 제1권의 본문을 대부분 수정하고, 많은 이론적인 점들을 보다 더 엄밀히 표현하며, 새로운 점들을 추가하고, 최근까지의 역사적·통계적 자료를 보완할 작정이었다. 그의 병세와 제2권의 집필을 완수하겠다는 열망 때문에 맑스는 이를 단념할 수밖에 없었다. 다만 가장 필요한 것만이 변경되고, 그 동안에 출판된 프랑스어판("*Le Capital*", Par Karl Marx, Paris, Lachâtre 1873[12])에 이미 포함되어 있는 보완들만이 삽입되었다.

유품 중에는 실제로 맑스 자신이 이곳저곳을 정정하며 프랑스어판을 참조하도록 지시하고 있는 독일어판 한 부가 있었고, 마찬가지로 이용할 곳들에 그가 정확히 표시를 해놓은 프랑스어판도 한 부 있었다. 이러한 변경과 보완은, 소수의 예외는 있지만, 책의 마지막 부분, 즉 자본의 축적과정 편(篇)에 국한되어 있다. 그 앞의 편들이 보다 철저히 수정되어 있었던 반면에, 이 편에서는 종래의 본문이 다른 곳보다도 더 최초의 초안을 따르고 있었다. 문체는 그리하여 보다 생생하고, 보다 일관되어 있었는데, 그러나 또한 보다 소홀하고, 영어 특유의 어법이 섞여 있으며, 여기저기 불명료하기도 했다. 전개과정은 여기저기 빈틈을 보여주었는데, 몇몇 중요한 요점들이 단지 암시만 되어 있었기 때문이다.

문체와 관련하여, 맑스는 몇몇 장절(章節)을 스스로 철저히 수정했고, 이를 통해서, 그리고 아울러 거듭된 구두(口頭)의 암시를 통해서 그는 내가 어디까지 영어의 술어나 기타 영어 특유의 어법을 제거하면 좋은지, 그 기준을 제시하고 있었다. 추가나 보완들을 맑스였다면 아마 더 퇴고하였을 것이고, 유려한 프랑스어를 그 자신의 간결한 독일어로 바꾸어 놓았을 것이다. 나는 이것들을 최대한 원문에 따라 번역하는 것으로 만족하지 않으면 안 되었다.

그리하여 이 제3판에서는, 저자 스스로 그것을 바꾸었으리라고 내가 확실히 알고 있지 않은 것은 결코 한 마디도 변경되어 있지 않다. 독일의 경제학자들이 자신의 주장을 표현하기 위해 곧잘 이용하곤 하는 항간의 통속어, 즉, 예컨대, 현금을 지불하고 다른 사람으로 하여금 노동을 제공하게끔 하는 사람을 노동제공자(Arbeit*geber*)라고 부르고, 임금을 받고 자신의 노동을 빼앗기는 사람을 노동수취자(Arbeit*nehmer*)라고 부르는 식의, 의미를 알 수 없는 말을 ≪자본론≫ 속에 끌어들이는 것은 나로서는 생각도 할 수 없었다. 프랑스에서도 travail는 일상생활에서 "Beschäftigung"[*1]이란 뜻으로 사용된다. 그러나 프랑스인들은 당연히, 자본가들을 donneur de travail,[*2] 노동자들을 receveur de travail[*3]라고 부르려는 경제학자들을 미쳤다고 생각할 것이다.

마찬가지로 나는 감히 본문 속에 일관해서 사용된 영국의 화폐나 치수, 중량을 그에 상응하는 새로운 독일의 그것들로 환산하지도 않았다. 제1판이 출간되었을 때, 독일에는 1년의 날짜 수만큼이나 많은 종류의 치수와 중량이 있었고, 게다가 두 종류의 마르크(Mark)(라이히스마르크[Reichsmark]는 당시에는 30년대 말에 그것을 고안한 죄트베르[Soetbeer]의 머릿속에서만 통용되고 있었다), 두 종류의 굴덴(Gulden), 그리고 최소 3종류의 탈러(Taler)가 있었고, 탈러 가운데 한 종류는 "신(新) 3분의2탈러(neue Zweidrittel)"[13]를 단위로 하는 것이었다.[*4] 자연과학에서는 미터법이, 세계시장에서는 영국의 치수와 중량이 지배적이었다. 그러한 사정 하에서는, 부득이 자신의 사실적 예증들을 거의 오로지 영국의 산업상의 상황에서 취해올 수밖에 없었던 저서에서 영국의 도량단위들을 이용하는 것은 당연했다. 그리고 이 마지막 이유는 오늘날에도 아직 결정적인데, 세계시장에서 그러한 관계들이 거의 변함이 없기 때문에 더욱 그렇고, 특히 결정적인 산업들—철과 면화—에서는 영국의 도량 단위가 오늘날에도 아직 거의 배타적으로 지배하고 있기 때문에 더욱 그렇다.

---

*1 [역주] travail, Beschäftigung — 일, 노동.
*2 [역주] donneur de travail — 노동제공자.
*3 [역주] receveur de travail — 노동수취자.
*4 [역주] 마르크(Mark), 굴덴(Gulden), 탈러(Taler) 등은 모두 화폐 단위.

마지막으로, 그다지 이해되어 있지 않은 맑스의 인용 방식에 관해서 한 마디 해두자. 순전히 사실을 제시하거나 기술(記述)하는 경우, 예컨대 영국의 청서(靑書)들로부터의 인용문들은 물론 단순히 예증 전거들로서 이용되고 있다. 그러나 다른 경제학자들의 이론적 견해들이 인용되는 곳은 다르다. 이 경우에 인용은, [이론을: 역자] 전개하는 중에 나타나는 어떤 경제 사상이 어디에서, 언제, 누구에 의해서 맨 처음 명확히 표명되어 있는가를 확정하려 할 뿐이다. 그때 중요한 것은 단지, 문제의 경제학적 견해가 그 학문의 역사에서 의의가 있다는 것, 그것이 그 시대의 경제상황에 대한 다소 타당한 이론적 표현이라는 것뿐이다. 그러나 그 견해가 저자의 입장에서 아직도 절대적 혹은 상대적 타당성을 가지고 있는가 아닌가, 그것이 전적으로 과거의 역사에 속하는가 아닌가는 전혀 중요하지 않다. 이들 인용문들은 그리하여 본문에 대한, 경제학의 역사로부터 빌려온 일련의 주석(注釋)일 뿐이며, 경제학적 이론의 비교적 중요한 개개의 진보를 그 연대와 창시자에 따라서 확정하고 있다. 그리고 지금까지의 그 역사 기록자들이 단지 편파적이고 거의 출세주의적인 무지에서만 두드러졌던 학문에서는 이러한 작업이 무척 필요했다. ― 이제 왜 맑스가, 제2판의 후기에도 쓰여 있는 것처럼, 아주 예외적으로만 독일의 경제학자들을 인용하는가 하는 것도 이해할 수 있을 것이다.

　제2권은 아마도 1884년 중에는 발간할 수 있을 것이다.

런던에서, 1883년 11월 7일

프리드리히 엥엘스

영어판 서문[*1]

《자본론》의 영어판 출판에는 어떤 해명도 필요치 않다. 오히려 거꾸로, 이 책 속에서 주장한 이론들이 영국과 미국의 정기간행물이나 최신 문헌에서 지난 수년 동안 끊임없이 인용되고, 공격 받거나 옹호되고, 이해되거나 오해되어 왔음을 고려하면, 이 영어판이 왜 지금까지 지체되어 왔는가에 대한 설명이야말로 기대될 것이다.

1883년에 저자가 서거하고 나서 곧 이 저작의 영어판이 실제로 필요하다는 것이 명백해졌을 때, 맑스와 이 필자의 오랜 친구이자 저작 그 자체에 아마 그 누구보다도 정통한 싸무엘 무어(Samuel Moore) 씨가, 맑스의 저작 관련 유언집행자[*2]가 그 공간(公刊)을 간절히 바라던 번역을 맡기로 승낙했다. 내가 원고를 본래의 저작과 비교하고, 필요하다고 생각되는 수정을 제안하기로 양해되어 있었다. 이윽고, 무어 씨의 직업상의 업무 때문에 그가 그 번역을 우리 모두가 바라던 만큼 빨리 끝낼 수가 없다는 것을 알았을 때, 우리는 작업의 일부를 떠맡겠다는 에이블링(Aveling) 박사의 제안을 기꺼이 수락했는데, 동시에 맑스의 막내딸인 에이블링 부인(Mrs. Aveling)[*2]은, 인용문들을 점검하여

[*1] [역주] 영어 원문을 기준으로 번역한다.
[*2] [역주] 맑스의 막내딸 엘리너(Eleanor Marx, 1855-1898).

영국의 저자들과 청서들로부터 맑스가 독일어로 번역·인용한 수많은 문구들의 원문을 복원하겠다고 제안했다. 이는, 불가피한 소수의 예외를 제외하고는, 처음부터 끝까지 수행되었다.

저작의 다음 부분들은 에이블링 박사에 의해서 번역되었다. (1) 제10장 (노동일) 및 제11장 (잉여가치의 율과 량), (2) 제6편 (임금, 제19장에서 제22장을 포괄), (3) 제24장의 뒷부분과 제25장, 그리고 제8편 전체(제26장에서 제33장까지)를 포괄하는, 제24장, 제4절 (... 사정들)에서 이 책의 끝까지, (4) 저자의 2개의 서문.[*1] 나머지 부분들은 모두 무어 씨에 의해서 번역되었다.[14] 그리하여 번역자들은 각각 자신의 담당 부분에 대해서만 책임을 지지만, 나는 전체에 대해서 공동책임을 진다.

처음부터 끝까지 우리 작업의 대본이 된 독일어 제3판은, 저자가 남긴 메모들의 도움을 빌어 1883년에 내가 준비한 것인데, 그 메모들은 1873년에 출판된 프랑스어판[1]의 지정된 문구들로 대체되어야 할 제2판의 문구들을 지적하고 있다. 이렇게 해서 제2판의 본문에 가해진 변경은, 약 10년 전에 미국에서 계획되었으나 주로 적당한 번역자가 없었기 때문에 포기되었던 영역(英譯)

---

*1 [역주] 영어판(그리고 프랑스어판)의 장편(章篇) 분류는 독일어판과 다르고, 특히 독일어판 제7편, 제24장과 제25장을 제8편으로, 제24장의 절들을 장들로 분류했기 때문에, 독일어판을 기초로 한 이 번역본의 장편에 따르면 에이블링 박사가 번역한 부분은 다음과 같다. (1) 제8장 (노동일) 및 제9장 (잉여가치의 율과 량), (2) 제6편 (임금, 제17장에서 20장을 포괄), (3) 제22장, 제4절(... 사정들)에서 이 책의 끝(제25장)까지, (4) 저자의 2개의 서문.

1 "*Le Capital*", par Karl Marx, Traduction de M. J. Roy, entiérement revisée par l'auteur. Paris. Lachâtre (칼 맑스 저, ≪자본론≫, M. J. 로아 역, 저자 완전 교열, 빠리, 라샤뜨르 간행). 이 번역은, 특히 이 책의 뒷부분에는, 독일어 제2판의 본문에 대한 상당한 수정과 추가를 포함하고 있다.

을 위한 일련의 자필 지침서에서 맑스가 지시한 변경들과 대체로 일치했다. 이 자필의 지침서는 뉴저지의 호보켄(Hoboken, N. J.)에 있는 우리의 오랜 친구 조르게(F. A. Sorge) 씨가 우리에게 넘겨주었다. 그 지침서는 프랑스어판으로부터 좀 더 많이 삽입하도록 지시하고 있으나, 제3판을 위한 마지막 지침들보다 여러 해 나 오래된 것이기 때문에 나는, 예외적으로밖에는, 그리고 주로 그것이 우리의 곤란을 해결하는 데에 도움이 되는 경우들 이외에는 그것을 임의로 사용할 권한이 없다고 생각했다. 마찬가지로, 원문의 전체 의미 가운데 번역을 하면서 어딘가가 희생되지 않으면 안 되는 경우 저자 자신이라면 무엇을 희생시킬 용의가 있었는가를 보여주는 지침으로서, 대부분의 어려운 문구들에서 프랑스어판을 참조했다.

하지만 아직 우리가 독자로 하여금 면하게 할 수 없었던 하나의 곤란이 있다. 어떤 용어들을, 일상생활에서의 의미와는 물론 보통의 경제학에서의 그것과도 다른 의미로 사용하는 것이 그것이다. 그러나 이는 불가피했다. 과학의 새로운 견해는 어느 것이나 그 과학의 술어에서의 혁명을 포함하는 것이다. 이는 화학에서 가장 잘 볼 수 있는데, 거기에서는 술어 전체가 대략 20년마다 한 번씩 근본적으로 바뀌고 있으며, 또한 거기에서는 여러 차례 그 이름이 완전히 바뀌어오지 않은 유기화합물은 아마 거의 하나도 찾을 수 없을 것이다. 경제학은, 상업적·공업적 생활의 용어들을 그대로 채용하여 그것들을 구사하는 데에 일반적으로 만족해 왔으며, 그렇게 함으로써 경제학은 그들 용어에 의해 표현되는 관념들의 협소한 영역 속에 스스로를 가두었다는 것을 전혀 알아채지 못했다. 그리하여, 이윤들이나 지대는 모두 다 생산물 가운데 부불(不拂) 부분, 즉 노동자가 그의 고용주(그 부불 부분의, 최후의 독점적인 소유자는 아니지만, 최초의 취득자)에게 제공하지 않으면 안 되는 부불 부분이 재분할된 것들(sub-divisions), 즉 단편들(斷片, fragments)에 불과하다는 것을 완전히 알고 있었지만, 고전파 경제학조차 이윤과 지대라는 통상적(通常的)인 개념을 넘어서 나아간 적이 결코 없고, (맑스가 잉여생산물이라고 부른) 생산물의 이 부불 부분을 하나의 전체로서 그 본래의 상태에서는 연구한 적이 결코 없으며, 따라서 그 원천과 성질에 관해서도, 그 가치의 이후의 분배를 규율하는 법칙들에 관해서도 명확히 이해한 적이 결코 없다. 마찬가지로, 농업이나 수공업이 아닌 모든 산업이 무차별적으로 매뉴팩처(manufacture)라는 용어 속에 포괄되고 있으며, 그리하여 경제사의 본질적으로 다른 양대(兩大) 시대, 즉 손노동의 분업에 기초한 본래의 매뉴팩처 시대와 기계에 기초한 근대 산업시대 간의 구별이 말살되어 있다. 그러나 근대의 자본주의적 생산을 인류의 경제사 속의 단지 하나의 통과 단계로서 보는 이론이, 그 생산 형태를 불멸의 최종적인 것으로 간주하는 저술가들에게 상투적인 용어들과는 다른 용어들을 사용하지 않으면 안 된다는 것은 자명하다.

저자의 인용 방법에 대하여 한 마디 해두는 것도 부적당하지는 않을 것이다. 대다수의 경우, 인용문들은 평범한 방식으로, 즉 본문에서 이루어진 주장들을 뒷받침하는 서증(書證)으로서의 역할을 한다. 그러나 많은 경우, 경제학적 저술가들의 문구들은 어떤 일정한 명제가 언제, 어디에서, 누구에 의해서 최초로 명확히 표명되었는가를 지적하기 위해서 인용되고 있다. 그러한 인용이 이루어지는 것은, 인용된 견해가 그 시대에 지배적인 사회적 생산

및 교환 조건들에 대한 다소 적절한 표현으로서 중요한 경우들이며, 그에 대한 맑스의 승인 여부나 그것의 일반적 타당성 여부와는 전적으로 무관하다. 이들 인용문들은 그리하여 그 학설사에서 차용해온 수시(隨時)의 해설로 본문을 보충하고 있다.

㊴ 우리의 번역에 포함되는 것은 이 저작의 제1권뿐이다. 그러나 이 제1권은 그 자체로서 대단히 완전한 것이며, 20년 동안 하나의 독립적인 저작으로서의 지위를 차지해왔다. 1885년에 내가 독일어로 출간한[*1] 제2권은 제3권이 없으면 결정적으로 불완전한데, 이 제3권은 1887년 말 이전에는 출간될 수가 없다. 제3권이 독일어의 원문으로 출간되고 나면, 그때에 제2권과 제3권의 영어판 준비를 생각해도 늦지는 않을 것이다.

≪자본론≫은 대륙에서는 흔히 ≪노동자계급의 성서≫로 불리고 있다. 이 저작 속에서 도달된 결론들이, 단지 독일이나 스위스에서만이 아니라, 프랑스에서도, 네덜란드와 벨기에에서도, 미국에서도, 그리고 심지어 이딸리아와 스페인에서도 매일매일 갈수록 거대한 노동자계급 운동의 기본적인 원리들로 되어 가고 있다는 것, 어디에서나 노동자계급이 갈수록 이들 결론 속에서 그 상태와 그 열망의 가장 적절한 표현을 인지하고 있다는 것은, 이 운동에 정통한 사람이면 아무도 부정하지 않을 것이다. 그리고 영국에서도 역시 맑스의 이론들은 바로 지금 이 순간에도, 노동자계급의 대열에 못지않게 "교양 있는" 사람들의 대열 속에서도 확산되고 있는 사회주의 운동에 강력한 영향력을 미치고 있다. 그러나 그것이 전부가 아니다. 영국의 경제적 상태를 불가항력적인

---

*1 [역주] 영어 원문은 "편집한(edited)"으로 되어 있으나, 독일어판의 번역에 따라서 "출간한(herausgegeben haben)"으로 번역했다.

국민적 필요로서 철저히 검토하지 않을 수 없는 시기가 급속히 닥쳐오고 있다. 생산의, 따라서 또 시장의 끊임없는 그리고 급속한 확장이 없이는 불가능한 이 나라의 산업체제의 운동이 완전히 멈춰지고 있는 것이다. 자유무역은 그 방책들을 소진했고, 맨체스터조차 이 자유무역이라는 자신의 왕년의 경제적 복음을 의심하고 있다.1 급속히 발전하고 있는 외국의 산업이 어디에서나, 즉 보호된 시장들에서만이 아니라 중립적인 시장들에서도, 그리고 심지어 해협의 이쪽에서도 영국의 생산을 정면에서 노려보고 있다. 생산력은 기하급수적으로 증대하는 반면에, 시장의 확대는 기껏해야 산술급수적으로 진행된다. 1825년부터 1867년까지 끊임없이 재발했던 침체, 번영, 과잉생산, 공황이라는 10년 주기의 순환은 실로 끝난 것 같지만, 이는 단지 우리를 영속적이고 만성적인 불황이라는 절망의 늪에 빠뜨리기 위해서일 뿐이다. 고대하는 번영기는 오지 않을 것이며, 우리가 이 번영기를 예고하는 징후들을 감지하는 듯이 보일 때마다 그것들은 이내 허공으로 사라져버리고 있다. 그 동안 겨울이 올 때마다 "실업자들을 어떻게 할 것인가"하는 중대한 문제가 새롭게 제기되고 있지만, 실업자들의 수는 해마다 지속적으로 팽창하고 있는 반면에 그 문제에 답할 사람은 아무도 없으며, 우리는 그들 실업자들이 인내심을 잃고 그들 자신의 운명을 그들 자신의 손에 거머쥘 순간을 거의 추정

---

1 오늘 오후에 열린 맨체스터 상업회의소의 4분기 회의에서는 자유무역을 주제로 한 활발한 토론이 이루어졌다. "다른 나라들이 영국의 자유무역의 모범을 따르기를 헛되이 기다리기를 40년, 본 회의소는 바야흐로 이러한 입장을 재고해야 할 시기가 왔다고 생각한다"는 취지의 결의안이 발의되었다. 이 결의안은 단 한 표의 다수로 부결되었고, 표수는 찬성 21, 반대 22였다. — ≪이브닝 스탠다드(*Evening Standard*)≫, 1886년 11월 1일.

할 수 있다. 분명 그 순간에는 한 사람의 목소리가 들릴 것임에 틀림이 없는데, 그 사람의 모든 이론은 영국의 경제사 및 경제상태에 대한 필생의 연구의 결론이며, 그 연구는 그로 하여금, 적어도 유럽에서는, 영국은 불가피한 사회혁명이 전적으로 평화롭고 합법적인 수단에 의해서 수행될지도 모르는 유일한 국가라는 결론에 도달하게 하였다.[*1] 그는 물론, 영국의 지배계급들이

[*1] [역주] 폭력혁명의 이론을 맑스가 영국에 대해서는 제한한 데에 대하여 레닌은 《국가와 혁명》 속에서 이렇게 말하고 있다. —"1871년 4월 12일, 즉 바로 빠리 꼬뮌 당시에 맑스는 쿠겔만에게 이렇게 편지를 썼다. '나의 《브뤼메르 18일》의 마지막 장(章)을 확인해보면, 내가 프랑스 혁명의 다음 시도는 더 이상 지금까지처럼 관료적-군사적 기구를 하나의 손에서 다른 손으로 옮기는 것이 아니라 그것을 **때려부수는**(강조는 맑스) 것이라고 말하고 있음을 발견할 것이며, 이는 대륙에서의 모든 진정한 인민혁명의 전제조건이다. 이것이야말로 또한 우리의 영웅적인 빠리의 당동지들의 시도이기도 하다.' ... '관료적-군사적 국가기구를 때려부순다'는 말 속에는 혁명에서 국가와 관련한 프롤레타리아트의 임무들에 관한 맑스주의의 주요 교훈이 간략하게 표현되어 있다. 그리고 이것이야말로 지배적인 카우츠키(Kautsky)주의적 맑스주의 '해석'에서 완전히 무시되어 왔을 뿐만 아니라 적극적으로 왜곡돼온 교훈이다! ... 위에 인용한 맑스의 주장 속에서 특히 두 가지 점을 주목하면 흥미롭다. 첫째로, 그는 그의 결론을 대륙에 한정시키고 있다. 이는, 영국이 순수하게 자본주의적인 국가의 전형이었으나, 군벌이 없었고, 또한 상당 정도 관료제도 없었던 1871년에는 납득할 수 있었다. 그리하여 맑스는, 당시 '기성의 국가기구'를 파괴한다는 전제조건 **없이도** 혁명이, 심지어 인민혁명이 가능할 것으로 보였고, 또 실제로도 가능했던 영국을 제외시켰다. 1917년인 오늘날에는, 즉 제1차 제국주의 대전의 시대에는 맑스의 이 제한은 더 이상 유효하지 않다. 군벌과 관료제가 없다는 의미에서, 앵글로-쌕슨(Anglo-Saxon)적 '자유'의 —세계적으로— 최대의 그리고 최후의 대표자였던 영국도 미국도, 모든 것을 자신에게 복속시키고 모든 것을 억압하는 관료제적-군사적 제도라고 하는, 전(全)유럽적인 더러운, 피투성이의 수렁 속에 완전히 잠겨 있다. 오늘날엔 영국에서도 미국에서도 '진정한 인민혁명을 위한 전제조건'은 (1914년에서 1917년 사이에 이들 국가에서 '유럽적', 일반 제국주의적으로까지 완성된) '기성의 국가기구'를 **때려부수는 것**, **파괴하는 것**이다." (*Lenin Collected Works*, Vol. 25, pp. 419-421.); (애초 이 역주는, 최영철

"노예제 옹호 반란(proslavery rebellion)"[15] 없이 이 평화롭고 합법적인 혁명에 굴복하리라고는 거의 기대할 수 없다는 것을 첨가하는 것을 결코 잊지 않았다.

런던에서, 1886년 11월 5일

프리드리히 엥엘스

· 전석담·허동 역, ≪자본론≫, 제1권, 제1분책, 서울출판사, 1947, pp. 26-27의 '편집자주'였는데, 영어판 ≪레닌 전집≫으로부터 새로 번역했다.)

제4판에

제4판은 본문도 주들도 가능한 한 최종적으로 확정할 것을 나에게 요구했다. 이 요구를 내가 어떻게 이행했는가에 관해서 간단히 밝혀둔다.

프랑스어판과 맑스의 자필 메모들을 다시 한 번 비교한 후 나는 프랑스어판으로부터 다시 약간을 독일어 본문에 추가했다. 그것들은 제80페이지(제3판, 제88페이지), 제458-460페이지(제3판, 제509-510페이지), 제547-551페이지(제3판, 제600페이지), 제591-593페이지(제3판, 제644페이지) 및 제596페이지(제3판, 제648페이지)의 주 79에 있다.[*1] 마찬가지로, 프랑스어판과 영어판의 선례에 따라서 광산노동자들에 관한 긴 각주(제3판, 제509-515페이지)를 본문에 편입시켰다(제4판, 제461-467페이지)[*2]. 그 밖의 사소한 수정들은 순전히 기술적인 성질의 것들이다.

나아가 나는 몇몇 설명적이고 보완적인 주들을, 특히 변화된 역사적 상황이 이를 요구한다고 생각되는 곳에 붙여두었다. 이 모든 보완적 주들은 각괄호([ ]) 속에 넣고, 내 이름의 머리글자 [F.E.]나 "D.H."[편집자]로 표시해두었다.[*3]

[*1] [*MEW* 편집자 주] 이 책[*MEW*, Bd. 23]의 제130, 제517-519, 제610-613, 제655-657, 제660 페이지를 보라.

[*2] [*MEW* 편집자 주] 이 책[*MEW*, Bd. 23]의 제519-525페이지를 보라.

[*3] [*MEW* 편집자 주] 이 책[*MEW*, Bd. 23]에서는 궁괄호 { } 속에 넣고, "F. 엥엘

그 동안에 출판된 영어판에 의해서, 다수의 인용문을 완벽히 교정할 필요가 있었다. 이 영어판을 위해서 맑스의 막내딸 엘리너가 인용된 모든 곳을 원문과 대조하는 수고를 담당했고, 그 때문에 영어 문헌들로부터의 대다수의 인용문들의 경우 영어판에서는 독일어로부터의 재번역이 아니라 영어 원문 그 자체가 실려 있다. 그리하여 제4판에서는 이 원문을 참조하는 것이 나의 의무가 되었다. 거기에는 여러 가지 사소한 부정확한 것들이 있었다. 일부는 노트로부터 잘못 옮겨 적고, 일부는 3판을 거듭하는 중에 쌓인 오식(誤植)들인, 잘못된 페이지의 지시. 발췌노트로부터 대량으로 인용할 때에 불가피한 잘못된 인용부호나 생략부호들. 여기저기 그다지 적절치 않게 선택된 번역어. 맑스가 아직 영어를 몰라 영국 경제학자들을 프랑스어 번역판으로 읽었을 때인 1843-1845년 빠리 시절의 옛 노트들에서 인용된 몇몇 곳, 즉 중역(重譯)답게 어조가 약간 달라진 곳들, 예컨대 스튜어트(Steuart), 유어(Ure) 등등의 경우에는 이제 영어 원문을 이용하지 않으면 안 되었다. 그리고 그와 같은 사소한 부정확함이나 부주의는 더 있다. 그러나 지금 제4판을 이전의 판들과 비교해보면, 이 모든 힘든 교정과정도 이 책을 조금도 이렇다 할 만큼 변경시키지 않았다는 것을 확인하게 될 것이다. 오직 하나, 리차드 존스(Richard Jones)로부터의 인용(제4판, S. 562, 주 47[*1])만은 발견할 수 없었다. 맑스는 아마 책의 제목을 잘못 적었을 것이다.[*2]

스"로 표시해두었다.

[*1] [*MEW*편집자 주] 이 책[*MEW*, Bd. 23]의 S. 625를 보라.

[*2] [역주] 조선로동당사판 ≪자본론≫ 제1권(1957)은 여기에 "사실 맑스는 부정확하게 한 것이 없다"(칼 맑스, ≪자본론≫ 제1권(1), 도서출판 백의, 1989,

다른 모든 인용문들은 완전한 증명력을 지니고 있거나 현재의 정확한 형태로 그 증명력을 강화하고 있다.

그런데 여기에서 나는 옛 이야기 하나를 재론하지 않을 수 없다.

왜냐하면, 내가 아는 한, 맑스의 인용의 정확성이 의심을 받은 경우는 단 하나밖에 없었기 때문이다. 그런데 이것이 맑스의 사후(死後)에까지도 계속 장난을 치고 있기 때문에, 여기에서 그것을 그냥 묵과할 수 없는 것이다.[16]

1872년 3월 7일, 독일 공장주연맹의 기관지인 베를린의 ≪콩코르디아(Concordia, 화합의 여신)≫에 "칼 맑스는 어떻게 인용하는가"라는 익명의 논문이 등장했다. 이 논문은, 도덕적 분노와 비의회적 표현들을 듬뿍 퍼부으면서, 글래드스톤의 1863년 4월 16일 예산연설로부터의 (1864년 국제노동자협회 창립선언문[*1]의, 그리고 ≪자본론≫ 제1권, 제4판 S. 617, 제3판 S. 670-671[*2]에 되풀이된) 인용은 변조되었다고 주장했다. "이 도취케 하는(berauschend, intoxicating) 부와 권력의 증대는 ... 전적으로 유산계급(有産階級)에 국한되어 있다"는 문장이 ≪핸써드(Hansard)≫[*3]라는 (준관보적인) 속기록에는 한 마디도 실려 있지 않다는 것이다. "그러나 이 문장은 글래드스톤의 연설 어디에도 없다. 거기에서는 그 정반대를 얘기하고 있다." (굵은 글자로)

---

pp. 29, 468)는 역주를 붙이고 있고, 新日本판은 "이것은 엥엘스의 착각일 것이다. 맑스는 거기에서는 존스의 저서의 말들을 연결해서 인용을 하고 있다" (カール・マルクス, ≪資本論≫, 2009 [41刷], p. 48)는 역주를 붙이고 있다.

*1 [MEW편집자 주] MEW, Bd. 16, S. 3-13을 보라.
*2 [MEW편집자 주] 이 권[MEW, Bd. 23]의 S. 680-681을 보라.
*3 [역주] 토마스 커슨 핸써드(Thomas Curson Hansard) 상회가 발행한 영국 의회 토론집(Hansard's Parliamentary Debates).

"맑스는 이 문장을 형식적으로도 실질적으로도 날조하여 첨가한 것이다!"

≪콩코르디아≫ 이 호를 그 해 5월에 받아보고, 6월 1일의 ≪폴크스쉬타트(*Volksstaat*, 인민국가)≫에서 맑스는 이 익명의 필자에게 응답했다. 그는 자신이 어떤 신문보도에서 인용했는지를 더 이상 기억하고 있지 않기 때문에, 우선 두 개의 영국 저서 43 속에 있는 같은 인용문을 지적하고 나서, ≪타임즈(*Times*)≫의 보도를 인용하는 데에 머물렀는데, 이 보도에 의하면 그래드스톤은 이렇게 말하고 있다.

"이것이 이 나라의 부와 관련한 상태이다. 이 도취케 하는 부와 권력의 증대가 안락한 상황에 있는 계급들에게만 국한되어 있다는 것이 나의 믿음이라면, 이 증대를 거의 불안과 고통을 가지고 보아야 한다고 나로서는 말하지 않을 수 없다. 이는 노동인구의 상태를 전혀 알지 못하고 있다. 내가 말한, 그리고 정확한 보고에 근거해 있다고 생각되는 이 증대는 전적으로 유산계급에만 국한되어 있는 증대이다." ("That is the state of the case as regards the wealth of this country. I must say for one, I should look almost with apprehension and with pain upon this intoxicating augmentation of wealth and power, if it were my belief that it was confined to classes who are in easy circumstances. This takes no cognizance at all of the condition of the labouring population. The augmentation I have described and which is founded, I think, upon accurate returns, is an augmentation entirely confined to classes of property.")

그리하여 여기에서 글래드스톤은, 만일 그렇다면, 그것은 자신으로서는 유감이지만, 사실은 그렇다고, 즉 이 도취케 하는 권력과 부의 증대는 전적으로 유산계급에게만 국한되어 있다고 말하고 있는 것이다. 그리고 준관보적인 핸써드에 관해서 맑스는 나아가 이렇게 말하고 있다. "나중에 그가 어설프게 뜯어고친 이 판(版)에서는 글래드스톤 씨는 영리하게도 영국의 재무대신의 말로서는 분명 말썽을 일으킬 곳을 제거한 것이다. 그런데 이는 영국 의회의 전통적인 관례이지, 베벨(Bebel)을 반대한 꼬마 라스커(Lasker)의 발명품[17]이 결코 아니다."

익명의 필자는 더욱 더 격분한다. 7월 4일의 ≪콩코르디아≫의 그의 답변에서 그는, 제2차적 전거들을 옆으로 제쳐놓으면서, 수줍게 시사한다. 의회 연설은 속기록에 따라 인용하는 것이 "관례"라고. 그러나 또한 ≪타임즈≫의 보도(거기에는 그 "날조하여 첨가한" 문장이 있다)와 핸써드의 보도(거기에는 그것이 없다)는 "실질적으로 완전히 일치하며", 또한 ≪타임즈≫ 보도도 "창립 선언 속의 저 악명 높은 곳과는 정반대의 것"을 포함하고 있다고. 이때 이 남자는, 그 보도가 이 이른바 "반대의 것"과 나란히 바로 "저 악명 높은 곳"도 명시적으로 포함하고 있다!는 것은 용의주도하게 숨기고 있다. 그럼에도 불구하고 익명의 필자는 자신이 난감하게 되었으며, 새로운 책략만이 자신을 구원할 수 있다는 것을 느끼고 있다. 그리하여 그는, 방금 입증된 바와 같이 "파렴치한 거짓 주장"으로 가득한 자신의 논문을, "악의(mala fides)", "불성실", "허위 진술", "저 허위의 인용", "파렴치한 거짓 주장", "완전히 변조된 인용", "이 변조", "그야말로 비열한" 등등의 교훈적인 욕설들로 듬뿍 채우는 한편, 쟁점을 다른 방면으로 옮길 필요를 깨닫고, 그리하여, "두 번째 논문에서는 글래드스톤의 연설 내용에 우리가" (즉, '허위적'이지 않은 익명의 필자가) "어떤 의의를 부여하는가를 설명하겠다"고 약속한다. 마치 자신의 하찮은 개인적 의견이 이 주제와 조금이라도 관련이 있다는 듯이! 이 두 번째 논문은 7월 11일의 ≪콩코르디아≫에 실려 있다.

맑스는 8월 7일의 ≪폴크스쉬타트≫에서 다시 한 번 응답했는데, 이번엔 1863년 4월 17일의 ≪모닝 스타(*Morning Star*)≫와 ≪모닝 어드버타이저(*Morning Advertiser*)≫로부터도 문제된 곳의 보도들을 제시했다. 두 신문에 의하면, 글래드스톤은 이렇게 말하고 있다. 만일 그가 이 도취케 하는 부와 권력의 증대가 실제로 부유한 계급들(classes in easy circumstances)에만 국한되어 있다고 믿는다면, 이 증대를 불안 등을 가지고 볼 것이라고. 그러나 이 증대는 재산을 소유하고 있는 계급들에만 국한되어 있다(entirely confined to classes possessed of property)고. 그리하여 이들 보도 역시 소위 "날조하여 첨가한" 문장을 문자 그대로 싣고 있는 것이다. 나아가 맑스는, ≪타임즈≫와 핸써드의 원문들을 비교함으로써, 다음날 아침에 발행된, 서로 독립적이면서 같은 내용인 3개의 신문보도들을 통해서 실제로 발언된 것으로 확인된 문장이 주지의 "관례"에 따라서 교열된 핸써드의 보도에는 없다는 것, 글래드스톤이 그것을 맑스의 표현에 의하면 "나중에 슬쩍 해치워버렸다"는 것을 다시 확인했다. 그리고 마지막으로 맑스는 익명의 필자와 더 이상 상대하고 있을 시간이 없다고 선언한다. 익명의 필자도 만족한 것 같고, 적어도 맑스에게는 ≪콩코르디아≫의 다음 호들이 전혀 송달되지 않았다.

이것으로 사건은 끝나 묻힌 것처럼 보였다. 물론 그 후에도 케임브릿지 대학과 교류가 있던 사람들로부터 맑스가 ≪자본론≫에서 저질렀다는, 말로 형언할 수 없는 문필상의 범죄에 관한 은밀한 풍문이 한 번인가 두 번인가 들려온 적이 있었다. 그러나 아무리 탐색해 봐도 확실한 것은 결코 아무것도 알 수 없었다. 그러던 차에, 맑스가 세상을 떠난 지 8개월 후인 1883년 11월 29일, 케임브릿지의 트리니티 칼리지(Trinity College, Cambridge)에서 보내고 쎄들리 테일러(Sedley Taylor)라고 서명되어 있는 한 통의 편지가 ≪타임즈≫에 등장했는데, 뜻밖에도 그 편지 속에서 극히 온건한 협동조합운동을 벌이고 있는 이 졸장부[*1]는 케임브릿지의 수군거림에 관해서뿐만 아니라 ≪콩코르디아≫의 익명의 필자에 관해서도 마침내 우리에게 해명해주었다.

트리니티 칼리지의 졸장부는 말하고 있다. "극히 기묘하게 보이는 것은, 글래드스톤의 연설로부터의 인용을 [국제노동자협회의: 역자] {창립: F. 엥엘스} 선언에 명백히 넣게 한 악의를 폭로하는 것이 … (당시는 브레슬라우 대학의, 지금은 쉬트라스부르크 대학의) 브렌타노 교수의 몫이었다는 사실이다. … 그 인용을 변호하려 했던 칼 맑스 씨는, 브렌타노의 대가다운 공격으로 곧바로 사지(死地, deadly shifts)에 몰려, 대담하게도 주장했다. 글래드스톤 씨가 영국 재무대신으로서는 '분명히 말썽을 일으킬' 문구를 '제거하기' 위해서, 1863년 4월 17일자 ≪타임즈≫에 실린 자신의 연설 보도를, 그것이 핸써드에 실리기 전에, '조작했다'고. 브렌타노 씨가, 원문들을 세세히 비교함으로써, ≪타임즈≫와 핸써드의 보도들은, 교활하게 거두절미된 인용이 글래드스톤의 발언에 전가(轉嫁)했던 의미를 절대적으로 배제하고 있는 점에서 일치한다는 것을 증명하자, 맑스는 '시간이 없다'는 핑계로 더 이상의 논전에서 퇴각해버렸다!"

이것이 그러니까 바로 삽살개의 정체였군![*2] 그리고 ≪콩코르

---

*1 [新日本판 역주] 테일러(Sedley Taylor, 1834-1920)는 생산·소비조합의 창설을 장려하고, ≪자본과 노동 간의 이윤분배(*Profit-Sharing Between Capital and Labour*)≫(1884)를 저술했다.

*2 [역주] "이것이 그러니까 바로 삽살개의 정체였군!(Das also war des Pudels

디아≫에서의 브렌타노 씨의 익명의 전투는 케임브릿지의 생산협동조합적 환상 속에 이토록 찬란하게 반영되었다! 독일 공장주 연맹의 이 성(聖) 게오르기우스(St. Georgius)[*1]는 "대가다운 공격"에서 그런 자세로, 그렇게 그의 검을 휘두른[18] 반면, 지옥의 용(龍) 맑스는 "곧바로 사지(死地)에" 몰려 그의 발밑에서 숨을 거두어버린다!

그러나 이 모든 아리오스토[*2] 풍(風)의 무용담(武勇談)은 오로지 우리 성 게오르기우스의 책략들을 은폐하는 데에만 봉사하고 있다. 여기에서 화제는 이미 더 이상 "날조하여 첨가"나 "변조"가 아니라, "교활하게 거두절미된 인용(craftily isolated quotation)"이다. 문제 전체가 바뀌었고, 성 게오르기우스와 케임브릿지의 그의 방패잡이는 그 이유를 아주 정확히 알고 있었다.

엘리너 맑스는, ≪타임즈≫가 게재를 거부했기 때문에, 월간지 ≪투데이(To-Day, 현대)≫, 1884년 2월호에서 대답했고, 거기에서 그녀는 논쟁을 문제가 되었던 단 하나의 논점, 즉, 맑스는 그 문장을 "날조하여 첨가했는"가 혹은 아닌가 하는 문제로 되돌렸다. 그에 대하여 쎄들리 테일러 씨는 이렇게 대꾸한다.

"어떤 일정한 문장이 글래드스톤 씨의 연설 속에 존재했는가 아

Kern!)" — "이것이 그러니까 바로 익명의 필자의 정체였군!"이라는 뜻. J. W. von 괴테, ≪퐈우스트≫, 비극 제1부, "서재(書齋)"에서의 퐈우스트의 독백(정서웅 역, ≪퐈우스트≫ I, 민음사, 2012, p. 78).

*1 [역주] 성 게오르기우스(St. Georgius, ?–303) — 악용(惡龍)을 퇴치하여 공주를 구했다는 로마의 기독교 순교자·성인(聖人). 언어에 따라 성 죠지(St. George) 혹은 성 게오르크(St. Georg) 등으로도 불린다.
*2 [역주] 루도비코 아리오스토(Ludovico Ariosto, 1474–1533) — 이딸리아의 풍자시인.

넌가 하는 문제는", 그의 견해에 따르면, "그 인용이 글래드스톤의 진의를 재현하려는 의도로 이루어졌는가, 아니면 왜곡하려는 의도로 이루어졌는가 하는 문제에 비하면", 맑스와 브렌타노 사이의 논쟁에서 "아주 부차적인 의의를 갖는다."

그리고 그 다음에 그는 덧붙이고 있다. ≪타임즈≫의 보도는 "실제로 그 말 속에 모순을 포함하고 있다"고. 그러나, 그러나, 나머지 맥락은 올바로, 다시 말해서, 자유주의적-글래드스톤적 취지로 해석하면, 글래드스톤 씨가 말하고자 했던 바를 보여준다고(≪투데이≫, 1884년 3월). 이때 가장 희극적인 것은, 케임브릿지의 졸장부가 이제 연설을, 익명의 브렌타노에 따르면 "관례"인 핸써드에 따라 인용하는 것이 아니라, 바로 그 브렌타노가 "필연적으로 졸렬하다"고 했던 ≪타임즈≫의 보도에 따라서 인용할 것을 주장하고 있다는 것이다. 물론, 이 치명적인 문장이 핸써드에는 아예 없다!

엘리너 맑스는 ≪투데이≫의 같은 호에서 이 논거를 가볍게 무산(霧散)시켜 버렸다. 테일러 씨가 1872년의 논쟁을 읽었다면. 그렇다면 그는 이제 "날조하여 첨가"했을 뿐 아니라 "날조하여 삭제"도 한 것이다. 혹은 그가 그것을 읽지 않았다면, 그렇다면 그는 입을 다물 의무가 있었다. 어느 경우든, 맑스가 "날조하여 첨가했다"는, 자신의 벗 브렌타노의 고발을 어느 한 순간도 그가 감히 견지하지 못했다는 것은 확실했다. 그와는 반대로, 이제는 맑스가 날조하여 첨가한 것이 아니라 중요한 한 문장을 은폐했다는 것이다. 그러나 바로 그 문장은 창립선언 제5페이지에, 즉 소위 "날조하여 첨가되었다"는 문장보다 몇 줄 앞에 인용되어 있다. 그리고 글래드스톤의 연설의 "모순"과 관련해서는, ≪자본론≫ 제

618페이지 (제3판, 제672페이지), 주 105[*1]에서 "1863년과 1864년의 글래드스톤의 예산연설 속의 일련의 현저한 모순들"에 관해서 말하고 있는 것이 바로 맑스 아니던가! 다만 그는 쎄들리 테일러 식으로(à la) 그것들을 자유주의적인 만족으로 해소시키려 하지 않을 뿐이다. 그리고 엘리너 맑스가 대답 속에서 결론적으로 요약하고 있듯이, "그와는 반대로, 맑스는 무언가 인용가치가 있는 것을 은폐하지도 않았고, 극히 사소한 것도 날조하여 첨가하지도 않았다. 그러나 그는 글래드스톤의 연설의 어떤 한 문장, 의심의 여지없이 발언되었으나 아무튼 핸써드에는 누락된 한 문장을 부활시켜 망각으로부터 구해냈다."

이것으로 쎄들리 테일러도 만족했고, 20년 동안 두 대국에 걸쳐서 획책되어온 교수들의 모든 음모의 성과는, 더 이상 누구도 감히 맑스의 문필상의 양심을 언급하지 않았다는 것, 그러나 그 이후, 브렌타노 씨가 핸써드의 교황적 무오류성을 신뢰하지 않을 것처럼, 쎄들리 테일러 씨도 분명 브렌타노 씨의 문필상의 전투보고를 신뢰하지 않을 것이라는 것이었다.

런던에서, 1890년 6월 25일

F. 엥엘스

[*1] [*MEW* 편집자주] 이 권[*MEW*, Bd. 23]의 S. 682를 보라.

제1권
자본의 생산과정

제1편
상품과 화폐

제1장
상품

제1절 상품의 두 요소: 사용가치와 가치
(가치의 실체, 가치의 크기)

자본주의적 생산이 지배하는 사회의 부(富)는 "상품의 거대한 집적"[1]으로 나타나고, 개개의 상품은 그 부의 요소형태(要素形態)로서 나타난다. 따라서 우리의 연구는 상품의 분석으로부터 시작된다.

상품은 우선 하나의 외부의 대상, 즉 그 속성들을 통해서 무언가 인간의 욕망들을 충족시키는 어떤 물건(Ding)이다. 이들 욕망의 본성은, 그것들이 예컨대 위장에서 생기는 것이든, 환상에서 생기는 것이든, 사태를 전혀 바꾸지 않는다.[2] 여기에서는 또한 그

---

1 칼 맑스, ≪경제학 비판을 위하여≫, 베를린, 1859, S. 3; *MEW*, Bd. 13, S. 15.

것이 인간의 욕망을 어떻게 충족시키는가, 즉 직접적으로 생활수단으로서, 다시 말해 향유(享有)의 대상으로서인가, 아니면 간접적으로, 즉 생산수단으로서인가도 문제가 아니다.

철, 종이 등등과 같은 유용한 물건은 어느 것이나 두 가지 관점에서, 즉 질(質)과 량(量)의 관점에서 고찰해야 한다. 그러한 것은 어느 것이나 많은 속성들의 총체이며, 따라서 다양한 면에서 유용할 수 있다. 이 다양한 면들을, 따라서 또 물건들의 여러 가지 용도(用途)를 발견하는 것은 역사적인 행위이다.[3] 유용한 물건들의 량을 측정하는 사회적 척도들을 발견하는 것도 마찬가지이다. 상품의 척도들이 다양한 것은, 일부는 측정할 대상들의 다양한 성질에 기인하고, 일부는 관습에 기인한다.

어떤 물건의 유용성은 그 물건을 사용가치이게끔 한다.[4] 그러

---

[2] "욕구는 욕망을 포함한다. 그것은 마음의 식욕이며, 육체에 배고픔이 자연스러운 것처럼, 자연스러운 것이다.... 대다수(의 것들)는 마음의 욕망을 충족시키기 때문에 그 가치를 갖는다." (니콜라스 바본[Nicholas Barbon], ≪새 화폐를 더 가볍게 주조하는 데에 관한 논설. 로크 씨의 고찰들에 답하여≫, 런던, 1696, pp. 2, 3.)

[3] "물건들은 하나의 내적 효능(intrinsick vertue)"(이는 사용가치에 대한 바본의 독특한 명칭이다)"을 가지고 있고, 그 효능은, 철을 끌어당기는 자석의 그것처럼, 어디에서나 동일하다." (같은 책, p. 6.) 철을 끌어당기는 자석의 속성은, 바로 그 속성을 매개로 자석의 극성(極性)을 발견하자, 비로소 유용해졌다.

[4] "어떤 물건이나 그 자연적 가치(natural worth)는 필요를 충족시키거나 인간생활을 안락하게 하는 그 특성에 있다." (존 로크, ≪이자 인하의 결과들에 관한 약간의 고찰≫, 1691년, ≪저작집≫, 런던, 1777년 판, 제2권, p. 28.) 17세기에는 영국의 저술가들이 아주 자주 사용가치는 "worth"로, 교환가치는 "value"로 표현하는 것을 보는데, 이는 전적으로, 직접적인 것은 게르만어로, 반성(反省)된 것은 로만어[이딸리아어, 스페인어, 포르투갈어, 프랑스어, 루마니아어 등 라틴어에서 파생된 언어와 그 방언들: 역자]로 표현하기를 즐기는 영어의 정신에 의한 것이다.

나 이 유용성은 공중에 떠 있는 것이 아니다. 이 유용성은 상품체(商品體, Warenkörper)의 속성들에 의해서 제약(制約)되어 있고, 바로 그 상품체 없이는 존재하지 않는다.[*1] 철, 밀, 다이아몬드 등등과 같은 상품체 자체가 따라서 사용가치 즉 재화(財貨, Gut)이다. 상품체의 이러한 성격은, 그 사용상의 속성들을 획득하는 데에 인간에게 많은 노동을 요구하는가, 아니면 적은 노동을 요구하는가와는 관계가 없다. 사용가치들을 고찰하는 경우에는, 몇 다스의 시계, 몇 엘레[*2]의 아마포, 몇 톤의 철 등등처럼, 언제나 그것들의 량적 규정성이 전제된다.[*3] 상품들의 사용가치들은 하나의 독자적인 학문분야인 상품학의 소재를 제공한다.[5] 사용가치는 오직 사용 즉 소비함으로써만 실현된다. 사용가치들은, 부의 사회적 형태가 어떠한 것이든, 그 부의 소재적 내용(stofflicher Inhalt des Reichtums)을 이룬다. 우리가 고찰하려고 하는 사회형태 속에서는 그것들은 동시에 교환가치의 소재적 담지자들(stoffliche Träger des — Tauschwerts)을 이루고 있다.

---

*1 [역주] 이 문장은 영어판에는, "이 유용성은 상품의 물리적 속성들에 의해 제약되어 있고, 그 상품과 떨어져서는 결코 존재하지 않는다"로 되어 있다.

*2 [역주] 엘레(Elle) — 독일의 옛 길이 단위. 지역에 따라 55cm에서 85cm까지 다양하게 다르고, 프로이쎈에서는 66.69cm.

*3 [역주] "… 사용가치들을 고찰하는 경우에는 언제나 그것들의 량적 규정성이 전제된다(Bei Betrachtung der Gebrauchswerte wird stets ihre quantitative Bestimmtheit vorausgesetzt, …)" — 영어판에는 "… 사용가치를 다룰 때에는 우리는 언제나 일정한 량들을 다루고 있는 것으로 가정한다(When treating of use-value, we always assume to be dealing with definite quantities, …)"로 되어 있다.

5 부르주아 사회에서는, 사람마다 상품구매자로서 백과사전적인 상품지식을 가지고 있다는 가정(假定, fictio juris)이 지배하고 있다.

교환가치는 우선 어떤 종류의 사용가치들이 다른 종류의 사용가치들과 교환되는 량적 관계, 즉 [량적: 역자] 비율로서,6 때와 장소에 따라 끊임없이 변동하는 [량적: 역자] 관계로서 나타난다. 교환가치는 그리하여 무언가 우연적인 것 그리고 순전히 상대적인 것으로 보이며, 따라서 상품에 내적인(innerlich), 내재적인(immanent) 교환가치(내재가치[valeur intrinsèque])란 하나의 형용모순(contradictio in adjecto)^{*1}인 것처럼 보인다.7 문제를 보다 더 상세히 고찰해보자.

어떤 일정한 상품, 예컨대 1쿼터^{*2}의 밀은 x량의 구두약, 혹은 y량의 비단, 혹은 z량의 금 등등과, 요컨대, 다양한 비율의 다른 상품들과 교환된다. 따라서 밀은, 어떤 유일한 교환가치를 갖는 것이 아니라, 다양한 교환가치들을 가지고 있다. 그러나 x량의 구두약, y량의 비단, z량의 금 등등은 모두 똑같이 1쿼터의 밀의 교환가치이기 때문에, x량의 구두약, y량의 비단, z량의 금 등등은 서로 대체될 수 있는, 즉 서로 같은 크기의 교환가치들이지 않

---

6 "가치란, 어떤 물건과 어떤 다른 물건 사이에, 즉 어떤 생산물의 일정량과 어떤 다른 생산물의 일정량 사이에 존재하는 교환관계이다. (르 뜨로느[Le Trosne], ≪사회적 이익에 관하여≫, 데르(Daire) 편, ≪중농주의학파≫, 빠리, 1846, p. 889.)

*1 [역주] "형용모순(contradictio in adjecto)" — "둥근 3각형"처럼 그 개념과 모순되는 형용사를 붙인 말.

7 "아무것도 내적 가치(intrinsick value)를 가질 수 없다." (N. 바본, 같은 책, p. 6). 혹은 버틀러(Butler)가 말하듯이,
"어떤 물건의 가치는
바로 그것이 가져올 만큼이다."[19]

*2 [역주] 쿼터(quarter) — 곡물의 량의 단위. 1쿼터는 8부쉘(bushels), 즉 약 290리터.

으면 안 된다. 따라서 이렇게 된다. 첫째로, 동일한 상품의 유효한 교환가치들은 어떤 같은 것을 표현한다. 그러나 둘째로는, 무릇 교환가치는 단지 그 교환가치와는 구별되는 어떤 내실(內實, Gehalt)의 표현양식, 즉 그 "현상형태(現象形態)"일 수밖에 없다.

나아가 두 개의 상품, 예컨대 밀과 철을 들어보자. 그것들의 교환비율이 어떠하든, 그 비율은 언제나 어떤 주어진 분량의 밀이 어떤 분량의 철과 등치되는 방정식, 예컨대 1쿼터의 밀 = a첸트너[*1]의 철로 표현될 수 있다. 이 방정식은 무엇을 의미하는가? 같은 크기의 어떤 공통적인 것(ein Gemeinsame)이 두 개의 상이한 물건 속에, 즉 1쿼터의 밀 속에도, 또한 a첸트너의 철 속에도 존재한다는 것을 의미한다. 따라서 이 양자[*2]는, 그 자체로서는 그 양자 중 어떤 것도 아닌, 어떤 제삼자(第三者)와 같다. 따라서 이 양자는 그 어느 것이나, 그것이 교환가치인 한, 이 제삼자로 환원될 수 있지 않으면 안 된다.

간단한 기하학상의 한 예가 이를 일목요연하게 설명해줄 것이다. 모든 다각형들의 면적을 확정하고 비교하기 위해서는, 그것들을 삼각형들로 분해한다. 이 삼각형 자체를 눈에 보이는 모양과는 전혀 다른 표현으로 — 밑변에 높이를 곱한 값의 2분의 1로 환원한다. 이와 마찬가지로 상품들의 교환가치들도 하나의 공통적인 것으로 환원되어야 하고, 교환가치들은 그 공통적인 것이 보다 많거나 보다 적음을 표현한다.

이 공통적인 것은 상품들의 어떤 기하학적, 물리적, 화학적 혹

---

*1 [역주] 첸트너(Zentner, 약자: Ztr.) — 독일의 무게 단위. 1Ztr.=100 파운드.
*2 [역주] 1쿼터의 밀과 a첸트너의 철.

은 그밖의 자연적인 속성일 수 없다. 무릇 상품들의 물체적인 속성들은 단지 그것들이 그 상품들을 유용하게끔 하고, 그리하여 사용가치들이게끔 하는 한에서만 문제가 된다. 그런데 다른 한편에서, 상품들의 교환관계를 명백히 특징짓는 것은 바로 그 상품들의 사용가치들의 사상(捨象)이다. 이 교환관계 속에서는 어떤 사용가치는, 단지 그것이 적당한 비율로 존재하기만 하면, 다른 어떤 사용가치와도 마찬가지인 것으로 통한다. 혹은, 노(老) 바본이 말하는 것처럼,

"한 종류의 상품은, 그 교환가치가 같은 크기라면, 다른 종류의 상품과 마찬가지이다. 같은 크기의 교환가치를 가진 물건들 사이에는 어떤 차이나 구별이 존재하지 않는다."[8]

사용가치들로서는 상품들은 무엇보다도 서로 다른 질(Qualität)이지만, 교환가치들로서는 그것들은 단지 서로 다른 량(Quantität)일 수 있을 뿐이고, 따라서 결코 한 톨의 사용가치도 포함하고 있지 않다.

이제 상품체들의 사용가치를 도외시하면, 그것들에는 단지 하나의 속성, 즉 노동생산물들이라는 속성만이 남는다. 하지만 그 노동생산물도 이미 우리의 수중에서 변화되어 있다. 우리가 노동

---

[8] "한 종류의 상품은, 만일 그 가치가 같다면, 다른 종류의 상품과 마찬가지이다. 같은 가치의 물건들 사이에는 어떤 차이나 구별이 없다. ... 100파운드의 가치를 가진 납이나 철은, 100파운드의 가치를 가진 은이나 금과 같은 크기의 가치를 갖는다. (One sort of wares are as good as another, if the value be equal. There is no difference or distinction in things of equal value. ... One hundred pounds worth of lead and iron, is of as great a value as one hundreds worth of silver and gold.)" (N. 바본, 같은 책, pp. 53 및 7.)

생산물의 사용가치를 사상한다면, 우리는 그것을 사용가치이게 끔 하는 물체적 성분들과 형태들 역시 사상하는 것이다. 그것은 더 이상 탁자나 집이나 실이나 그밖에 어떤 유용물(有用物)이 아니다. 그것의 모든 감각적 속성들은 없어졌다. 그것은 또한 더 이상 목공노동이나 건축노동이나 방적노동이나 그밖에 어떤 특정한 생산적 노동의 생산물도 아니다. 노동생산물들의 유용성과 함께 그것들 속에 표현된 노동들의 유용성이 사라지고, 따라서 이들 노동의 다양하고 구체적인 형태들 또한 사라지며, 그것들은 더 이상 서로 구별되지 않게 되고, 모두 다 동일한 인간노동, 즉 추상적 인간 노동(abstrakt menschliche Arbeit)으로 환원된다.

이제 노동생산물들에 남아 있는 것을 고찰하자. 그것들에는, 동일한 유령 같은 대상성(對象性, Gegenständlichkeit), 무차별적인 인간 노동의, 즉 그 지출 형태를 불문한 인간 노동력의 지출의 단순한 응결물(凝結物, Gallerte) 이외에는 아무것도 남아 있지 않다. 이 물건들은 단지, 그것들을 생산하는 데에 인간 노동력이 지출되어 있고, 인간 노동이 퇴적되어 있다는 것을 표현하고 있을 뿐이다. 그것들에 공통적인 이 사회적 실체의 결정(結晶)으로서 이것들은 가치들 ─ 상품가치들이다.

상품들의 교환관계 그 자체 속에서 그들 상품의 교환가치는 그것들의 사용가치들로부터 전적으로 독립적인 것으로서 우리에게 나타났다. 이제 실제로 노동생산물들의 사용가치를 사상하면, 지금 막 규정된 것과 같은, 그것들의 가치를 얻게 된다. 따라서 상품의 교환관계 혹은 교환가치 속에 표현되는 공통적인 것은 그 가치이다. 연구가 진행됨에 따라 우리는 가치의 필연적인 표현양식 혹은 현상형태로서의 교환가치로 되돌아갈 것이지만, 가치는 우선 이 형태로부터 독립적으로 고찰되어야 한다.

따라서 어떤 사용가치 즉 재화가 어떤 가치를 갖는 것은 단지 그 속에 추상적 인간노동이 대상화 즉 물질화 되어 있기 때문일 뿐이다. 그러면 그 가치의 크기는 어떻게 측정하는가? 그것에 포함되어 있는 "가치를 형성하는 실체", 즉 노동의 량에 의해서 측정한다. 노동의 량 그것은 그 지속시간으로 측정되고, 노동시간은 다시 시간, 날[日] 등등과 같은 일정한 시간부분들을 그 도량표준(度量標準)으로서 삼고 있다.

어떤 상품의 가치가 그것을 생산하는 동안에 지출되는 노동량에 의해서 규정된다면, 어떤 사람이 굼뜨면 굼뜰수록 혹은 비숙련이면 비숙련일수록, 그것을 만들어내는 데에 더 많은 시간을 요할 것이기 때문에, 그의 상품은 그만큼 그 가치가 더 클 것으로 생각될지도 모른다. 그러나 가치들의 실체를 형성하는 노동은 동등한 인간 노동, 동일한 인간 노동력의 지출이다. 상품세계의 가치들 속에 표현되는, 사회의 총 노동력은, 비록 그것이 수없이 많은 개인적 노동력들로 구성되어 있지만, 여기에서는 하나의 동일한 인간 노동력으로 통용된다. 이들 개인적 노동력들은 어느 것이나, 그것이 사회적 평균노동력이라는 성격을 가지고 있고 그러한 사회적 평균노동력으로 작용하며, 그리하여 어떤 상품을 생산하는 데에 평균적으로 필요한, 즉 사회적으로 필요한 노동시간만을 요하는 한, 다른 노동력과 동일한 인간 노동력이다. 사회적으로 필요한 노동시간이란, 사회적으로 표준적인 현존 생산조건들과 사회적 평균도(平均度)의 노동의 숙련과 강도로써 무언가 사용가치를 만들어내기 위해서 필요한 노동시간이다. 예컨대 영국에서는 증기직기가 도입된 후 어떤 일정 분량의 실을 직물로 전화

(轉化)시키기 위해서 그 전보다 아마 절반의 노동으로 충분했을 것이다. 영국의 수직공(手織工)은 이 전화에 실제로는 여전히 동일한 노동시간을 사용했는데, 그러나 그의 개인적 노동시간의 생산물은 이제는 단지 절반의 사회적 노동시간을 표현했을 뿐이고, 그리하여 그 이전의 가치의 절반으로 떨어졌다.

따라서 어떤 사용가치의 가치크기를 규정하는 것은 단지 사회적으로 필요한 노동량, 즉 그 사용가치의 생산에 사회적으로 필요한 노동시간일 뿐이다.9 개개의 상품은 여기에서는 무릇 그 종류의 평균적 견본으로서 통용된다.10 동일한 크기의 노동량이 들어 있는, 즉 동일한 노동시간 안에 생산될 수 있는 상품들은 그리하여 동일한 크기의 가치를 가지고 있다. 어떤 상품의 가치와 다른 각 상품의 가치의 비율은, 그 상품의 생산에 필요한 노동시간과 다른 상품의 생산에 필요한 노동시간의 비율과 같다. "가치로서는 모든 상품은 단지 일정량의 응결된 노동시간일 뿐이다.(Als Werte sind alle Waren nur bestimmte Maße festgeronnener Arbeitszeit.)"11

---

9 제2판의 주. "그것들(생활필수품들)이 서로 교환될 때 그것들의 가치는 그것들을 생산하는 데에 반드시 필요하고 또 통상적으로 충용되는 노동의 량에 의해서 규정된다. (The value of them (the necessaries of life) when they are exchanged the one for another, is regulated by the quantity of labour necessarily required, and commonly taken in producing them.)" (《화폐의 이자 일반, 그리고 특히 공채의 이자에 관한 약간의 의견》, 런던, pp. 36, 37.) 전(前) 세기의 이 주목할 만한 익명의 저서에는 간행일자가 없다. 그러나 그 내용으로 보아, 그것은 죠지 2세 때인 1739년이나 1740년에 간행되었음이 분명하다.

10 "동일한 종류의 모든 생산물은 본래 하나의 집단을 이루고, 그 가격은 일반적으로 그리고 특수한 사정과 관계없이 결정된다." (르 뜨로느, 같은 책, p. 893.)

그리하여, 어떤 상품의 가치 크기는, 만일 그 상품을 생산하는 데에 필요한 노동시간이 불변(不變)이라면, 불변이다. 그런데 이 노동시간은 노동의 생산력이 변동할 때마다 그에 따라 변동한다. 노동의 생산력은 여러 가지 사정에 의해서 규정되고, 그 중에서도 특히 노동자들의 평균적 숙련도, 과학과 그 기술적 응용가능성의 발전단계, 생산과정의 사회적 결합, 생산수단들의 규모와 성능에 의해서, 그리고 자연 상황에 의해서 규정된다. 동일한 분량의 노동이 예컨대 풍년에는 8부셸의 밀로 나타나고, 흉년에는 단지 4부셸의 밀로 나타난다. 동일한 분량의 노동이 부광(富鑛)에서는 빈광(貧鑛)에서보다도 더 많은 금속을 공급한다, 등등. 다이아몬드는 지각(地殼)에는 거의 존재하지 않고, 그것을 발견하는 데에는 그리하여 평균적으로 많은 노동시간을 요한다. 따라서 그것들은 작은 부피로 많은 노동을 표현한다. 제이콥(Jacob)은 금이 일찍이 그 모든 가치를 지불받은 적이 있는가를 의심하고 있다.[20] 이는 다이아몬드에는 한층 더 적용된다. 에쉬붸게(Eschwege)에 의하면, 1823년 현재 80년간의 브라질 다이아몬드 광산의 총산출고는, 그것이 훨씬 더 많은 노동을, 따라서 더 많은 가치를 표현하고 있었음에도 불구하고, 브라질의 사탕 재배업 혹은 커피 재배업의 1년 반(半)의 평균생산물의 가격에도 미치지 못했다.[*1] 만일 보다 풍부한 광갱(鑛坑)이 있다면, 동일한 노동량이 더 많은 다이아몬드에 표현될 것이고, 그 가치는 떨어질 것이다. 만일 적은 노동으로 석탄을 다이아몬드로 바꾸는 데

---

11 칼 맑스, 같은 책, p. 6. (*MEW*, Bd. 13, S. 18.)

*1 [新日本판 역주] H. 메르붸일(Herman Mervale), ≪식민 및 식민지에 관한 강의≫, 제1권, 런던, 1841, p. 52.

에 성공한다면, 그 가치는 벽돌 가격 아래로 떨어질 수 있을 것이다. 일반적으로 말하자면, 노동의 생산력이 크면 클수록, 한 물품의 제조를 위해 필요한 노동시간은 그만큼 더 적고, 그 물품에 응결된 노동량이 그만큼 더 적으며, 그 가치가 그만큼 더 작다. 반대로, 노동의 생산력이 작으면 작을수록, 한 물품의 제조를 위해 필요한 노동시간은 그만큼 더 많고, 그 가치는 그만큼 더 크다. 따라서 한 상품의 가치크기는 그 상품에 실현되는 노동의 량에 비례하여, 그리고 그 노동의 생산력에 반비례하여 변동한다.[*1]

어떤 물건은, 가치가 아니면서도, 사용가치일 수 있다. 인간에게 있어서 그 유용성이 노동에 의해서 매개되어 있지 않은 경우가 그렇다. 공기, 처녀지, 자연의 초원, 야생의 수목 등등이 그렇다.[*2] 어떤 물건은, 상품이 아니면서도, 유용할 수 있으며, 인간 노동의 생산물일 수 있다. 자신의 생산물로 자신의 욕구를 충족시키는 사람은, 사용가치를 만들어내긴 하지만, 상품을 만들어내는 것은 아니다. 상품을 생산하기 위해서는 그는, 단지 사용가치만이 아니라, 타인을 위한 사용가치, 즉 사회적 사용가치를 생산하지 않으면 안 된다. {그리고 단지 타인을 위한 것만으로는 충분하지 않다. 중세의 농민은 봉건영주를 위해 공물(貢物)로 바치는 곡물을 생산했고, 승려를 위해 십일조(十一租)로 바치는 곡물을 생산했다. 그러나 공물로 바치는 곡물도 십일조로 바치는 곡물

[*1] [*MEW* 편집자주] 제1판에는 다음과 같이 이어진다. — "우리는 이제 가치의 <u>실체</u>를 알고 있다. 그것은 <u>노동</u>이다. 우리는 그 <u>크기의 척도</u>를 알고 있다. 그것은 <u>노동시간</u>이다. <u>가치</u>를 그야말로 <u>교환-가치</u>로 각인시키는 가치의 <u>형태</u>는 아직 분석되어야 한다. 그러나 이미 발견된 규정들을 그 전에 다소 더 상세히 전개하지 않으면 안 된다."

[*2] [역주] 미리 말해두자면, 자본주의 사회처럼 발달한 상품경제 사회에서는 가치가 없다고 해서 그것들이 가격을 가진 상품으로 등장하지 않는 것은 아니다.

제1장 상품 73

도, 그것들이 타인을 위해서 생산되었다는 것에 의해서 상품이 되지는 않았다. 상품이 되기 위해서는 생산물이, 그것이 사용가치로서 이용되는 타인에게 교환에 의해서 양도되지 않으면 안 된다.}11ª 마지막으로, 어떤 물건도, 사용대상(Gebrauchsgegenstand)*1이 아니고는, 가치일 수 없다. 만일 그것이 쓸모가 없다면, 그 속에 포함된 노동 역시 쓸모가 없고, 노동으로서 계산되지 않으며, 따라서 아무런 가치도 형성하지 않는다.

제2절 상품들에 표현되는 노동의 이중성

맨 처음 상품은 우리에게 어떤 이중적인 것으로서, 즉 사용가치와 교환가치로서 나타났다. 다음에는 노동도 역시, 그것이 가치로 표현되어 있는 한, 사용가치의 어머니로서의 노동에 속하는 것과 동일한 특징은 더 이상 가지지 않는다는 것이 명백해졌다. 상품에 포함되어 있는 노동의 이 이중성은 내가 처음으로 비판적으로 지적하였다.12 이 점은, 경제학을 이해하는 데에서 결정적인 도약점(跳躍點)이기 때문에, 여기에서 보다 상세히 조명되어야 한다.

11ª 제4판 주. 내가 괄호 안의 것을 첨가하는 것은, 그것이 생략됨으로써, 맑스의 경우 생산자 외의 타인에 의해서 소비되는 생산물은 어느 것이나 상품으로 간주된다는 오해가 아주 자주 발생했기 때문이다. ―F. 엥엘스.

*1 [역주] 프랑스어판에는 "유용한 물건(chose utile)".

12 같은 책, pp. 12, 13 및 그 외 여기저기. [*MEW*, Bd. 13, S. 22, 23 및 기타 여기저기.]

2개의 상품, 가령 1개의 상의와 10엘레의 아마포를 들어보자. 전자는 후자의 가치의 2배를 가지고 있고, 10엘레의 아마포=W 라면, 1개의 상의=2W이다.

상의는 하나의 특수한 욕망을 충족시키는 사용가치이다. 그것을 생산하기 위해서는 어떤 일정한 종류의 생산적 활동이 필요하다. 이 생산적 활동은 그 목적, 작업양식, 대상, 수단 및 결과에 의해서 규정된다. 그 유용성이 이처럼 그 생산물의 사용가치에, 즉 그 생산물이 어떤 사용가치인 데에 표현되는 노동을 우리는 간단히 유용노동(nützliche Arbeit)이라고 부른다. 이러한 관점에서는 노동은 언제나 그 유용효과와 관련하여 고찰된다.

상의와 아마포가 질적으로 서로 다른 사용가치들인 것처럼, 그것들의 존재를 매개하는 노동들은 질적으로 서로 다른 노동들 — 재봉노동과 직포노동이다. 이들 물건이 만일 질적으로 서로 다른 사용가치들, 따라서 질적으로 서로 다른 유용 노동들의 생산물들이 아니라면, 그것들은 무릇 상품으로서 상대할 수 없을 것이다. 상의는 상의와 교환되지 않으며, 동일한 사용가치는 동일한 사용가치와 교환되지 않는다.

다양한 종류의 사용가치들 즉 상품체들의 총체 속에는 마찬가지로 잡다한, 속(屬), 종(種), 과(科), 아종(亞種), 변종(變種)에 따른 다양한 유용 노동들의 총체 — 하나의 사회적 분업이 나타나 있다. 사회적 분업은 상품생산의 존재조건인데, 그렇다고 해서 거꾸로 상품생산이 사회적 분업의 존재조건인 것은 아니다.[*1]

[*1] [역주] "존재조건(Existenzbedingung)"이 영어판에는 "필요조건(necessary condition)"으로 되어 있고, 프랑스어판에는 이 문장이 "사회적 분업이 없었다면 상품생산은 없는데, 그렇다고 해서 거꾸로 상품생산이 사회적 분업에

옛 인도의 공동체에서는 노동은 사회적으로 분할되어 있지만, 생산물들이 상품이 되지는 않는다. 혹은, 더 비근한 예를 들자면, 어느 공장에서나 노동은 체계적으로 분할되어 있지만, 이 분할은 노동자들이 자신들의 개인적 생산물들을 교환하는 것에 의해서 매개되어 있지 않다. 자립적이고 상호 독립적인 사적노동들의 생산물들만이 서로 상품으로서 상대하는 것이다.

그리하여 이미 본 바와 같이, 어느 상품의 사용가치에나 어떤 일정한 합목적적으로 생산적인 활동, 즉 유용 노동이 들어 있다. 사용가치들은, 만일 그것들 안에 질적으로 서로 다른 유용 노동들이 들어 있지 않다면, 상품들로서 상대할 수 없다. 그 생산물들이 일반적으로 상품의 형태를 취하는 사회에서는, 다시 말하면, 상품생산자들의 사회에서는, 자립적인 생산자들의 사적(私的) 사업들로서 서로 독립적으로 영위되는 유용 노동들의 이러한 질적 상이(相異)는 수많은 갈래를 가진 하나의 체계로, 즉 사회적 분업으로 발전한다.

그런데 상의로서는, 그것을 재봉사가 입든, 아니면 재봉사의 고객이 입든 상관이 없다. 두 경우 모두 그것은 사용가치로서 기능한다. 마찬가지로 상의와 그것을 생산하는 노동의 관계는, 그 자체로서는, 재봉노동이 특수한 직업, 즉 사회적 분업의 자립적인 한 갈래가 된다고 해서 변하지 않는다. 옷을 입지 않으면 안 되었던 곳에서는 어디에서나, 인간은 누군가 어떤 사람이 재봉사

필수불가결한 것은 전혀 아니다.(Sans elle [=division sociale du travail] pas de production de marchandises, bien que la production des marchandises ne soit point réciproquement indispensable à la division sociale du travail.)"로 되어 있다.

가 되기 전부터 수천 년 동안 재봉일을 해왔다. 그러나 상의나 아마포의 존재, 즉 천연적으로는 존재하지 않는 소재적(素材的) 부의 모든 요소의 존재는 언제나, 특수한 자연소재들을 인간의 특수한 욕망들에 적합하게 하는 어떤 특수하고 합목적적으로 생산적인 활동에 의해서 매개되지 않으면 안 되었다. 그리하여 사용가치들의 형성자로서는, 즉 유용 노동으로서는, 노동은 모든 사회형태들로부터 독립적인 인간의 존재조건, 즉 인간과 자연 사이의 물질대사(物質代謝, Stoffwechsel)를, 따라서 인간의 생활을 매개하기 위한 영원한 자연필연성이다.

사용가치들인 상의, 아마포 등등, 요컨대 상품체들은 두 개의 요소, 즉 자연소재와 노동의 융합물들이다. 상의나 아마포 등등에 들어 있는 다양한 유용 노동들을 모두 제거하면, 언제나 남는 것은 인간의 관여 없이 천연적으로 존재하는 어떤 물질적 기반(基盤)이다. 생산을 하면서 인간은 단지 자연 그 자체가 행하는 것처럼 행할 수 있을 뿐이다. 즉, 소재들의 형태들을 바꿀 수 있을 뿐이다.13 그뿐만이 아니다. 형태를 변경하는 이 노동 그 자체

---

13 "우주의 모든 현상은, 그것들이 인간의 손에 의해서 야기되든, 물리학의 일반적 법칙에 의해서 야기되든, 사실상의 창조가 아니라 단지 소재의 변형일 뿐이다. 결합과 분리가, 재생산이라는 관념을 분석할 때에 인간 정신이 언제나 반복해서 발견하는 유일한 요소들이다. 그리고 토지나 공기, 물이 들판에서 곡물로 전화될 때의, 혹은 또 어떤 곤충의 분비물이 인간의 손에 의해 비단으로 전화될 때의, 혹은 몇몇 금속조각들이 조립되어 회중시계가 만들어질 때의, 가치"(사용가치, 중농주의자들과 논쟁하면서 뻬리는 여기에서 그 자신이 어떤 종류의 가치에 대해서 말하는지를 정확히 모르고 있지만) "및 부(富)의 재생산에 관해서도 그것은 마찬가지이다."(뻬에뜨로 뻬리[Pietro Verri], ≪경제학에 관한 고찰들≫—1771년에 초판— 꾸스또디(Custodi) 편, ≪이탈리아의 경제학자들≫ 총서, 근대 편, 제15권, [밀라노, 1804년 (新日本版에 의함)], pp. 21-22.)

속에서도 인간은 끊임없이 자연력의 지원(支援)을 받는다. 노동은 따라서 인간에 의해서 생산되는 사용가치들의, 즉 소재적 부의 유일한 원천이 아니다. 윌리엄 페티(William Petty)가 말하듯이, 노동은 그 아버지이고, 토지는 그 어머니이다.[21]

이제 사용대상인 한에서의 상품으로부터 상품가치로 넘어가자.

우리의 가정에 의하면, 상의는 아마포의 2배의 가치를 가지고 있다. 그러나 이는, 우선 아직은 우리의 관심을 끌지 않는, 단지 량적인 차이일 뿐이다. 그리하여 우리는, 만일 1개의 상의의 가치가 10엘레의 아마포 가치의 2배만큼 크다면, 20엘레의 아마포는 1개의 상의와 동일한 크기의 가치를 갖는다는 것을 상기한다. 가치로서는 상의와 아마포는 동일한 실체의 것들, 즉 동종의 노동의 객관적 표현이다. 그러나 재봉노동과 직포노동은 질적으로 다른 노동들이다. 하지만, 동일한 사람이 교대로 재봉하고 베를 짜는 사회상태들이 있고, 따라서 그들 사회상태 속에서는, 마치 우리의 재봉사가 오늘 만드는 상의와 내일 만드는 바지들이 단지 동일한 개인 노동의 변화를 전제할 뿐인 것과 전적으로 마찬가지로, 이들 두 상이한 노동양식은 단지 동일한 개인의 노동의 변형일 뿐이며 아직 상이한 개인들의 특수한 고정적 기능이 아니다. 나아가, 보아서 알 수 있듯이, 우리 자본주의 사회에서는 노동수요의 방향이 변화함에 따라서 인간노동의 임의의 부분이 교대로 재봉노동의 형태나 직포노동의 형태로 공급된다. 노동의 이러한 형태변화는 마찰 없이는 이루어지지 않을지도 모르지만, 그러나 이루어지지 않으면 안 된다. 생산적 활동의 특정성을, 따라서 노동의 유용한 성격을 도외시하면, 그 노동에 남는 것은 그것이 인간 노동력의 지출이라는 것이다. 재봉노동과 직포노동은, 비록 질적으로는 상이한 생산적 활동들이지만, 둘 다 인간의 두뇌, 근육, 신경, 손 등의 생산적 지출이며, 이러한 의미에서는 둘 다 인간 노동이다. 그것은 단지 인간 노동력을 지출하는 두 상이한 형태들일 뿐이다. 물론 인간 노동력이 이런저런 형태로 지출되기 위해서는, 인간 노동력 그 자체가 다소간 발달되어 있지 않으면 안 된다. 그러나 상품의 가치는 전형적인 인간 노동을, 즉 인간 노동 일반의 지출*¹을 표현하고 있다. 그런데 부르주아 사회에서는 장군이나 은행가가 커다란 역할을 하고, 전형적인 인간은 대단히 초라한 역할을 하는14 것처럼, 여기에서는 인간 노동 역시 마찬가지이다. 그것은, 보통 사람이면 어느 누구나, 특별한 발달 없이, 그의 육체적 유기체 속에 평균적으로 가지고 있는 단순한 노동력의 지출이다. 물론 단순한 평균노동 그 자체가 나라가 다르고 문화적 시대가 다름에 따라 그 성격이 바뀌지만, 현존하는 한 사회 속에서는 주어져 있다. 복잡노동*²은 단지 강화된(potenziert) 혹은 오히려 배가(倍加)된(multipliziert) 단순노동으로 간주되고, 그리하여 어떤 보다 소량의 복잡노동이 어떤 보다 다량의 단순노동과 같다. 이러한 환산이 끊임없이 이루어지고 있다는 것을 경험이 보여주고 있다. 어떤 상품은 가장 복잡한 노동의 생산물일지 모르지만, 그 가치는 그 상품을 단순노동의 생산물과 대등하게 취급하고, 그리하여 자신을 단지 단순노동의 일정량으로 표현한

---

*¹ [역주] 프랑스어판에는 "인간의 능력 일반의 지출(une dépense de force humaine en général)"로 되어 있다.

14 헤겔, ≪법철학≫, 베를린, 1840, p. 250, §190 참조.

*² [역주] 프랑스어판에는 "복잡노동(숙련노동, 자격을 갖춘 노동)[travail complexe (*skilled labour*, travail qualifié)]"으로 되어 있다.

다.15 다양한 종류의 노동이 그 도량단위로서의 단순노동으로 환원되는 다양한 비율은 생산자들의 배후에서 이루어지는 하나의 사회적 과정에 의해서 결정되며, 따라서 그들에게는 관습에 의해서 주어지는 것처럼 보인다. 단순화하기 위하여 이하에서는 어떠한 종류의 노동력이든 직접적으로 단순노동력으로 간주하는데, 이는 단지 환산하는 수고를 덜기 위해서이다.

따라서 가치로서의 상의와 아마포에서 그 사용가치의 구별이 사상되어 있는 것처럼, 이들 가치 속에 표현되는 노동들에서도 재봉노동과 직포노동이라는 그 유용형태들의 구별이 사상되어 있다. 사용가치로서의 상의와 아마포는 특정 목적의 생산적 활동들과 직물 및 실의 융합물이지만, 가치로서의 상의와 아마포는 이에 반해서 단순한, 동종(同種)의 노동의 응결물들인 것처럼, 이들 가치에 포함되어 있는 노동들 역시, 직물 및 실에 대한 그 생산적 관계(produktives Verhalten)[*1]에 의해서가 아니라, 단지 인간 노동력의 지출로서만 통용된다. 재봉노동과 직포노동이 사용가치로서의 상의와 아마포의 형성요소들인 것은 바로 그 서로 다른 질에 의해서이다. 재봉노동과 직포노동이 상의 가치와 아마포 가치의 실체인 것은 단지, 그들 노동의 특수한 질이 사상되고 양자가 동일한 질, 즉 인간 노동이라는 질을 가지고 있는 한에서이다.

---

15 독자가 주의하지 않으면 안 되는 것은, 여기에서는, 노동자가 가령 1노동일에 대하여 받는 임금 혹은 가치에 대해서가 아니라, 그의 노동일이 대상화되어 있는 상품가치에 대해서 말하고 있다는 점이다. 임금이라는 범주는 우리 서술의 현 단계에서는 아직 결코 존재하지 않는다.

*1 [역주] 직역하면 "생산적 태도"이지만, "rapport productif" 및 "productive relation"이라는 프랑스어판 및 영어판의 번역에 따름.

상의와 아마포는 그러나 무릇 가치들일 뿐 아니라 특정한 크기의 가치들이며, 우리의 가정에 의하면, 상의는 10엘레의 아마포보다 2배만큼 큰 가치이다. 그것들의 가치 크기가 이렇게 다른 것은 어디에서 기인하는가? 아마포는 상의보다 단지 절반만큼의 노동만을 포함하고 있다는 데에서, 그리하여 상의를 생산하기 위해서는 아마포를 생산하기 위해서보다 2배나 많은 시간 동안 노동력이 지출되지 않으면 안 된다는 데에서 기인한다.

따라서, 사용가치와 관련하여 상품에 포함되어 있는 노동이 단지 질적으로만 통용된다면, 가치크기와 관련해서는 그것은, 그것이 이미 더 이상의 질을 갖지 않은 인간 노동으로 환원되어 있기 때문에, 단지 량적으로만 통용된다. 사용가치와 관련해서는 노동의 어떻게와 무엇을(das Wie und Was)이 문제이고, 가치크기와 관련해서는 노동의 얼마만큼(Wieviel), 즉 그 지속시간이 문제인 것이다. 어떤 상품의 가치크기는 단지 그 상품에 포함되어 있는 노동의 분량만을 표현하기 때문에, 상품들은, 일정한 비율에서는, 언제나 같은 크기의 가치들이지 않으면 안 된다.

예컨대, 하나의 상의를 생산하기 위해 필요한 모든 유용 노동들의 생산력이 불변인 채라면, 상의들의 가치의 크기는 상의 자체의 량에 따라서 증대한다. 만일 1개의 상의가 x 노동일을 표현한다면, 2개의 상의는 2x 노동일을 표현하는 것처럼. 그러나 1개의 상의를 생산하기 위해 필요한 노동이 2배로 증대하거나 절반으로 감소한다고 가정해보라. 앞의 경우에는 1개의 상의가 이전의 2개의 상의와 같은 가치를 가지고 있고, 뒤의 경우에는 2개의 상의가 이전의 1개의 상의와 같은 가치만을 가지고 있다. 두 경우 모두 1개의 상의는 여전히 동일한 기능(Dienste)을 하고, 그것에 포함되어 있는 유용 노동은 여전히 동일한 품질이지만. 그러나 그것을 생산하는 데에 지출된 노동량은 변동된 것이다.

어떤 보다 큰 분량의 사용가치는 그 자체로서 보다 큰 소재적(素材的) 부를 이룬다. 즉, 1개의 상의보다 2개의 상의가 그렇다. 2개의 상의로는 두 사람을 입힐 수 있고, 1개의 상의로는 단 한 사람만을 입힐 수 있는 것처럼. 그럼에도 불구하고 소재적 부의 량은 증대하는데 그것들의 가치는 동시적으로 감소할 수 있다. 이 상반된 운동은 노동의 이중성으로부터 기인한다. 생산력은 당연히 언제나 유용한, 구체적인 노동의 생산력이며, 실제로도 주어진 시간 내에서의 합목적적(合目的的), 생산적 활동의 작용도(作用度)를 규정할 뿐이다. 따라서 유용 노동은, 그 생산력의 상승 혹은 저하에 비례하여 보다 풍부한, 혹은 보다 빈약한 생산물의 원천이 된다. 그에 반해서, 생산력의 변동은, 그 자체로서는, 가치에 표현되어 있는 노동에는 전혀 영향을 미치지 않는다. 생산력은 구체적인, 유용한 형태의 노동에 속하기 때문에, 그 구체적인, 유용한 형태가 사상되자마자, 당연히 더 이상 노동에 영향을 미칠 수 없는 것이다. 그리하여, 생산력이 아무리 변동하더라도, 동일한 노동은 동일한 시간 동안에는 언제나 동일한 크기의 가치를 생산한다. 그러나 그 노동은 동일한 시간 동안에 서로 다른 량의 사용가치들을, 즉 생산력이 올라가면 더 많이, 생산력이 내려가면 더 적게, 공급한다. 따라서, 노동의 풍도(豊度)를 증대시키고 그리하여 그 노동에 의해서 제공되는 사용가치들의 량을 증대시키는, 생산력의 동일한 변동은, 만일 그 변동이 그 사용가치 총량을 생산하기 위해 필요한 노동시간의 총계를 단축한다면, 이 증대된 사용가치 총량의 가치크기를 감소시킨다. 그 반대의 경우도 마찬가지이다.

모든 노동은, 한편에서는, 생리학적 의미에서의 인간의 노동력의 지출이며, 동등한 인간의 노동 혹은 추상적 인간의 노동이라는 이 속성에서 그것은 가치를 형성하는 것이다. 모든 노동은, 다른 한편에서는, 특수한, 목적이 규정된 형태에서의 인간의 노동력의 지출이며, 구체적, 유용 노동이라는 이 속성에서 그것은 사용가치들을 생산하는 것이다.16

---

16 제2판 주. "오직 노동만이 모든 시대에 모든 상품들의 가치를 그것에 의해서 평가하고 비교할 수 있는 최종적이고 실재적인 척도다"라는 것을 증명하기 위해서 A. 스미스는 이렇게 말하고 있다. "동일한 량의 노동은 모든 시대, 모든 곳에서 노동자 자신에게 동일한 가치를 가지고 있음에 틀림없다. 노동자는 그의 건강과 체력, 활동이 정상적인 상태에서 그리고 그가 가지고 있을 숙련이 평균정도라면, 그는 언제나 자신의 휴식과 자신의 자유, 자신의 행복의 동일한 부분을 희생시키지 않으면 안 된다." (《국부론》, 제1편, 제5장 [pp. 104-105]; [최임환 역, 《국부론》(상), 을유문화사, 1970, p. 32.]). 한편에서, A. 스미스는 여기에서 (모든 곳에서 그런 것은 아니다) 상품의 생산에 지출된 노동량에 의한 가치의 규정을 노동의 가치에 의한 상품가치의 규정과 혼동하고 있으며, 그리하여 동일한 량의 노동은 언제나 동일한 가치를 가지고 있음을 증명하려 하고 있다. 다른 한편에서, 그는 노동은 그것이 상품의 가치로 표현되는 한 단지 노동력의 지출로서만 통용된다는 것을 어렴풋이 느끼고 있는데, 그러나 그는 이 지출을 다시 단순히 휴식과 자유, 행복의 희생으로만 이해할 뿐, 그것이 정상적인 생명활동이기도 하다고는 이해하고 있지 않다. 물론 그는 근대적인 임금노동자를 주목하고 있다. ― 주 9에서 인용했던 A. 스미스의 익명의 선구자는 훨씬 더 적절하게 이렇게 말하고 있다. "어떤 사람이 이 생활필수품을 만드는 데에 1주일이 걸렸다. ... 그리고 교환을 통해서 그에게 다른 필수품을 제공하는 사람은, 무엇이 그에게 똑같은 만큼의 노동과 시간이 드는가를 계산하는 것 외에는, 무엇이 실제로 등가인가를 더 정확히 평가할 수가 없다. 이는 사실상, 어떤 사람이 어떤 물건을 만드는 데에 사용한 일정한 시간의 노동과, 다른 사람이 다른 물건을 만드는 데에 사용한 동일한 시간의 노동을 교환하는 것을 의미한다." (《화폐의 이자 일반, 그리고 특히 공채의 이자에 관한 약간의 의견》, p. 39.) ― {제4판 주: 영어에는, 노동의 이 상이한 두 측면에 대해서 두 개의 서로 다른 단어를 가지고 있다는 장점이 있다. 사용가치를 창조하는, 질적으로 규정된 노동은, labour에 대비하여, work라고 부르고, 가치를 창조하는, 오직 량적으로만 측정되는

제3절 가치형태 즉 교환가치

상품들은 철, 아마포, 밀 등과 같은 사용가치들의 형태 즉 상품체들의 형태로 세상에 등장한다. 이것이 상품의 평범한 현물형태(Naturalform)[*1]이다. 그럼에도 불구하고 그것들이 상품인 것은 오직 그것들이 이중적인 것, 즉 사용대상들이자 동시에 가치의 담지자들이기 때문이다. 그리하여 그것들은 오직, 현물형태와 가치형태라는 이중적 형태를 취하는 한에서만, 상품으로서 나타난다. 즉, 그러한 한에서만, 상품의 형태를 취한다.

상품들의 가치대상성(價値對象性, Wertgegenständlichkeit)[*2]은, 어디를 붙잡아야 좋을지 알 수 없다는 점에서 마담 퀴클리(Dame Quickly)와 구별된다.[22] 상품체의 감각적으로 거친 대상성과는 정반대로 그 가치대상성 속에는 단 한 톨의 자연소재도 들어 있지 않다. 그리하여 어떤 하나하나의 상품을 아무리 이리저리 만져 보더라도, 그것을 가치물로서는 여전히 파악할 수 없다. 하지만, 상품들은 오직 그것들이 인간 노동이라는 동일한 사회적 단

노동은, work에 대비하여, labour라고 부른다. 영어판 p. 14 [Progress 판, *Karl Marx Frederick Engels Collected Works* (*MECW*) Vol. 34 (초판, 1954년), p. 54: 역자]를 보라. – F.E.}

[*1] [역주] 현물형태(Naturalform) — "자연형태"로 번역해도 좋다. 이하 동일.

[*2] [역주] 가치대상성(價値對象性, Wertgegenständlichkeit) — "가치의 실체"를 의미하며, 실제로 프랑스어판에는 "réalité que possède la valeur de la marchandise"로, 영어판에는 "reality of the value"로 번역되어 있다.

위의 표현인 한에서만 가치대상성을 갖는다는 것, 따라서 그것들의 가치대상성은 순전히 사회적이라는 것을 상기하면, 그 가치대상성이 상품과 상품의 사회적 관계 속에서만 나타날 수 있다는 것도 저절로 자명해진다. 우리는 사실 상품들의 교환가치 즉 그 교환관계로부터 출발하여 그 안에 숨어 있는 그들 상품의 가치를 추적, 알아냈다. 우리는 이제 가치의 이 현상형태로 되돌아가지 않으면 안 된다.

상품들이 그들 사용가치의 잡다한 현물형태들과는 극히 현저하게 대조적인 하나의 공통의 가치형태를 — 화폐형태를 가지고 있다는 것은 누구나, 그 밖의 다른 것은 아무것도 모르더라도, 다 알고 있다. 그럼에도 불구하고, 여기에서는 부르주아 경제학에 의해서 일찍이 한번도 시도된 적이 없는 것을 수행하는 것, 즉 이 화폐의 발생사(Genesis)를 입증하는 것, 따라서 상품들의 가치관계 속에 포함되어 있는 가치표현의 발전을 그 가장 단순하고 가장 눈에 띄지 않는 형태로부터 눈부신 화폐형태까지 추적하는 것이 필요하다. 그럼으로써 동시에 화폐의 수수께끼도 사라진다.

가장 단순한 가치관계는 명백히 어떤 상품의, 그것이 무엇이든 상관없이 다른 종류의 어떤 하나의 상품에 대한 가치관계이다. 그리하여 2개의 상품의 가치관계는 하나의 상품의 가장 단순한 가치표현을 제공한다.

A. 단순한, 개별적인 또는 우연한 가치형태

$$x \text{량의 상품 A} = y \text{량의 상품 B}$$
즉, x량의 상품 A는 y량의 상품 B와 가치가 같다.
(20엘레의 아마포 = 1개의 상의
즉, 20엘레의 아마포는 1개의 상의와 가치가 같다.)

1. 가치표현의 두 극(極): 상대적 가치형태와 등가형태

모든 가치형태의 비밀은 이 단순한 가치형태 속에 숨어 있다. 그리하여 이 가치형태를 분석하는 데에는 고유한 어려움이 있다.

여기에서는 2개의 상이한 종류의 상품 A와 B, 우리의 예에서는 아마포와 상의는 명백히 2개의 상이한 역할을 하고 있다. 아마포는 자신의 가치를 상의에 표현하고 있고, 상의는 이 가치표현의 재료로 이용되고 있다. 첫 번째 상품은 능동적인 역할을 하고 있고, 두 번째 상품은 수동적인 역할을 하고 있는 것이다. 첫 번째 상품의 가치는 상대적 가치로서 표현되어 있다. 즉, 그것은 상대적 가치형태에 있다. 두 번째 상품은 등가물로서 기능하고 있다. 즉, 등가형태에 있다.[*1]

상대적 가치형태와 등가형태는 서로 의존적이고 서로 상대를 전제하는 불가분의 계기들인데, 그러나 동시에 서로 배제하는, 즉 대립적인 극단들, 다시 말하면, 동일한 가치표현의 극들이다.

[*1] [역주] "첫 번째 상품의 가치는 상대적 가치로서 ..." 이하가 영어판에는 이렇게 되어 있다. : "아마포의 가치는 상대적 가치로서 표현되어 있다. 즉, 그것은 상대적 가치로 나타나 있다. 상의는 등가물로서의 역할을 하고 있다. 즉, 등가형태로 나타나 있다."

이 양극은 언제나 가치표현에 서로 관련되는 상이한 상품들에 배분된다. 나는, 예컨대, 아마포의 가치를 아마포로 표현할 수 없다. 20엘레의 아마포 = 20엘레의 아마포는 결코 가치표현이 아니다. 이 등식이 말하고 있는 것은 오히려 반대로, 20엘레의 아마포는 20엘레의 아마포, 즉 일정한 분량의 사용대상인 아마포 이외의 아무것도 아니라는 것이다. 따라서 아마포의 가치는 오직 상대적으로만, 다시 말하면, 다른 상품으로만 표현될 수 있다. 그리하여 아마포의 상대적 가치형태는, 무언가 다른 상품이 그에 대하여 등가형태에 있다는 것을 전제하고 있다. 다른 한편에서는, 등가물로서 기능하는 이 다른 상품은 동시에 상대적 가치형태에 있을 수는 없다. 그것은 자신의 가치를 표현하는 것이 아니다. 그것은 단지 다른 상품의 가치표현에 재료를 제공하고 있을 뿐이다.

물론 20엘레의 아마포 = 1개의 상의, 혹은 20엘레의 아마포는 1개의 상의와 가치가 같다는 표현은 그 역(逆)의 관계도, 즉 1개의 상의 = 20엘레의 아마포, 혹은 1개의 상의는 20엘레의 아마포와 가치가 같다는 것도 포함하고 있다. 그러나 상의의 가치를 상대적으로 표현하기 위해서는 등식을 뒤집지 않으면 안 되고, 그렇게 하자마자 상의 대신에 아마포가 등가물이 된다. 따라서 동일한 상품은 동일한 가치표현에서는 동시에 두 형태로 나타날 수 없는 것이다. 이들은 오히려 대극적(對極的)으로 서로 배제한다.

어떤 상품이 이제 상대적 가치형태에 있는가 혹은 맞은편의 등가형태에 있는가는 전적으로 가치표현에서의 그 상품의 그때그때의 위치에, 다시 말하면, 그것이 자신의 가치를 표현하는 상품인가, 혹은 그렇지 않고 그것으로 가치가 표현되는 상품인가에 달려 있다.

2. 상대적 가치형태

a) 상대적 가치형태의 내용

한 상품의 단순한 가치표현이 어떻게 2개의 상품의 가치관계 속에 숨어 있는가를 이해하기 위해서는 이 가치관계를 우선 그 량적 측면과는 완전히 무관하게 고찰하지 않으면 안 된다. 사람들은 대개 정반대로 하고 있고, 가치관계 속에서 오직 두 종류의 상품의 일정한 분량들이 서로 등가가 되는 비율만을 보고 있다. 서로 다른 물건들의 크기는, 그것들이 동일한 단위로 환원된 후에야 비로소 량적으로 비교할 수 있게 된다는 것을 간과하고 있는 것이다. 동일한 단위로 표현되어야만 그것들은 공통분모를 가진, 그리하여 같은 기준으로 잴 수 있는 크기들인 것이다.17

20엘레의 아마포 = 1개의 상의든, 혹은 = 20 혹은 = x개의 상의든, 다시 말하면, 어떤 주어진 분량의 아마포가 많은 상의들과 가치가 같든, 적은 상의들과 가치가 같든, 그러한 비율은 어느 것이나, 아마포와 상의들이 가치크기로서는 동일한 단위의 표현, 즉 동일한 성질의 물건들이라는 것을 포함하고 있다. 아마포 = 상의가 등식의 기초이다.

---

17 S. 베일리(Bailey)처럼, 가치형태를 분석해온 소수의 경제학자들이 아무런 성과도 거둘 수 없었던 것은, 첫째로는, 그들이 가치형태와 가치를 혼동하고 있기 때문이고, 둘째로는, 그들이 실제적인 부르주아의 조잡한 영향을 받아 처음부터 오로지 량적 규정성에만 주목하고 있기 때문이다. "량에 대한 지배가 ... 가치를 형성한다." (《화폐와 그 가치변동》, 런던, 1837, p. 11.) 저자는 S. 베일리.

그러나 질적으로 등치된 2개의 상품은 동일한 역할을 하지 않는다. 오직 아마포의 가치만이 표현된다. 그러면 어떻게? 자신의 "등가물"로서의, 또는 자신과 "교환될 수 있는 것"으로서의 상의에 대한 아마포의 관계에 의해서 [표현된다: 역자]. 이 관계 속에서는 상의는 가치의 존재형태로서, 즉 가치물로서 통용되는데, 왜냐하면, 오직 그러한 것으로서만 그것은 아마포와 동일한 것이기 때문이다. 다른 한편에서는 아마포 자신의 가치존재가 나타난다. 즉 독립적인 표현을 얻는다. 왜냐하면, 오직 가치로서만 그것은 등가물로서의, 혹은 자신과 교환될 수 있는 것으로서의 상의와 관계를 맺고 있기 때문이다. 부티르산(Buttersäure, [酪酸])은 포름산[蟻酸] 프로필(Propylformat)과는 다른 물체이다.[*1] 그럼에도 불구하고 이 양자(兩者)는 동일한 화학적 물질들—탄소(C)와 수소(H), 산소(O)—로 이루어져 있고, 더욱이 동일한 비율의 구성, 즉 $C_4H_8O_2$로 이루어져 있다. 이제 부티르산에 포름산 프로필이 등치된다면, 이 관계 속에서는, 첫째로 포름산 프로필은 단순히 $C_4H_8O_2$의 존재형태로서만 통용되고, 부티르산도 역시 $C_4H_8O_2$로 구성되어 있다는 것을 말하고 있을 것이다. 따라서 포름산 프로필이 부티르산과 등치됨으로써 부티르산의 화학적 실체가 그 물체의 형태와는 구별되어 표현될 것이다.

우리가, 가치로서의 상품들은 인간 노동의 단순한 응결물들이라고 말한다면, 우리의 분석은 이들 상품을 가치추상으로 환원하는데, 그러나 결코 그것들에게 그것들의 자연적 형태와 다른 어떤 가치형태를 주는 것은 아니다. 어떤 한 상품의 다른 상품에 대한 가치관계에서는 그렇지 않다. 상품의 가치성격은 여기에서는

---

*1 [역주] 영어판은 이 문장이 "화학에서 한 예를 빌린다면,"으로 시작된다.

다른 상품에 대한 그 상품 자신의 관계에 의해서 나타난다.

예컨대 상의가 가치물로서 아마포에 등치됨으로써 그 상의에 들어 있는 노동이 그 아마포에 들어 있는 노동에 등치된다. 그런데 사실은 상의를 만드는 재봉노동은 아마포를 만드는 직포노동과는 다른 종류의 구체적 노동이다. 그러나 직포노동과의 등치는 재봉노동을 실제로 두 노동들 속의 현실적으로 같은 것, 즉 인간노동이라는 그것들의 공통된 성격으로 환원하는 것이다. 이러한 우회로를 통하여 다음에는, 직포노동도, 그것이 가치를 짜는 한, 재봉노동과 구별되는 결코 어떤 특징도 가지고 있지 않으며, 따라서 추상적 인간 노동이라는 것을 말하고 있는 것이다. 오로지 상이한 종류의 상품들의 등가표현만이, 그 상이한 종류의 상품들에 포함되어 있는 상이한 종류의 노동들을 그것들에 공통적인 것으로, 즉 인간 노동 일반으로 실제로 환원함으로써, 가치를 형성하는 노동의 독특한 성격을 드러내는 것이다.[17a]

그러나 아마포의 가치를 이루고 있는 노동의 독특한 성격을 표현하는 것만으로는 충분하지 않다. 유동상태(流動狀態)에 있는

[17a] 제2판 주. 윌리엄 페티(William Petty) 이후 가치의 본성을 통찰한 최초의 경제학자 중 한 사람인, 저 유명한 프랭클린(Franklin)은 이렇게 말하고 있다: "무릇 상업이란 어떤 노동과 다른 노동의 교환 이외의 아무것도 아니기 때문에, 모든 물건들의 가치는 ... 노동에 의해서 가장 정확하게 평가된다." (《B. 프랭클린 저작집》, 스파크스[Sparks] 편, 보스턴, 1836, 제2권, p. 267.) 프랭클린은, 자신이 모든 물건의 가치를 "노동에 의해서" 평가함으로써 교환되는 노동들의 차이를 사상하고 있다는 것 — 그리고 그리하여 그것들을 동등한 인간 노동으로 환원하고 있다는 것을 스스로는 의식하지 못하고 있다. 그럼에도 불구하고 그는 자신이 알지 못하고 있는 것을 말하고 있다. 그는 맨 먼저 "어떤 한 노동"에 대해서, 다음에는 "다른 노동에 대해서", 최후에는 모든 물건의 가치의 실체로서, 더 이상의 명칭이 없는 "노동"에 대해서 말하고 있는 것이다.

인간 노동력, 즉 인간 노동은, 가치를 형성하지만, 그러나 가치는 아니다.[*1] 그것은 응결된 상태에서, 즉 대상적 형태에서 가치가 된다. 아마포 가치를 인간 노동의 응결물로서 표현하기 위해서는 그 아마포 가치가, 아마포 자체와 물적으로 구별되면서도 동시에 다른 상품과 공통적인 어떤 "대상성(Gegenständlichkeit)"[*2]으로 표현되지 않으면 안 된다. 과제는 이미 해결되어 있다.

아마포의 가치관계 속에서 상의가 아마포와 동등한 것으로서, 즉 동일한 성질의 물건으로서 통용되는 것은, 상의가 하나의 가치이기 때문이다. 그리하여 상의는 여기에서는 거기에 가치가 나타나는 물건으로서, 혹은 손으로 붙잡을 수 있는 그 현물형태로 가치를 표현하는 물건으로서 통용된다. 그런데 상의는, 즉 상품 상의의 신체는 사실은 하나의 순전한 사용가치이다. 어떤 한 상의는, 임의의 아마포 한 조각이 가치를 표현하지 않는 것과 마찬가지로, 가치를 표현하지 않는다. 이는 단지, 마치 많은 사람이 금줄(金 mogol)로 장식된 상의 속에서는 그 외부에서보다도 더 많은 의의를 갖는 것처럼, 상의는 아마포와의 가치관계 속에서는 그 외부에서보다도 더 많은 의의를 갖는다는 것을 입증할 뿐이다.

상의의 생산에는 실제로 재봉노동의 형태로 인간의 노동력이 지출되었다. 따라서 상의 속에는 인간 노동이 쌓여 있다. 이러한 면에서 보면, 상의는 "가치의 담지자(Träger von Wert)"이다. 비록 상의의 이러한 속성 그것은 상의가 아무리 닳고 닳아 해져 있

[*1] [역주] 이 문장은 영어판에는, "운동 중에 있는 인간 노동력, 즉 인간 노동은, 가치를 창조하지만, 그러나 그 자체가 가치는 아니다."로 되어 있다.

[*2] [역주] 대상성(Gegenständlichkeit) — '객관적 실체'라는 뜻으로서, 실제로, 예컨대, 영어판에는 "객관적 존재(objective existence)"로, 프랑스어판에는 "대상의 형태(forme d'un objet)"로 번역되어 있다.

어도 들여다보이지 않지만 말이다. 그리고 아마포의 가치관계 속에서는 상의는 오직 이러한 면에서만, 그리하여 체현된 가치로서만, 즉 가치체(價値體, Wertkörper)로서만 통용된다. 상의가 단추를 채우고 나타났음에도 불구하고,[*1] 아마포는 그 속에서 동족(同族)의 아름다운 가치혼(價値魂)을 알아본 것이다. 그러나, 상의는 아마포에 대하여, 동시에 아마포에게 있어서 가치가 상의의 형태를 취하지 않고는, 가치를 표현할 수가 없다. 마찬가지로 개인 A는 개인 B에 대하여, 동시에 A에게 있어서 폐하가 B의 자태를 취하지 않고는, 그리고 따라서 용모, 모발 그리고 기타 많은 것들이 또한 그때그때의 국부(國父)와 함께 바뀌지 않고는, 폐하에 대한 태도를 취할 수 없다.[*2]

상의가 아마포의 등가물을 이루는 가치관계에서는, 따라서 상의형태가 가치형태로서 통용된다. 그리하여 상품 아마포의 가치가 상품 상의의 신체로, 즉 한 상품의 가치가 다른 상품의 사용가치로 표현된다. 사용가치로서는 아마포는 상의와는 감각적으로 상이한 것이지만, 가치로서는 그것은 "상의와 같은 것"이고, 그리하여 상의처럼 보인다. 그리하여 아마포는 자신의 현물형태와는 다른 가

[*1] [역주] "상의가 단추를 채우고 나타났음에도 불구하고(Trotz seiner zugeknöpften Erscheinung)" — "상의의 냉담한 외관(外觀)에도 불구하고"라는 뜻이며, 그렇게 번역할 수도 있다.

[*2] [역주] 영어판에는 "상의가 단추를 채우고 나타났음에도 불구하고"에서부터 "..., 가치를 표현할 수 없다"까지 2개의 문장이 없고, 그 다음 "마찬가지로 개인 A는 ..."으로 시작되는 문장은 다음과 같이 되어 있다. "예컨대, A는 B에 대하여, 동시에 B의 눈에 군왕(majesty)이 A의 육체적 자태를 취하지 않고는, 그리고, 게다가, 백성의 아버지(father of the people)가 바뀔 때마다 매번 그 용모, 모발, 그리고 기타 많은 것들이 바뀌지 않고는, '폐하(your majesty')가 될 수 없다."

치형태를 얻는다. 아마포의 가치존재가 상의와의 그 동등성에서 나타나는 것은, 기독교도의 양(羊) 같은 성질(Schafsnatur)*1이 하느님의 어린 양(Lamm Gottes)과의 그 동등성에서 나타나는 것과 마찬가지이다.

보다시피, 상품가치의 분석이 이전에 우리에게 말해준 모든 것을, 아마포가 다른 상품, 즉 상의와 교제를 하자마자, 아마포 스스로 말하고 있다. 다만 아마포는 자신의 생각을 자기 혼자서만 알고 있는 언어로, 즉 상품어(商品語)로 드러내고 있다. 노동은 인간 노동이라는 추상적 속성에서 아마포 자신의 가치를 형성한다는 것을 말하기 위해서 아마포는, 상의가 자기와 동등하게 통용되는 한, 따라서 가치인 한, 상의는 아마포와 동일한 노동으로 구성되어 있다고 말하고 있다. 자신의 고상한 가치대상성은 자신의 뻣뻣한 육체와는 다르다는 것을 말하기 위해서 아마포는, 가치는 상의처럼 보이고, 그리하여 그 자신이 가치물로서는, 어떤 계란이 다른 계란과 같은 것처럼, 상의와 같다고 말하고 있다. 곁들여 말해두자면, 상품어도 역시 히브리어 외에 더 많은, 혹은 보다 정확하고 혹은 보다 부정확한 방언(方言)들을 가지고 있다. 예컨대, 독일어 "Wertsein"[가치 있다: 역자]은, 로만어의 동사 valere, valer, valoir[차례대로 이딸리아어, 스페인어, 프랑스어: 역자]보다는, 상품 B를 상품 A와 등치시키는 것[상품 A=상품 B: 역자]은 상품 A 자신의 가치표현이라는 것을 좀 덜 적절하게 표현한다. Paris vaut bien une messe! (빠리는 분명 미사를 받을 가치가 있다!)[23]

---

*1 [역주] "양 같은 성질(Schafsnatur)"에는, 물론 '양순(良順)한 성질'이라는 뜻도 있지만, 동시에 '바보스런 성질'이라는 뜻도 있다.

따라서 가치관계에 매개되어 상품 B의 현물형태가 상품 A의 가치형태, 즉 상품 B의 신체가 상품 A의 가치거울(Wertspiegel)이 된다.18 상품 A는 가치체로서의, 즉 인간 노동의 물질화로서의 상품 B와 관련을 맺음으로써 사용가치 B를 자기 자신의 가치표현의 재료로 삼는다. 상품 A의 가치는, 이렇게 상품 B의 사용가치로 표현되어, 상대적 가치의 형태를 취하는 것이다.

b) 상대적 가치형태의 량적 규정성

그 가치가 표현되어야 하는 상품은 어느 것이나, 15쉐펠[*1]의 밀, 100파운드의 커피 등처럼, 주어진 량의 어떤 사용대상(使用對象)이다. 이 주어진 상품량은 어떤 일정량의 인간 노동을 포함하고 있다. 따라서 가치형태는, 단지 가치 일반만이 아니라, 량적으로 규정된 가치 즉 가치크기도 표현하지 않으면 안 된다. 상품 A의 상품 B에 대한 가치관계, 즉 상의에 대한 아마포의 가치관계에서는, 따라서 상품 종류 상의는, 단지 아마포의 가치체 일반으

---

18 어떻게 보면, 인간도 상품과 마찬가지이다. 인간은 거울을 가지고 세상에 태어나는 것도 아니고, 나는 나다(Ich bin ich)는 퓌히테(Fichte) 류의 철학자로서 태어나는 것도 아니기 때문에, 인간은 우선 어떤 다른 인간에게 자신을 비추어 본다. 자신과 같은 인간으로서의 인간 바울(Paul)과의 관련을 통해서 비로소 인간 베드로(Peter)는 인간으로서의 자기 자신과 관련을 맺는 것이다. 그러나 그와 함께 베드로에게는 그 바울 전체가, 그 바울의 육체 그대로, 인간이라는 속(屬)의 현상형태로서 통용된다.

*1 [역주] 쉐펠(Scheffel) — 옛 곡량(穀量) 단위. 지역에 따라 달라서 (新日本판 역주에 의하면) 1쉐펠은 23-223리터이고, 프로이쎈에서는 54.96리터. 참고로, 프랑스어판과 영어판에서는 각각 '부아쏘(boisseaux)'와 '부셀(bushels)'로 번역되어 있다.

로서 질적으로 등치될 뿐 아니라, 일정량의 아마포, 예컨대 20엘레의 아마포에 어떤 일정량의 가치체 또는 등가물이, 예컨대 1개의 상의가 등치된다.

"20엘레의 아마포 = 1개의 상의, 즉 20엘레의 아마포는 1개의 상의의 가치가 있다"는 등식은, 1개의 상의에는 정확히 20엘레의 아마포에 포함되어 있는 만큼의 가치실체가 포함되어 있다는 것, 따라서 두 상품량은 모두 같은 량의 노동 또는 같은 크기의 노동시간을 필요로 한다는 것을 전제하고 있다. 그러나 20엘레의 아마포나 1개의 상의를 생산하기 위해 필요한 노동시간은 직포노동이나 재봉노동의 생산성이 변동할 때마다 변동한다. 이제 가치 크기의 상대적 표현에 대한 그러한 변동의 영향을 보다 상세히 연구하지 않으면 안 된다.

I. 아마포의 가치는 변동하는데,19 상의가치는 불변인 경우. 아마포의 생산을 위해 필요한 노동시간이, 가령 아마밭의 비옥도의 악화 때문에, 만일 2배로 된다면, 아마의 가치는 2배로 된다. 20엘레의 아마포 = 1개의 상의 대신에 20엘레의 아마포 = 2개의 상의로 될 터인데, 왜냐하면, 1개의 상의는 이제 20엘레의 아마포에 포함되어 있는 노동시간의 절반 만큼만을 포함하고 있기 때문이다. 그에 반해서, 아마포의 생산에 필요한 노동시간이, 가령 개량된 직기 때문에, 만일 절반으로 감소된다면, 아마포가치는 절반으로 저하한다. 그에 따라서 이제, 20엘레의 아마포 = $^1/_2$개의 상의로 된다. 따라서, 상품 A의 상대적 가치, 다시 말하면, 상

---

19 "가치"라는 표현은 여기에서는, 이미 이전에도 때때로 여기저기에서 그랬던 것처럼, 량적으로 규정된 가치라는 의미로, 따라서 가치크기라는 의미로 사용된다.

품 B로 표현된 상품 A의 가치는, 상품 B의 가치가 불변인 경우, 상품 A의 가치에 비례하여 상승하고 저하한다.

II. 아마포의 가치는 불변이고, 상의가치가 변동하는 경우. 이러한 사정 하에서는, 상의를 생산하기 위해 필요한 노동시간이, 가령 불리한 양털 깎기 때문에, 만일 2배로 된다면, 20엘레의 아마포 = 1개의 상의 대신에 이제, 20엘레의 아마포 = $1/2$개의 상의로 된다. 그와 반대로, 상의의 가치가 절반으로 떨어진다면, 20엘레의 아마포 = 2개의 상의로 된다. 그리하여, 상품 A의 가치가 불변인 경우, 그것의 상대적인, 상품 B로 표현된 가치는 B의 가치변동에 반비례하여 저하하거나 상승한다.

I과 II에서의 다양한 경우들을 비교해보면, 상대적 가치의 동일한 크기 변동이 전적으로 상반된 원인들로부터 발생할 수 있다는 사실이 분명해진다. 그리하여, 20엘레의 아마포 = 1개의 상의가, 1. 등식 20엘레의 아마포 = 2개의 상의로 되는 것은, 아마포의 가치가 2배로 되기 때문이거나, 아니면 상의들의 가치가 절반으로 저하하기 때문이며, 2. 등식 20엘레의 아마포 = $1/2$개의 상의로 되는 것은, 아마포의 가치가 절반으로 저하하거나, 아니면 상의의 가치가 2배로 상승하기 때문이다.

III. 아마포와 상의의 생산에 필요한 노동량이 동시에, 같은 방향으로 그리고 같은 비율로 변동할 수도 있다. 이 경우에는, 그것들의 가치가 아무리 변하더라도, 여전히 20엘레의 아마포 = 1개의 상의이다. 이들 상품의 가치변동은, 그것들의 가치가 변하지 않은 제3의 상품과 비교하면, 곧 발견된다. 모든 상품의 가치들이 동시에 같은 비율로 상승하거나 저하하면, 그것들의 상대적 가치들은 불변인 채로 있을 것이다. 그것들의 현실적인 가치변동은, 동일한 노동시간에 이제 전반적으로 이전보다 보다 많은 혹은 보다 적은 상품량이 공급된다는 것에서 알 수 있다.

IV. 아마포와 상의의 생산에 각각 필요한 노동시간들이, 따라서 그 가치들이, 동시에 같은 방향으로 그러나 상이한 정도로 변동한다든가, 아니면 상반된 방향으로 변동한다든가, 기타 여러 방식으로 변동할 수도 있다. 모든 가능한 그런 종류의 조합이 어떤 상품의 상대적 가치에 미치는 영향은 I, II 그리고 III의 경우들을 응용함으로써 간단히 밝혀진다.

따라서 가치크기의 현실적 변동은 그 가치크기의 상대적 표현이나 상대적 가치의 크기에 명료하게도 남김없이도 반영되지 않는다. 한 상품의 상대적 가치는 그것의 가치가 불변이더라도 변동할 수 있다. 그 상대적 가치는 그 가치가 변동되더라도 불변인 채 머물 수 있으며, 그리고 마지막으로는 그 가치크기와 그 가치크기의 상대적 표현의 동시적 변동은 그것들이 서로 일치해야 할 필요는 결코 없다.[20]

---

20 제2판의 주. 가치크기와 그 상대적 표현 사이의 이 불일치는 속류경제학에 의해서 예의 명민함으로 악용되었다. 예컨대: "A와 교환되는 B가 상승하기 때문에, 그 사이에 A에 지출되는 노동이 적어지지 않더라도 A가 하락하는 것을 일단 인정하면, 당신들의 일반적인 가치원리는 붕괴된다. … 만일 A의 가치가 B에 대해 상대적으로 상승하기 때문에 B의 가치가 A에 대하여 저하한다는 것이 인정되면, 어떤 상품의 가치는 언제나 그것에 합체된 노동량에 의해서 규정된다는, 리카도가 세운 대명제의 토대는 발밑으로 무너져 사라진다. 왜냐하면, A의 비용에서의 어떤 변동이, 그것과 교환되는 B와의 관계에서 그 자신의 가치를 변동시킬 뿐 아니라, B를 생산하기 위해 필요한 노동량에 어떤 변동이 일어나지 않았는데도, B의 가치를 A의 그것에 대하여 상대적으로 변동시킨다면, 그 경우, 한 물품에 지출된 노동량이 그것의 가치를 규정한다는 것을 단언하는 학설이 붕괴될 뿐만 아니라, 한 물품의 생산비가 그것의 가치를 규정한다는 학설도 역시 붕괴되기 때문이다."(J. 브로드허스트

3. 등가형태

이미 본 바와 같이, 한 상품 A(아마포)는 자신의 가치를 다른 종류의 한 상품 B(상의)의 사용가치로 표현함으로써, 이 다른 상품 B(상의) 자체에 하나의 독특한 가치형태, 즉 등가물이라는 가치형태를 떠맡겼다. 상품 아마포는, 상의가 자신의 물체형태와는 다른 가치형태를 취하지 않고도 아마포와 등치된다는 것을 통해서 자신의 가치존재를 드러낸다. 그리하여 아마포는 사실상, 상의가 자신과 직접적으로 교환될 수 있다는 것을 통해서 자신의 가치존재를 표현하고 있는 것이다. 한 상품의 등가형태는 따라서 그 상품의 다른 상품과의 직접적 교환가능성의 형태이다.

어떤 한 상품 종류, 예컨대 상의가 다른 어떤 상품 종류, 예컨대 아마포의 등가물로서 기능하고, 따라서 상의들이 아마포와 직접적으로 교환 가능한 형태에 있다는 독특한 특성을 얻는다고 하더라도, 이에 의해서 상의와 아마포가 교환될 수 있는 비율이 주어지는 것은 결코 아니다. 그 비율은, 아마포의 가치크기가 주어져 있기 때문에, 상의들의 가치크기에 달려 있다. 상의가 등가물로 그리고 아마포가 상대적 가치로 표현되든, 아니면 반대로 아

[Broadhurst], ≪경제학≫, 런던, 1842, pp. 11, 14.)
　브로드허스트 씨는 마찬가지로 다음과 같이도 말할 수 있을 것이다: $^{10}/_{20}$, $^{10}/_{50}$, $^{10}/_{100}$ 등등의 비율을 한번 잘 보라. 10이라는 수는 변하지 않았는데, 그럼에도 불구하고 그 10의 비례적 크기, 즉 분모 20, 50, 100에 대한 그 상대적 크기는 끊임없이 감소해가고 있다. 따라서, 예컨대 10과 같은 어떤 정수(整數)의 크기는 거기에 포함되어 있는 1의 수효에 의해서 "규정"된다는 대원리는 붕괴된다라고.

마포가 등가물로 그리고 상의가 상대적 가치로 표현되든, 상의의 가치크기는 여전히 변함없이 그것을 생산하기 위해 필요한 노동시간에 의해서, 따라서 그 가치형태와는 무관하게 규정되어 있다. 그러나 상품 종류 상의가 가치표현에서 등가물의 위치를 차지하게 되자마자, 이 상품 종류의 가치크기는 가치크기로서의 어떤 표현도 갖지 못한다. 이 상품 종류는 가치등식 속에서는 오히려 오직 일정량의 어떤 물건으로서만 나타날 뿐이다.

예컨대, 40엘레의 아마포는 "가치가 있다" — 무슨? 2개의 상의[의 가치가 있다: 역자]. 상품 종류 상의는 여기에서 등가물의 역할을 하기 때문에, 사용가치 상의가 아마포에 대하여 가치체(價値體, Wertkörper)로서 통용되고, 또한 일정량의 상의는 아마포의 일정한 가치량을 표현하기 위해서 충분한 것이다. 따라서 2개의 상의는 40엘레의 아마포의 가치크기를 표현할 수 있지만, 그러나 그것들은 자기 자신의 가치크기, 즉 상의들의 가치크기는 결코 표현할 수 없다. 이러한 사실을, 즉 가치등식에서 등가물은 언제나 오직 어떤 물건, 즉 어떤 사용가치의 어떤 단순한 분량의 형태만을 취한다는 것을 피상적으로 이해했기 때문에, 그에 미혹(迷惑)되어, 베일리와 그의 많은 선행자들 및 후계자들은 가치표현에서 단지 량적인 관계만을 보고 있다. [그러나: 역자] 어떤 상품의 등가형태는 오히려 어떤 량적 가치규정도 결코 포함하고 있지 않다.

등가형태를 고찰할 때에 눈에 띄는 첫 번째 특징은, 사용가치가 자신의 대립물, 즉 가치의 현상형태로 된다는 것이다.

상품의 현물형태가 가치형태로 되는 것이다. 그러나 주의하라. 71 이러한 치환(置換, Quidproquo)이 어떤 상품 B(상의 혹은 밀 혹은 철 등)에게 일어나는 것은 오직 어떤 임의의 다른 상품 A(아마포 등)가 그 상품과 맺는 가치관계 내부에서만, 즉 오직 이 관계 내부에서만이다. 어떤 상품도 결코 자기 자신에 대하여 등가물로서 관계할 수 없고, 따라서 또 자기 자신의 자연적 외피를 자기 자신의 가치의 표현으로 삼을 수 없기 때문에, 그 상품은 반드시 다른 상품과 등가물로서 관계하지 않으면 안 된다. 즉, 어떤 다른 상품의 자연적 외피를 자기 자신의 가치형태로 삼지 않으면 안 된다.

상품체로서의 상품체에, 즉 사용가치로서의 상품체에 적합한 척도(尺度)를 예로 들면, 이를 명확히 알 수 있다. 막대설탕은 물체이기 때문에 무겁고, 따라서 중량을 가지고 있지만, 그러나 어떤 막대설탕도 그것을 보고 만진다고 해서 그 무게를 알 수는 없다. 그리하여 우리는 그 무게가 미리 확정되어 있는, 서로 다른 철편(鐵片)들[*1]을 이용한다. 철의 물체형태는, 그 자체로서 보면, 원추형(圓錐形)설탕의 물체형태와 마찬가지로, 무게의 현상형태가 아니다. 그럼에도 불구하고, 원추형설탕을 무게로서 표현하기 위해서 우리는 그 원추형설탕을 철과의 어떤 중량관계에 놓는다. 이 관계에서는 철은 무게 이외에는 아무것도 표현하지 않는 어떤 물체로서 간주된다. 그리하여 철량(鐵量)들은 설탕의 중량척도로서 이용되고, 설탕덩어리에 대하여 단순한 무게자태(姿態), 즉 무게의 현상형태를 대표한다. 철이 이러한 역할을 하는 것은 다만, 설탕이나 그 무게를 알아야 할 다른 어떤 물체가 그 철과 맺는 이러한 관계 내부에서이다. 만일 양쪽의 물건들이 모두 무게를 가지고 있지 않다면, 그들은 이러한 관계를 맺을 수 없을 것이

---

*1 [역주] 천칭(天秤)의 추(錘)들을 가리킨다.

며, 따라서 그 하나가 다른 하나의 무게의 표현으로 이용될 수 없을 것이다. 두 물건을 모두 천칭의 접시 위에 올려놓으면, 우리는 그것들이 무게로서는 동일한 것이며, 따라서 일정한 비율에서는 역시 동일한 중량임을 실제로 알게 된다. 쇳덩이가 원추형설탕에 대한 중량척도로서는 단순히 무게인 것처럼, 우리의 가치표현에서 상의체(上衣體)는 아마포에 대하여 단지 가치만을 대표하고 있다.

하지만 유사성은 여기에서 끝난다. 쇠는 막대설탕의 중량표현에서 두 물체들에 공통적인 한 자연적 속성, 즉 무게를 대표하고 있지만, 반면에 상의는 아마포의 가치표현에서 두 물건들의 어떤 초자연적인 속성을, 그것들의 가치, 즉 무언가 순수하게 사회적인 것을 대표하고 있다.

어떤 상품, 예컨대 아마포의 상대적 가치형태는 자신의 가치존재를 무언가 자신의 물체 및 그 물체의 속성들과는 전적으로 다른 것으로서, 예컨대 상의와 동등한 것으로서 표현함으로써, 이 표현 자체가 그것이 어떤 사회적 관계를 숨기고 있다는 것을 암시하고 있다. 등가형태에서는 그 반대이다. 등가형태의 본질은 실로 상의와 같은 어떤 상품체가, 있는 그대로의 이 물건이, 가치를 표현하고, 따라서 본래부터 가치형태를 가지고 있다는 것이다. 물론 이는 아마포 상품이 등가물로서의 상의 상품과 관련을 맺고 있는 가치관계 내부에서만 통용될 뿐이다.21 그러나 어떤

---

21 이러한 반성규정(反省規定, Reflexionsbestimmung)*1은 무릇 기묘한 것이다. 이 인간이, 예컨대 왕인 것은, 다른 인간들이 그에게 신하로서의 태도를 취하기 때문이다. 그들은 거꾸로, 그가 왕이기 때문에, 자신들이 신하여야 한다고 믿고 있다. (*1 [新日本판 역주] 반성규정 — 헤겔, ≪대논리학≫, 제2권, 제1편, 제2장 "본질성 또는 반성규정", 주해(注解) 참조. "반성규정들이

물건의 속성들은 다른 물건들에 대한 그 물건 관계에서 생기는 것이 아니고, 오히려 그 관계 속에서 오직 실증될 뿐이기 때문에, 상의도 또한 그 등가형태를, 즉 직접적 교환가능성이라는 그 속성을, 무겁다든가 입으면 따뜻하다는 속성과 마찬가지로, 본래부터 가지고 있는 것처럼 보인다. 그리하여 등가형태의 수수께끼 같은 성격이 생기는데, 경제학자의 부르주아적으로 조야(粗野)한 안목은 이 등가형태가 완성되어 화폐로서 그들 앞에 나타날 때에야 비로소 그것을 주목한다. 그러고는, 그는, 금과 은을 보다 덜 눈부신 상품들로 바꿔치고, 일찍이 상품의 등가물의 역할을 했던 모든 상품천민(商品賤民)의 목록을 언제나 새로운 만족감을 느끼며 암송함으로써, 금과 은의 신비한 성격을 해소하려고 한다. 20엘레의 아마포 = 1개의 상의와 같은, 가장 간단한 가치표현이 이미 등가형태의 수수께끼를 풀게끔 하고 있다는 것을 그는 깨닫지 못하고 있다.

등가물로서 이용되는 상품의 신체는 언제나 추상적 인간 노동의 체현(體現)으로서 통용되고, 언제나 어떤 특정한, 유용한, 구체적 노동의 생산물이다. 따라서 이 구체적 노동이 추상적 인간 노동의 표현이 된다. 예컨대 상의가 추상적 인간 노동의 단순한 실현으로서 통용된다면, 그 상의 속에 실제로 실현되어 있는 재봉노동은 추상적 인간 노동의 단순한 실현형태로서 통용된다. 아마포의 가치표현에서 재봉노동의 유용성은, 그것이 의복을 만들고, 따라서 또한 인품(人品, Leute)[*1]을 만드는 데에 있는 것이

란, 질적인 종류의 것들이 아니라 ... 그것 자신의 관계인 규정성 ... 상호 대립적으로 규정된 것이다.")

[*1] [역주] 속담 "Kleider machen Leute. ('옷이 날개다.' 직역하자면, '의복이 사

아니라, 사람들이 그것을 보고, 그것이 가치라는 것, 따라서 아마포 가치에 대상화되어 있는 전혀 구별되지 않는 노동의 응결물이라는 것을 알아보는 어떤 물체를 만드는 데에 있다. 이와 같은 가치거울을 만들기 위해서는 재봉노동 그 자체가 인간 노동이라는 그 추상적 속성 이외에는 아무것도 반영해서는 안 되는 것이다.

재봉노동의 형태로도, 직포노동의 형태로도 인간 노동력이 지출된다. 따라서 그 둘은 모두 인간 노동이라는 일반적 속성을 가지고 있고, 또한 따라서 특정한 경우, 예컨대 가치생산의 경우에는 그 둘 모두 오직 이러한 관점에서만 고찰될 수 있는 것이다. 이 모두는 전혀 신비롭지 않다. 그러나 상품의 가치표현에서는 사태가 왜곡된다. 예컨대, 직포는, 직포로서의 구체적인 형태에서가 아니라, 인간 노동으로서의 그 일반적 속성에서 아마포 가치를 형성한다는 것을 표현하기 위해서, 아마포의 등가물을 생산하는 구체적 노동인 재봉노동이 추상적 인간 노동의 감촉할 수 있는 실현형태로서, 직포에 마주 세워지는 것이다.

따라서 구체적 노동이 자신의 대립물, 즉 추상적 인간 노동의 현상형태로 된다는 것이 등가형태의 두 번째 특징이다.

그러나 이 구체적 노동, 즉 재봉노동이 무차별한 인간 노동의 단순한 표현으로서 통용됨으로써, 그것은 다른 노동, 즉 아마포에 들어 있는 노동과 동일성의 형태를 갖게 되며, 그리하여, 다른 모든 상품 생산 노동과 마찬가지로 사적노동(私的勞動)이면서도, 그럼에도 불구하고 직접적으로 사회적인 형태에 있는 노동이다. 바로 그 때문에 이 노동은 다른 상품과 직접적으로 교환 가능

람을 만든다.')"라는 속담에 풍자적으로 빗댄 말.

한 생산물로 나타나는 것이다. 따라서 사적노동이 그 대립물의 형태로, 즉 직접적으로 사회적인 형태의 노동으로 되는 것이 등가형태의 세 번째 특징이다.

마지막에 전개된, 등가형태의 두 특징들은, 우리가 다른 많은 사유형태들, 사회형태들 및 현물형태들과 함께 가치형태를 최초로 분석했던 저 위대한 탐구자에게 거슬러 올라가면, 더욱 더 이해하기 쉬워진다. 그 사람은 아리스토텔레스이다.

아리스토텔레스가 우선 먼저 언명(言明)하고 있는 것은, 상품의 화폐형태*1는 단지 단순한 가치형태가, 즉 무언가 임의의 다른 상품에 의한 어떤 상품의 가치의 표현이 보다 전개된 모습에 불과하다는 것이다. 왜냐하면, 그가 이렇게 말하고 있기 때문이다.

"5대의 침대 = 1채의 가옥"
("*Κλίναι πέντε άντί οἰχίας*")

은

""5대의 침대 = 얼마만큼의 화폐"
("*Κλίναι πέντε άντί ... ὅσον αἱ πέντε κλίναι*")

와 "다르지 않다."

그는 나아가서, 이 가치표현이 들어 있는 가치관계는, 그 자체가, 가옥이 침대에 질적으로 등치된다는 것을 전제하고 있다는 것, 그리고 이 감각적으로 서로 다른 물건들이 그러한 본질적 동등성이 없다면, 같은 단위로서 비교될 수 있는 크기로서 서로 관계를

---

*1 [역주] 미리 얘기해두자면, "상품의 화폐형태(Geldform der Ware)"란 화폐(=금)로 표현된 상품의 가치, 즉 그 가격을 가리킨다.

맺을 수 없을 것이라는 것도 통찰하고 있다. "교환은 동등성이 없이는 있을 수 없는데, 그러나 동등성은 같은 단위로 측정될 수 없다면 있을 수 없다"("*οὔτ' ἰσότης μὴ οὔσης συμμετρίας*")고 그는 말하고 있다. 여기에서 그러나 그는 갑자기 멈춰 서서 가치형태의 더 이상의 분석을 포기하고 있다. "그러나 이토록 다양한 종류의 물건들이 같은 단위로 측정된다는 것은", 즉 질적으로 같다는 것은 "실제로는 불가능하다."("*τῇ μὲν οὖν ἀληθείᾳ ἀδύνατον*") 이렇게 등치(等置)하는 것은 다만 물건들의 진정한 본성과는 맞지 않는 것일 수밖에 없고, 따라서 "실제상의 필요를 위한 임시방편"일 뿐이다.[24]

따라서 아리스토텔레스는 자신의 더 이상의 분석이 어디에서 좌초했는가를, 즉 가치개념의 결여에서임을 스스로 우리에게 말해주고 있다. 이 동등한 것, 다시 말해서, 침대의 가치표현에서 가옥이 침대를 위해서 보여주고 있는 공통의 실체는 무엇인가? 그러한 것은 "실제로는 존재할 수 없다"고 아리스토텔레스는 말하고 있다. 왜 그런가? 가옥이 침대에 대하여 어떤 동등한 것을 보여주는 것은, 그것이 그 양자 모두에, 즉 침대에도 가옥에도 현실적으로 동등한 것을 보여주고 있는 한에서이다. 그리고 그것[현실적으로 동등한 것: 역자]이야말로 — 인간 노동이다.

그러나 상품가치의 형태에서는 모든 노동이 동등한 인간 노동으로서, 따라서 동등하게 통용되는 것으로서 표현되어 있다는 것을 아리스토텔레스는 가치형태 자체로부터 읽어낼 수 없었던바, 왜냐하면, 그리스 사회가 노예노동에 기초하고 있었고, 그리하여 인간과 그 노동력의 불평등을 자연적 기초로 하고 있었기 때문이었다. 가치표현의 비밀, 즉 그것들이 무릇 인간 노동이기 때문에,

그리고 그러한 한에서의 모든 노동의 동등성과 동등한 타당성은 오직, 인간의 동등성이라는 개념이 이미 확고한 인민적 선입견이 될 때에만 해독(解讀)될 수 있는 것이다. 그러나 그것은, 상품형태가 노동생산물의 일반적인 형태이고, 따라서 또한 상품소유자로서의 인간들의 상호 관계가 지배적인 사회적 관계인 사회에서만 비로소 가능하다. 아리스토텔레스의 천재성은 실로 그가 상품들의 가치표현 속에서 하나의 동등성 관계를 발견하고 있는 데에서 빛나고 있다. 다만 그가 살았던 사회의 역사적 한계가 그로 하여금, 그렇다면 이 동등성 관계가 "실제로는" 어디에 있는가를 발견할 수 없게끔 방해하고 있을 뿐이다.

4. 단순한 가치형태의 총체

한 상품의 단순한 가치형태는 어떤 다른 종류의 상품에 대한 그 상품의 가치관계 속에, 즉 그 다른 종류의 상품과의 교환관계 속에 포함되어 있다. 상품 A의 가치는, 질적으로는, 상품 B의 상품 A와의 직접적인 교환가능성에 의해서 표현된다. 그것은, 량적으로는, 일정 분량의 상품 B의, 주어진 분량의 상품 A와의 교환가능성에 의해서 표현된다. 다른 말로 하자면, 한 상품의 가치는 그것이 "교환가치"로서 표시됨으로써 자립적으로 표현된다. 이 장(章)의 초입(初入)에서 통상적인 어법으로, 상품은 사용가치이며 교환가치다라고 했는데, 이는, 엄밀히 말하자면, 잘못이었다. 상품은 사용가치 즉 사용대상이고 "가치"이다. 상품은, 그 가치가 상품의 현물형태와는 다른 하나의 독특한 현상형태, 즉 교환가치라는 현상형태를 취하자마자 이러한 이중적인 것, 즉 상품 그것인 것으로서 나타나며, 상품은, 고립적으로 고찰될 때에는 결코 이 교환가치라는 형태를 취하지 않고, 오직 언제나 어떤 제2의, 다른 종류의 상품과의 가치관계, 즉 교환관계에서만 이 형태를 취한다. 그렇지만 우리가 일단 이를 알기만 하면, 저 어법[*1]도 결코 해(害)가 되지 않고, 간단히 하는 데 도움이 된다.

우리의 분석이 증명한 바와 같이, 상품의 가치형태 즉 가치표현이 상품가치의 본성으로부터 생기는 것이지, 거꾸로 가치와 가치크기가 교환가치로서의 그 표현양식에서 생기는 것이 아니다. 그런데도 이는 중상주의자들과 페리어(Ferrier), 가닐(Ganilh) 등등[22]과 같은 그 근대적 재탕자(再湯者)들의 망상이며, 바스띠아(Bastiat)나 그 동료들과 같이 그들의 대척점에 있는 근대 자유무역 도붓장수들의 망상이기도 하다. 중상주의자들은 가치표현의 질적 측면에, 그리하여 화폐가 그 완성된 모습인, 상품의 등가형태에 중점을 두고 있다. — 그에 반해서, 어떤 가격에든 자신들의 상품을 팔아치우지 않으면 안 되는 근대 자유무역 행상들은 상대적 가치형태의 량적인 측면에 중점을 두고 있다. 따라서 그들에게 있어서는 상품의 가치도 가치크기도 교환관계에 의한 표현 내에서만 존재할 뿐 그 외부에서는 존재하지 않으며, 그리하여 단지 그날그날의 가격표 속에만 존재할 뿐이다. 스코틀랜드인(人) 맥클라우드(Macleod)는, 롬바르드가(Lombardstreet)[25]의 극히 혼란된 관념들을 최대한 현학적으로 치장해야 하는 자신의 직무에서, 미신

[*1] [역주] "상품은 사용가치이며 교환가치다"라는 '통상적인 어법'.

[22] 제2판의 주. F.L.A. 페리어(Ferrier), 세관부검사관, ≪상업과의 관계에서 본 정부(*Du Gouvernment considéré dans ses rapports avec le commerce*)≫, 빠리, 1805, 및 샤를르 가닐(Charles Ganilh), ≪경제학 체계(*Des Systèmes d'Economie Politique*)≫, 제2판, 빠리, 1821.

적인 중상주의자들과 계몽된 자유무역 행상들 간의 성공적인 종합(gelungene Synthese)^{*1}을 이루고 있다.

상품 B에 대한 가치관계에 포함되어 있는 상품 A의 가치표현을 보다 상세히 고찰함으로써, 이 가치관계 속에서는 상품 A의 현물형태는 단지 사용가치의 모습으로 통용되고, 상품 B의 현물형태는 단지 가치형태 즉 가치모습으로 통용된다는 것을 알았다. 따라서 상품 속에 숨어 있는 사용가치와 가치의 내적 대립은 하나의 외적 대립에 의해서, 다시 말해서 2개의 상품의 관계에 의해서 표현되고 있는데, 이 관계 속에서는 <u>그것의</u> 가치가 표현되어야 하는 한 상품은 직접적으로 오직 사용가치로서만 통용되고, 이와 반대로 <u>그것으로</u> 가치가 표현되는 다른 상품은 직접적으로 오직 교환가치로서만 통용된다. 따라서 한 상품의 단순한 가치형태는 그 상품에 포함되어 있는, 사용가치와 가치의 대립의 단순한 현상형태이다.

노동생산물은 모든 사회 상태에서 사용대상^{*2}인데, 그러나 역사적으로 규정된 오직 하나의 발전단계, 즉 사용물의 생산에 지출된 노동을 그 물건의 "대상적" 속성으로서, 다시 말해서 그 물건의 가치로서 표현하는 발전단계만이 노동생산물을 상품으로 전화시킨다. 그리하여, 상품의 단순한 가치형태는 동시에 노동생산물의 단순한 상품형태인 것으로 되고, 따라서 또한 상품형태의

---

*1 [역주] 독일어 'gelungen'에는 "기묘한" "우스꽝스러운"의 뜻도 있고, 따라서 "기묘한 종합" 혹은 "우스꽝스러운 종합"이라고 번역하는 것이 더 적절할 수 있다. 한편, 영어판은 'Synthese'를 'cross'로 번역하고 있는바, 'cross'에는 혼혈, 잡종 등등 외에 부정, 사기, 협잡 등의 뜻도 있다.

*2 [역주] 프랑스어판에는 "사용가치 즉 유용물(valeur d'usage ou objet d'utilité)"로, 영어판에는 "사용가치(use-value)"로 되어 있다.

발전 역시 가치형태의 발전과 일치하게 된다.

단순한 가치형태, 즉 일련의 형태변화를 거쳐 비로소 가격형태로 성숙하는 이 맹아형태(萌芽形態)의 불충분성은 첫 눈에도 명백하다.

상품 A의 가치를 어떤 한 상품 B로 표현하는 것은, 다른 모든 상품들과 상품 A의 질적 동등성과 량적 비례관계를 표현하는 대신에, 상품 A의 가치를 단지 자기 자신의 사용가치로부터 구별할 뿐이고, 그리하여 또한 단지 그것을 그것 자체와 구별되는, 어떤 개별적인 상품종류와의 교환관계 속에 놓을 뿐이다. 한 상품의 단순한 상대적 가치형태에는 다른 한 상품의 개별적인 등가형태가 대응한다. 그리하여 상의는, 아마포의 상대적 가치표현에서는, 오직 이 개별 상품종류 아마포와 관련해서만 등가형태, 즉 직접적 교환가능성의 형태를 취한다.

그러나 개별적 가치형태는 스스로 보다 더 완전한 형태로 이행한다. 실제로 개별적 가치형태에 매개되어 한 상품 A의 가치는 단지 다른 종류의 어떤 상품으로 표현될 뿐이다. 그러나 이 두 번째 상품이 어떤 종류인가는, 즉 상의든, 철이든, 밀이든, 등등은 전혀 상관이 없다. 따라서 그 상품 A가 이런 저런 다른 상품종류와 가치관계에 들어감에 따라 하나의 동일한 상품의 다양한 단순한 가치표현들이 발생한다.[22a] 상품 A의 가능한 가치표현들의 수효는 오직 상품 A와는 다른 상품종류들의 수효에 의해서 제한되어 있을 뿐이다. 상품 A의 개별적 가치표현은 그리하여 그것의

[22a] 제2판의 주. 예컨대, 호메로스(Homeros)의 경우 하나의 물건의 가치가 일련의 다양한 물건들로 표현된다. ([新日本판 역주] 호메로스, ≪일리아스[*Ilias*]≫ 제7서, 제472−475행.)

다양한 단순한 가치표현들의 끊임없이 연장될 수 있는 계열로 전화된다.

B. 전체적, 즉 전개된 가치형태

z량의 상품 A = u량의 상품 B 또는 = v량의 상품 C 또는 =
w량의 상품 D 또는 = x량의 상품 E 또는 = 등등
(20엘레의 아마포 = 1개의 상의 또는 = 10파운드의 차(茶)
또는 = 40파운드의 커피 또는 = 1쿼터의 밀 또는 = 2온스의
금 또는 = 1/2톤의 철 또는 = 등등)

1. 전개된 상대적 가치형태

어떤 한 상품, 예컨대 아마포의 가치는 이제는 상품세계의 무수한 다른 요소들로 표현되어 있다. 다른 상품체는 어느 것이나 아마포 가치의 거울이 된다.[23] 그리하여 비로소 이 가치 자체가

---

23 이 때문에, 아마포의 가치를 상의로 표현할 때에는 아마포의 상의가치라고 말하고, 그것을 곡물로 표현할 때에는 아마포의 곡물가치라고 말한다든지 하는 것이다. 그러한 표현은 어느 것이나, 그것이 사용가치인 상의, 곡물 등으로 나타나는 아마포의 가치라는 것을 의미한다. "어떤 상품이나 그 가치는 교환에서의 그 상품의 비율을 지칭하는 것이기 때문에 우리는 그것을, 그 상품이 비교되는 상품에 따라서 ... 곡물가치, 직물가치라고 지칭할 수 있다. 그리고 따라서 무수히 많이 존재하는 상품의 종류만큼 무수히 많은 종류의 가치들이 있고, 그것들은 모두 똑같이 실질적이고, 똑같이 명목적이다." (《가치의 본성, 척도들 및 원인들에 관한 비판적 논고; 주로 리카도 씨와 그 추종자들의 저작들과 관련하여. 견해의 형성 등에 관한 논술들의 저자 저(*A Critical Dissertation on the Nature, Measures, and Causes of Value; chiefly in*

참으로 무차별한 인간 노동의 응결물로서 나타난다. 왜냐하면, 이 아마포의 가치를 형성하는 노동은 이제, 다른 어떤 인간 노동이 어떤 현물형태를 취하고 있든, 그리고 따라서 그것이 상의, 또는 밀, 또는 철, 또는 금 등에 대상화되어 있더라도, 어느 노동이나 다 그 노동과 동일하게 인간 노동으로 통용되는 노동으로서 명확히 표현되어 있기 때문이다. 그리하여 아마포는 그 가치형태에 의해서 이제 더 이상, 어떤 개별적인 상품종류에 대해서만이 아니라, 상품세계[*1]에 대하여 사회적 관계 속에 서 있다. 상품으로서 아마포는 이 세계의 시민이다. 동시에 가치표현들의 끝없는 계열 속에는, 상품가치는 그것이 나타나는 사용가치의 특수한 형태에 대해서는 무관심하다는 사실이 존재한다.

20엘레의 아마포 = 1개의 상의라는 제1 형태에서는, 이들 두 상품들이 어떤 일정한 량적 비율로 교환될 수 있다는 것은 우연적인 사실일 수 있다. 그에 반해서 제2의 형태에서는, 우연적 현상과는 본질적으로 구별되면서 그 현상을 규정하는 어떤 배경이 곧바로 드러난다. 아마포의 가치는, 상의 또는 커피 또는 철 등등, 극히 다양한 소유자들에게 속하는 수없이 다른 상품들로 표현되어도 의연히 같은 크기이다. 두 사람의 개인적 상품소유자들의

78

---

reference to the writings of Mr. Ricardo and his followers. By the Auther of Essays on the Formation etc. of Opinions)≫, 런던 1825, p. 39.) 당시 영국에서 큰 소동을 일으켰던, 이 익명의 저작의 저자인 S. 베일리는 동일한 상품가치의 잡다한 상대적 표현들을 이렇게 지적함으로써 가치의 모든 개념규정을 파기해버렸다고 망상하고 있다. 그건 그렇고, 그 자신이 편협함에도 불구하고 그가 리카도 이론의 아픈 곳들을 헤집었다는 것은 리카도 학파가 예컨대 ≪웨스트민스터 평론(*Westminster Review*)≫에서 그를 공격했을 때의 분노로 입증되었다.

*1 영어판에는 "상품 세계 전체(whole world of commodities)"로 되어 있다.

우연적 관계는 없어져 버린다. 교환이 상품의 가치크기를 규제하는 것이 아니라, 거꾸로 상품의 가치크기가 교환비율을 규제한다는 것이 명백해지는 것이다.

2. 특수한 등가형태

상의, 차(茶), 밀, 철 등등, 상품은 어느 것이나 아마포의 가치표현에서는 등가물, 따라서 가치체(價值體, Wertkörper)로 통용된다. 이들 상품 각각의 특정한 현물형태는 이제는, 많은 다른 등가형태들과 나란히, 하나의 특수한 등가형태이다. 마찬가지로, 다양한 상품체들에 포함되어 있는 여러 특정한, 구체적, 유용 노동종류들도 이제는 전형적인 인간 노동의 그만큼 많은 특수한 실현형태들, 즉 그 현상형태들로 통용된다.

3. 전체적, 즉 전개된 가치형태의 결함들

첫째로, 상품의 상대적 가치표현이 미완성인바, 왜냐하면 그 가치표현의 계열이 결코 완결되지 않기 때문이다. 하나의 가치등식이 다른 가치등식과 연결되어 가는 연쇄(連鎖)가, 새로운 가치표현의 재료를 제공하는 새로운 상품종류가 등장할 때마다 끝없이 계속해서 연장되는 것이다. 둘째로, 그것은 산산이 조각난 다양다종의 가치표현들의 다채로운 모자이크를 이루고 있다. 마지막으로, 각 상품마다 그 상대적 가치표현이, 그렇게 될 수밖에 없지만, 이 전개된 형태로 표현된다면, 각 상품의 상대적 가치형태도 각각의 다른 상품의 상대적 가치형태와는 다른, 가치표현들의 무한한 계열이다. — 전개된 상대적 가치형태의 결함들은 그에 대응하는 등가형태에 반영된다. 각각의 개별적인 상품종류의 현물형태가 여기에서는, 무수한 다른 특수한 등가형태들과 나란히, 하나의 특수한 등가형태이기 때문에, 무릇, 서로가 서로를 배제하는 제한된 등가형태들만 존재할 뿐이다. 마찬가지로, 각각의 특수한 상품등가물에 포함되어 있는 특정한 구체적 유용 노동종류는 인간 노동의 단지 특수한, 따라서 완전하지 않은(nicht er-schöpfend) 현상형태일 뿐이다. 사실 인간 노동은 저 특수한 현상형태들의 총 범위 속에 그 완전한, 즉 전체적인 현상형태를 가지고 있다. 그러나 이 경우엔 인간 노동은 결코 어떤 통일적인 현상형태를 가지지 않는다.

그럼에도 불구하고 전개된 상대적 가치형태는 오직, 예컨대,
    20엘레의 아마포 = 1개의 상의
    20엘레의 아마포 = 10파운드의 차 등등의
간단한 상대적 가치표현들의, 즉 제1형태의 등식들의 합계로서만 이루어져 있다.

그런데 이들 등식은 어느 것이나 재귀적(再歸的)으로, 예컨대,
    1개의 상의 = 20엘레의 아마포
    10파운드의 차 = 20엘레의 아마포 등등의
동일한 등식도 역시 포함하고 있다.

실제로, 어떤 사람이 자신의 아마포를 다른 많은 상품들과 교환하고, 그리하여 그 아마포의 가치를 일련의 다른 상품들로 표현한다면, 필연적으로 많은 다른 상품소유자들도 역시 그들의 상품들을 아마포와 교환하고, 그리하여 그들의 다양한 상품들의 가치들을 동일한 제3의 상품으로, 즉 아마포로 표현하지 않으면 안

된다. 따라서 20엘레의 아마포 = 1개의 상의 또는 = 10파운드의 차 또는 = 등등이라는 계열을 뒤집으면, 다시 말해서 이 계열 속에 사실상 이미 포함되어 있는 역(逆)의 관계를 표현하면, 우리는 다음과 같은 형태를 얻는다.

C. 일반적 가치형태

$$
\left.\begin{array}{l}
\text{1개의 상의} = \\
\text{10파운드의 차} = \\
\text{40파운드의 커피} = \\
\text{1쿼터의 밀} = \\
\text{2온스의 금} = \\
\text{1/2톤의 철} = \\
\text{x량의 상품 A} = \\
\text{등등의 상품} =
\end{array}\right\} \text{20엘레의 아마포}
$$

1. 가치형태의 변화된 성격

상품들은 이제 그 가치들을 1. 간단하게 표현하고 있다. 왜냐하면, 어떤 유일한 상품으로 표현하고 있기 때문이다. 그리고 2. 통일적으로 표현하고 있다. 왜냐하면, 동일한 상품으로 표현하고 있기 때문이다. 그것들의 가치형태는 단순하고 공통적이며, 그리하여 일반적이다.

형태 I과 형태 II[*1]는 둘 다 단지 어떤 상품의 가치를 무언가 그 자신의 사용가치, 즉 그 상품체와 구별되는 것으로서 표현했을 뿐이다.

제1 형태는, 1개의 상의 = 20엘레의 아마포, 10파운드의 차 = $^1/_2$톤의 철, 등등과 같은 가치등식들을 낳았다. 상의가치는 아마포와 동등한 것으로, 차가치는 철과 동등한 것 등으로 표현된다. 그러나 아마포와 동등한 것과 철과 동등한 것, 즉 상의와 차의 이들 가치표현들은, 아마포와 철이 서로 다른 것과 마찬가지로 서로 다른 것이다. 이러한 형태는 명백히 실제로는, 노동생산물들이 우연적인 그리고 이따금의 교환에 의해서 상품으로 전화되는 아주 초기에만 나타난다.

제2 형태는, 제1 형태보다도 보다 더 완전하게 어떤 상품의 가치를 그 자신의 사용가치와 구별하는데, 왜냐하면, 예컨대, 상의의 가치는 이제, 자신의 현물형태에 대하여, 가능한 모든 형태로, 즉 아마포와 동등한 것, 철과 동등한 것, 차와 동등한 것 등등, 상의와 동등한 것 이외의 다른 모든 동등한 것으로서 상대하기 때문이다. 다른 한편에서, 여기에서는 상품들의 공통의 가치표현은 모두 직접적으로 배제되어 있는데, 왜냐하면, 각 상품의 가치표현마다 이제 다른 모든 상품들은 단지 등가물들의 형태로만 나타나기 때문이다. 전개된 가치형태가 처음으로 실제로 나타나는 것은, 어떤 노동생산물, 예컨대 가축이, 더 이상 예외적으로가 아니라, 이미 습관적으로 다양한 다른 상품들과 교환될 때이다.

새로 얻은 형태는, 상품세계의 가치들을 상품세계로부터 분리된

---

*1 [역주] "형태 I과 형태 II(Formen I und II)" 등은 이 책의 형태 "A", 형태 "B" 등을 가리키고, 그리하여 영어판에는 "형태 A와 형태 B(forms A and B)" 등으로 번역되어 있다. [新日本판의 역주에 의하면,] 초판 부록의 가치형태론에서 I, II, III, IV로 분류하였다고 한다.

하나의 동일한 상품종류, 예컨대 아마포로 표현하고, 그리하여 모든 상품의 가치들을 아마포와 그것들의 동등성에 의해 표시한다. 아마포와 같은 것으로서 각 상품의 가치는 이제, 그 자신의 사용가치와 구별될 뿐만 아니라, 모든 사용가치와 구별되고, 바로 이에 의해서 그 상품과 다른 모든 상품들에 공통된 것으로서 표현된다. 그리하여 이 형태가 비로소 현실적으로 상품들을 서로 가치들로서 관련시키는 것, 즉 그것들을 서로 교환가치들로서 나타나게끔 하는 것이다.

이전의 두 형태는, 종류가 다른 하나의 상품에 의해서든, 그것과 다른 일련의 많은 상품들에 의해서든, 상품 하나씩의 가치를 표현한다. 두 경우 모두 자신에게 어떤 가치형태를 부여하는 것은, 말하자면, 개별 상품의 사적인 일이며, 개별 상품은 그것을 다른 상품들의 도움 없이 수행한다. 다른 상품들은 그 상품에 대하여 등가물이라는 단지 수동적인 역할만 할 따름이다. 일반적인 가치형태는 그에 반해서 오직 상품세계의 공동의 작업으로서만 생성된다. 한 상품이 일반적 가치표현을 획득하는 것은 오직 다른 모든 상품이 자신들의 가치를 동일한 등가물로 표현하기 때문이며, 새로 출현하는 상품종류도 어느 것이나 이를 따라하지 않으면 안 되기 때문이다. 그리하여 명백해지는 것은, 상품들의 가치대상성이란 이들 물건들의 순전히 "사회적인 존재"이기 때문에, 그 가치대상성은 역시 단지 상품들의 전면적인 사회적 관련에 의해서만 표현될 수 있다는 것, 그리하여 상품들의 가치형태는 사회적으로 타당한 형태(gesellschaftlich gültige Form)가 아니면 안 된다는 것이다.

아마포와 동등한 것이라는 형태에서는 이제 모든 상품들이, 단지 질적으로 동등한 것, 즉 가치들 일반으로서만이 아니라, 동시에 량적으로 비교 가능한 가치크기들로서 나타난다. 모든 상품들이 그 가치크기들을 하나의 동일한 재료로, 즉 아마포로 묘사하기 때문에, 이들 가치크기는 상호 반영된다. 예컨대, 10파운드의 차 = 20엘레의 아마포, 그리고 40파운드의 커피 = 20엘레의 아마포. 따라서 10파운드의 차 = 40파운드의 커피이다. 즉, 1파운드의 커피에는 1파운드의 차에 비해 단지 $1/4$만큼의 가치실체, 즉 노동만이 들어 있다.

상품세계의 일반적인 상대적 가치형태는 상품세계로부터 배제된 등가상품, 즉 아마포에 일반적 등가물이라는 성격을 각인한다. 아마포 자신의 현물형태가 이 세계의 공통의 가치자태(價値姿態)이고, 그리하여 아마포는 다른 모든 상품들과 직접적으로 교환가능하다. 아마포의 물체형태는 모든 인간 노동의 가시적인 화신, 즉 모든 인간 노동의 일반적인 사회적 번데기 상태(Verpuppung)로서 통용된다.[*1] 아마포를 생산하는 사적 노동인 직포노동이 동시에 일반적인 사회적 형태, 즉 다른 모든 노동과의 동등성의 형태에 있는 것이다. 일반적 가치형태를 구성하는 무수한 등식들은 아마포에 실현되어 있는 노동을 차례차례 각각 다른 상품에 포함되어 있는 노동과 등치시키고, 그렇게 함으로써 직포노동을 인간 노동 일반의 일반적 현상형태로 만든다. 이렇게 하여, 상품가치에 대상화된 노동이, 현실적 노동의 모든 구체적인 형태들과 유용한 속성들이 사상되어 있는 노동으로서 단지 소극적으

---

*1 [역주] 프랑스어판에는 이 문장 전체가 간단히, "그[아마포의: 역자] 현물형태가 따라서 동시에 그 사회적 형태이다.(Sa forme naturelle est donc en même temps sa forme sociale.)"로 되어 있다.

로만 표현되어 있는 것이 아니다. 이 노동 자신의 적극적 성질이 명확히 드러난다. 그것은 모든 현실적 노동들의, 인간 노동이라는 그것들에 공통적인 성격으로의, 즉 인간 노동력의 지출로의 환원이다.

노동생산물들을 무차별적인 인간 노동의 단순한 응결물로서 표시하는 일반적 가치형태는 그것이 상품세계의 사회적 표현임을 그 자신의 구조에 의해서 보여주고 있다. 그리하여 그것은, 이 세계의 내부에서는 노동의 일반적으로 인간적인 성격이 그것의 특수하게 사회적인 성격을 이룬다는 것을 분명히 보여준다.

2. 상대적 가치형태와 등가형태의 발전관계[*1]

상대적 가치형태의 발전정도에는 등가형태의 발전정도가 대응한다. 그러나, 그리고 이는 아주 주의해야 하지만, 등가형태의 발전은 단지 상대적 가치형태의 발전의 표현이며 결과일 뿐이다.

한 상품의 단순한 혹은 개별적인 상대적 가치형태는 다른 한 상품을 개별적인 등가물로 삼는다. 상대적 가치의 전개된 형태, 즉 다른 모든 상품들로의 한 상품의 가치의 이 표현은 그 상품들에 상이한 종류의 특수한 등가물이라는 형태를 각인한다. 마지막으로, 하나의 특수한 상품종류가 일반적 등가형태를 얻는 것은, 다른 모든 상품들이 그것을 그들의 통일적, 일반적 가치형태의 재료로 삼기 때문이다.

---

*1 [역주] 영어판에는, "상대적 가치형태와 등가형태의 상호의존적 발전".

그러나 가치형태 일반이 발전하는 것과 같은 정도로 그 양극(兩極), 즉 상대적 가치형태와 등가형태 사이의 대립도 발전한다.

제1 형태—20엘레의 아마포 = 1개의 상의—가 이미 이 대립을 포함하고 있지만, 그것을 고정시키고 있지는 않다. 동일한 등식을 앞쪽으로 읽는가 뒤쪽으로 읽는가에 따라서 아마포와 상의 같은 두 상품극(商品極)의 각각이 마찬가지로 어떤 때에는 상대적 가치형태에, 어떤 때에는 등가형태에 있다. 양극의 대립을 붙잡아두는 것은 여기에서는 아직 힘이 든다.

제2 형태에서는 매번 하나하나의 상품종류만이 자신의 상대적 가치를 전체적으로 전개할 수 있다. 즉, 그 상품종류 자체는, 오직 다른 모든 상품들이 그것에 대하여 등가형태에 있기 때문에, 그리고 그러한 한에서만, 전개된 상대적 가치형태를 갖는 것이다. 여기에서는, — 20엘레의 아마포 = 1개의 상의 또는 = 10파운드의 차 또는 1쿼터의 밀 등등과 같은 — 가치등식의 전체 성격을 바꾸어 그것을 전체적 가치형태로부터 일반적 가치형태로 전화시키지 않고는, 더 이상 그 등식의 두 변을 바꿔놓을 수 없다.

나중의 형태, 즉 형태 III이 마침내 상품세계에 일반적 사회적인 상대적 가치형태를 주는 것은, 하나의 유일한 예외를 제외하고는, 상품세계에 속하는 모든 상품들이 일반적 등가형태로부터 배제되어 있기 때문이고, 또한 그러한 한에서이다. 그리하여 한 상품, 즉 아마포가 다른 모든 상품과 직접적인 교환가능성의 형태에 있는 것, 즉 직접적으로 사회적인 형태에 있는 것은, 다른 모든 상품들이 거기에 있지 않기 때문이고, 또한 그러한 한에서이다.24

반대로, 일반적 등가물의 역할을 하는 상품은 상품세계의 통일적인, 그리고 그리하여 일반적인 상대적 가치형태로부터 배제되어 있다. 만일 아마포가, 다시 말하면, 무언가 일반적 등가물에 있는 상품이 동시에 일반적인 상대적 가치형태에도 참가한다면, 그 상품은 자기 자체에 대해서 등가물이 되지 않으면 안 될 것이다. 그렇게 되면, 우리는, 20엘레의 아마포 = 20엘레의 아마포라는, 가치도 가치크기도 표현되어 있지 않은 동어반복을 얻게 된다. 일반적 등가물의 상대적 가치를 표현하기 위해서는, 우리는 오히려 형태 III을 뒤집지 않으면 안 된다. 일반적 등가물은 다른 상품들과 어떤 공통적인 상대적 가치형태도 갖지 않으며, 그 가치는 다른 모든 상품의 무한한 계열로 상대적으로 표현된다. 그리하여 바야흐로 전개된 상대적 가치형태, 즉 형태 II가 등가물상품의 특수한 상대적 가치형태로서 나타난다.

---

24 사람들은, 일반적 직접적 교환가능성의 형태에서, 그것이 하나의 대립적 가치형태이며, 한 자극(磁極)인 양성(陽性)이 다른 자극인 음성(陰性)과 분리될 수 없는 것처럼, 비(非)직접적 교환가능성의 형태와 분리될 수 없다는 것을 사실은 전혀 알아채지 못하고 있다. 그리하여 모든 상품에 동시에 직접적 교환가능성의 각인을 찍을 수 있다고 망상할지도 모르는데, 이는 마치 모든 카톨릭교도를 교황으로 삼을 수 있다고 망상하는 것과 마찬가지이다. 상품생산에서 인간의 자유와 개인의 독립성의 절정(絶頂, nec plus ultra)을 발견하는 소시민에게는, 이 형태와 결부되어 있는 불편들로부터, 특히 또한 상품들의 비직접적 교환가능성으로부터 벗어나는 것이 물론 아주 바람직스러울 것이다. 이 속물적 공상(Philisterutopie)을 채색한 것이 프루동(Proudhon)의 사회주의인데, 그것은, 내가 다른 곳에서 지적한 것처럼,[26] 독창성이라는 공적조차 결코 가지고 있지 못하고, 오히려 그보다 오래 전에 그레이(Gray)나 브레이(Bray) 그리고 다른 사람들에 의해서 훨씬 잘 전개되었다. 이것은 그러한 지혜가 오늘날에도 어떤 패거리들 사이에 "과학(science)"이라는 이름으로 유행하는 것을 방해하는 것은 아니다. 어떤 학파도 일찍이 프루동 학파만큼 "과학(science)"이라는 말을 남용한 적이 없는바, 그 이유는 이렇다.
 "개념이 없는 곳에
 때 맞춰 말이 들어서는 것이다."[27]

3. 일반적 가치형태로부터 화폐형태로의 이행

 일반적 등가형태는 가치 일반의 하나의 형태이다. 따라서 그것은 어느 상품에나 귀속될 수 있다. 다른 한편에서는, 어떤 상품이 일반적 등가형태(형태 III)에 있는 것은, 그것이 다른 모든 상품에 의해서 등가물로서 배제되기 때문이고, 또한 그러한 한에서이다. 그리고 이 배제가 하나의 특수한 상품종류에 최종적으로 한정되는 순간부터 비로소 상품세계의 통일적인 상대적 가치형태는 객관적인 고정성과 일반적으로 사회적인 타당성을 획득했다.

 등가형태가 성장하여 그 현물형태와 사회적으로 일체화되는 특수한 상품종류가 그리하여 화폐상품이 된다. 즉, 화폐로서 기능한다. 상품세계 내부에서 일반적 등가물 역할을 하는 것이 그 상품의 특수한 사회적인 기능이 되고, 그리하여 그 사회적 독점이 된다. 이 특권적 지위를 역사적으로 정복하는 것은, 형태 II에서는 아마포의 특수한 등가물들의 역할을 하고 형태 III에서는 자신의 상대적 가치를 아마포에 공통으로 표현하는 상품들 가운데 하나의 특정한 상품, 곧 금이다. 그리하여 형태 III에서 상품 아마포 대신에 상품 금을 놓으면, 우리는 다음과 같은 형태를 얻는다.

D. 화폐형태

$$
\left.\begin{array}{l}
20\text{엘레의 아마포} \quad = \\
1\text{개의 상의} \quad = \\
10\text{파운드의 차} \quad = \\
40\text{파운드의 커피} \quad = \\
1\text{쿼터의 밀} \quad = \\
{}^{1}/{}_{2}\text{톤의 철} \quad = \\
x\text{량의 상품 A} \quad = \\
\text{등등의 상품} \quad =
\end{array}\right\} 2\text{온스의 금}
$$

형태 I로부터 형태 II로, 형태 II로부터 형태 III으로 이행할 때에는 본질적인 변화가 발생한다. 그에 반하여, 형태 IV는, 이제 아마포 대신에 금이 일반적 등가형태를 취한다는 것 외에는 형태 III과 다른 것이 아무것도 없다. 금은 형태 IV에서 여전히, 아마포가 형태 III에서 그것이었던 것 — 일반적 등가물이다. 진보는 오직, 직접적인 일반적 교환가능성의 형태, 즉 일반적 등가형태가 이제 사회적 관습에 의해서 최종적으로 상품 금이라는 특수한 현물형태와 일체화되어 있다는 것뿐이다.

금이 다른 상품들에 대하여 화폐로서 상대하는 것은 오직 그것이 그것들에 대하여 이미 이전부터 상품으로 상대했기 때문이다. 다른 모든 상품들과 마찬가지로 금도 또한, 개별적인 교환행위들 속에서 개별적인 등가물로서든, 다른 상품등가물들과 나란히 특수한 등가물로서든, 등가물로서 기능하였다. 서서히 금은 혹은 보다 좁은 혹은 보다 넓은 범위에서 일반적 등가물로서 기능하게 되었다. 금이 상품세계의 가치표현에서 이 지위를 독점하자마자,

그것은 화폐상품이 된다. 그리고 금이 이미 화폐상품으로 되어 있는 순간부터 비로소 형태 IV는 형태 III과 구별된다. 즉, 일반적 가치형태는 화폐형태로 전화되어 있다.

이미 화폐상품으로 기능하는 상품, 예컨대 금으로의 어떤 상품, 예컨대 아마포의 단순한 상대적 가치표현은 가격형태이다. 따라서 아마포의 "가격형태"는:

20엘레의 아마포 = 2온스의 금

혹은, 2파운드 스털링이 2온스의 금의 주화명(鑄貨名)이라면,

20엘레의 아마포 = 2파운드 스털링

이다.

화폐형태라는 개념에서의 곤란은 단지 일반적 등가형태, 따라서 일반적 등가형태 일반, 즉 형태 III을 이해하는 데에 국한되어 있다. 형태 III은 재귀적으로 형태 II, 즉 전개된 가치형태로 귀착되고, 형태 II의 구성요소는 형태 I, 즉 20엘레의 아마포 = 1개의 상의 또는 x량의 상품 A = y량의 상품 B이다. 단순한 가치형태는 그러므로 화폐형태의 맹아이다.

제4절 상품의 물신적 성격과 그 비밀

상품은 첫눈에는 자명하고 평범한 물건으로 보인다. 그것을 분석해보면, 그것이 형이상학적 궤변과 신학적 잔소리로 가득 찬 기묘한 물건임이 밝혀진다. 그것이 사용가치인 한, 사실 그것을, 그

것이 그 속성들에 의해서 인간의 욕망들을 충족시킨다는 관점에서 고찰해도, 혹은 인간 노동의 생산물로서 이들 속성을 비로소 획득한다는 관점에서 고찰해도, 상품에는 어떤 신비한 것도 없다. 인간이 자신의 행위를 통해서 자연소재들의 형태들을 자신에게 유용하게 변경한다는 것은 감각적으로 명료하다. 예컨대, 목재로 탁자를 만들면, 목재의 형태는 변경된다. 그럼에도 불구하고 탁자는 여전히 목재, 즉 아주 흔한 감각적 물건이다. 그러나 그 탁자가 상품으로 등장하자마자, 그것은 어떤 감각적이면서 초감각적인 물건으로 되어 버린다. 그것은 자신의 발로 바닥 위에 서 있을 뿐 아니라, 다른 모든 상품에 대하여 머리로 일어서서, 그것이 자발적으로 춤추기 시작할25 때보다도 훨씬 더 기이한 망상을 그 나무 머리로부터 전개한다.

따라서 상품의 신비한 성격은 그 사용가치에서 나오는 것이 아니다. 그것은 또한 가치규정의 내용으로부터 나오는 것도 아니다. 왜냐하면, 첫째로는, 유용 노동들과 생산 활동들이 아무리 다양하더라도, 그것들이 인간 유기체의 기능들이라고 하는 것, 그리고 그러한 기능은 그 어느 것이나, 그 내용[*1]과 그 형태가 어떻든, 본질적으로 인간의 뇌, 신경, 근육, 감각기관 등의 지출이라

---

25 다른 모든 세계가 정지해 있는 것처럼 보였을 때, — 다른 것들을 격려하기 위해서(pour encourager les autres) — China[도자기, 중국]와 탁자가 춤추기 시작했음을 기억한다.[28]

    [新日本版 역주] 탁자와 도자기(China)가 춤춘다는 것은 심령술의 일종으로, 1848년 혁명의 패배 후 유럽에서 대유행했는데, 맑스는 여기에서 1850년부터 일어난 중국의 태평천국운동을 그것에 빗대어 말하고 있다. 또한, "다른 것들을 격려하기 위해서(pour encourager les autres)"는 볼테르(Voltaire), 《깡디드(Candide, ou l'Optimisme)》, 제23장에서 인용하고 있다.

*1 [역주] 영어판에는 "성격(nature)"으로 되어 있다.

는 것은 생리학상의 진실이기 때문이다. 둘째로는, 가치크기의 규정의 기초를 이루고 있는 것은 그 지출의 지속시간 즉 노동의 량이며, 그리하여 그 량은 감각적으로도 노동의 질과는 구별될 수 있는 것이기 때문이다. 생활수단의 생산에 드는 노동시간은 어떤 상태 하에서도, 비록 발전단계가 다름에 따라 균일하지는 않더라도, 사람들의 관심사가 아닐 수 없었다.26 끝으로, 사람들이, 어떤 방식으로든, 서로를 위해 노동하게 되자마자, 그들의 노동 또한 사회적 형태를 취하게 된다.

그렇다면, 노동생산물이 상품형태를 취하자마자, 그 수수께끼 같은 성격은 어디에서 생기는가? 명백히 이 형태 그 자체로부터 생긴다. 인간 노동의 동등성은 노동생산물들의 가치대상성이라는 물적 형태를 취하고, 노동의 지속시간에 의한 인간 노동력 지출의 척도는 노동생산물들의 가치크기라는 형태를 취하며, 끝으로, 생산자들의 노동들의 예의 사회적 규정들이 그 안에서 실증되는, 생산자들의 관계는 노동생산물들의 사회적 관계라는 형태를 취하는 것이다.

따라서 상품형태의 신비성은 단지, 상품형태는 인간에게 그들 자신의 노동의 사회적 성격을 노동생산물들 자체의 대상적(對象的) 성격으로서, 즉 이 물건들의 사회적 자연속성들로서 반영하

---

26 제2판의 주. 고대 게르만인들 사이에서는 1모르겐(Morgen)이라는 토지 크기는 하루의 노동에 의해서 산정(算定)되고, 그리하여, 1모르겐은 Tagwerk (또한 Tagwanne)[하루 작업] (jurnale 혹은 jurnalis, terra jurnalis, jornalis 혹은 diurnalis), Mannwerk[한 남자의 작업], Mannskraft[한 남자의 힘], Mannsmaad[한 남자의 풀베기], Mannshauet[한 남자의 밭갈이] 등으로 불렀다. 게오르크 루트비히 폰 마우러(Georg Ludwig von Mauer), ≪마르크, 농지, 촌락, 도시제도 및 공권력의 역사 서설≫, 뮌헨, 1854, p. 129 이하를 보라.

고, 그리하여 총노동에 대한 생산자들의 사회적 관계 역시 그들의 외부에 존재하는, 대상들의 사회적 관계로 반영한다는 데에 있다. 이러한 치환(Quidproquo)에 의해서 노동생산물들은 상품들, 즉 감각적이면서 초감각적인 혹은 사회적인 물건들로 된다. 마찬가지로, 어떤 물건이 시신경(視神經)에 주는 빛의 인상(印象)은, 시신경 자체의 주관적인 자극으로서가 아니라, 눈의 외부에 있는 물건의 대상적인 형태로서 나타난다. 그러나 시각의 경우에는 어떤 물건, 즉 외부의 대상으로부터의 빛이 실제로 다른 물건, 즉 눈에 던져진다. 그것은 물리적인 물건들 사이의 하나의 물리적 관계이다. 그에 반해서, 상품형태 및 그 상품형태가 나타나는 노동생산물들의 가치관계는 노동생산물들의 물리적 성질 및 거기에서 생기는 물적 관계들과 절대적으로 아무런 관계도 없다. 여기에서 인간들에게 물건들의 관계라는 환각적(幻覺的) 형태를 취하는 것은 단지 인간들 자신의 특정한 사회적 관계일 뿐이다. 따라서 유례(類例)를 찾기 위해서는 우리는 종교적 세계라는 오리무중(五里霧中, Nebelgion)으로 도망쳐 들어가지 않으면 안 된다. 여기에서는 인간 두뇌의 생산물들이 자신의 생명을 부여받아 상호 간에 그리고 인간들과 관계를 맺는 자립적인 모습들로 나타난다. 마찬가지로 상품세계에서는 인간의 손의 생산물들이 그렇게 나타난다. 이를 나는 물신숭배(Fetischismus)라고 부르는데, 그것은 노동생산물들이 상품으로서 생산되자마자 그 노동생산물들에 달라붙는 것이고, 따라서 그것은 상품생산과 분리될 수 없다.

상품세계의 이러한 물신적 성격은, 지금까지의 분석이 이미 보여준 것처럼, 상품을 생산하는 노동의 특유의 사회적 성격으로부터 생긴다.

 무릇 사용대상들이 상품으로 되는 것은 오직, 그것들이 서로 독립적으로 수행되는 사적노동들의 생산물들[*1]이기 때문이다. 이 사적노동들의 전체(Komplex)가 사회의 총노동을 형성한다. 생산자들은 자신들의 노동생산물들의 교환에 의해서 비로소 사회적으로 접촉하게 되기 때문에, 그들의 사적노동들의 특수하게 사회적인 성격들 역시 이 교환의 내부에서 비로소 나타난다. 즉, 사적노동들은, 교환을 통해서 노동생산물들이 맺는, 그리고 그 노동생산물들을 통해서 생산자들이 맺는 관계들에 의해서 비로소 실제로 사회적 총노동의 부분들(Glieder)로서 실증된다.[*2] 따라서 생산자들에게는 자신들의 사적노동의 사회적 관계들이 바로 있는 그대로 나타나는바, 다시 말하면, 사람들이 그들의 노동 자체에서 맺는 직접적으로 사회적인 관계로서가 아니라 오히려 사람들의 물적 관계들 및 물건들의 사회적 관계들로서 나타난다.

 교환의 내부에서 비로소 노동생산물들은 그것들의 감각적으로 서로 다른 사용대상성으로부터 분리된, 사회적으로 동등한 가치대상성을 갖는다.[*3] 유용물과 가치물로의 노동생산물의 이러한

[*1] [역주] 영어판에는, "서로 독립적으로 노동을 수행하는 사적 개인들 혹은 개인들의 집단들의 노동의 생산물들"로 되어 있다.

[*2] [역주] 영어판에는, "즉, 사적노동들은"으로 시작되는 이 문장이 이렇게 되어 있다. — "다른 말로 하자면, 개인의 노동은 오직, 교환행위가 직접적으로는 생산물들 사이에, 그리고 간접적으로는, 그 생산물들을 통해서 생산자들 사이에 확립하는 관계들에 의해서만, 사회의 노동의 일부임이 밝혀진다."

[*3] [역주] 프랑스어판에는 이 문장이 이렇게 되어 있다. — "오직 교환 속에서만 노동의 생산물은, 가치로서, 유용한 물체로서의 물질적이고 다양한 그들의 존재와 구별되는, 하나의 동일하고 균일한 사회적 존재를 획득한다." 그리고 영어판에는 프랑스어판의 "하나의 동일하고 균일한 사회적 존재"가 "하나의

분열은, 교환이 이미 충분한 폭과 무게를 획득해서, 그와 더불어 유용한 물건들이 교환을 위하여 생산되고, 따라서 물건들의 가치성격이 이미 그것들의 생산 그 자체 속에서 고려되게 되었을 때에 비로소 실천적으로 실증된다. 이 순간부터 생산자들의 사적노동들은 실제로 이중의 사회적 성격을 획득한다. 그것들은, 한편에서는, 일정한 유용 노동들로서 어떤 일정한 사회적 욕망을 충족시키지 않으면 안 되고, 그리하여 총노동의 부분들로서, 즉 자연발생적인 사회적 분업 체계의 부분들로서 자신을 입증하지 않으면 안 된다. 그것들은, 다른 한편에서는, 특수하고 유용한 사적노동이 어느 것이나 다른 종류의 유용한 사적노동의 어느 것과도 교환 가능한 한에서만, 따라서 그것과 동등한 것으로 통용되는 한에서만, 그것들 자신의 생산자들의 다양한 욕망들을 충족시킨다. 완전히(toto coelo) 상이한 노동들의 동등성은, 오직 그것들의 현실적인 부등성(不等性)을 사상해야만, 즉 그것들이 인간의 노동력의 지출, 추상적 인간 노동으로서 가지고 있는 공통적인 성격으로 환원해야만, 있을 수 있다. 사적생산자들의 두뇌는 자신들의 사적노동들의 이 이중의 사회적 성격을 단지 실제의 교역에서, 즉 생산물 교환에서 나타나는 형태들로만 반영하며, ― 따라서 자기들의 사적노동들의 사회적으로 유용한 성격을, 노동생산물은 유용하지 않으면 안 된다는, 그리고 더욱이 타인에게 있어서 유용하지 않으면 안 된다는 형태로 반영하고, ― 다양한 종류의 노동들의 동등성이라는 사회적 성격을, 이들 물질적으로 상이한 물건들, 즉 노동생산물들의 공통적인 가치성격이라는 형태로 반영한다.

균등한 사회적 지위(one uniform social status)"로 되어 있다.

따라서 인간이 자신들의 노동생산물들을 서로 가치로서 관련시키는 것은, 이들 물건이 그들에게 동종(同種)의 인간 노동의 단순히 물적인 외피로서 통용되기 때문이 아니다. 그 반대이다. 그들은 자신들의 다양한 종류의 생산물들을 서로 교환에서 상품으로서 등치함으로써, 자신들의 상이한 노동들을 서로 인간 노동으로서 등치하는 것이다. 그들은 그것을 알지 못하지만, 그것을 행한다.27 그러므로, 가치의 이마에 가치란 무엇인가가 쓰여 있는 것은 아니다. 가치는 오히려 노동생산물을 어느 것이나 사회적 상형문자로 전화시킨다. 나중에야 인간은 그 상형문자의 의미를 해독(解讀)하려고, 즉 자기들 자신의 사회적 산물의 비밀을 파악하려고 한다. 왜냐하면, 사용대상들의 가치들로서의 규정은, 언어와 마찬가지로, 인간의 사회적인 산물이기 때문이다. 노동생산물들은, 그것들이 가치인 한, 그것들을 생산하는 데에 지출된 인간 노동의 단지 물적 표현일 뿐이라는, 훗날의 과학적 발견은 인류의 발전사에서 획기적인 것인데, 그러나 그 과학적 발견이 노동의 사회적 성격의 대상적 외관을 쫓아버리는 것은 결코 아니다.*1 오로지 이 특별한 생산형태, 즉 상품생산에만 타당한 것, 즉 상호 독립적인 사적노동들의 독특한 사회적 성격은 인간 노동으

---

27 제2판의 주. 그러므로 갈리아니(Galiani)가, 가치는 사람들 사이의 관계다 — "La Ricchezza è una ragione tra due persone" —라고 말할 때, 그는, 물적 외피 하에 숨겨진 관계라고 추가하지 않으면 안 되었을 것이다. (갈리아니, ≪화폐에 관하여[*Della Moneta*]≫, p. 221, 꾸스또디[Custodi] 편, ≪이딸리아 고전경제학들≫, 근대 편, 제3권, 밀라노, 1803.)

*1 [역주] 영어판에는, "그러나 그 과학적 발견이 노동의 사회적 성격의 대상적 외관을 쫓아버리는 것은 결코 아니다"가, "그러나 그 과학적 발견이, 노동의 사회적 성격이 우리에게 생산물들 자체의 객관적 성격인 것처럼 보이게 하는 연무(煙霧)를 소산(消散)시키는 것은 결코 아니다."로 되어 있다.

로서의 그것들의 동등성에 있으며 노동생산물들의 가치성격의 형태를 취한다는 사실이, 상품생산의 관계들에 사로잡혀 있는 사람들에게는, 그 발견 전에나 후에나, 마치 과학이 공기를 그 요소들로 분해하더라도 물리적인 물체형태로서의 공기형태는 존속한다는 사실과 마찬가지로, 궁극적인 것으로 보인다.

상품교환자들이 우선 실제로 관심을 갖는 것은, 그들이 자기의 생산물에 대하여 타인의 생산물을 얼마만큼 획득하는가, 즉 어떤 비율로 생산물들이 교환되느냐 하는 문제다. 이 비율들이 어떤 일정한 관습으로 고정될 만큼 성숙하게 되면, 그 비율들은 마치 노동생산물들의 본성에서 생기는 것처럼 보이고, 그리하여 예컨대 1톤의 철과 2온스의 금이 같은 가치인 것은, 1파운드의 금과 1파운드의 철이 그것들의 물리적, 화학적 속성들이 다름에도 불구하고 같은 무게인 것과 마찬가지인 것처럼 보인다. 실제로 노동생산물들의 가치성격은 그것들이 가치크기로서 실증됨으로써 비로소 확립된다.*¹ 가치크기들은 교환자들의 의지나 예견, 행위와는 무관하게 끊임없이 변동한다. 교환자들 자신의 사회적 운동이 그들에게는 물건들의 운동이라는 형태를 취하고, 그들이 이 운동을 제어(制御)하는 것이 아니라, 이 운동에 의해서 제어되고 있다. 상호 독립적으로 수행되면서도 사회적 분업의 자연발생적인 구성부분들(Glieder)로서 전면적으로 상호 의존하고 있는 사적노동들이 사회적으로 균형을 취하는 양으로 끊임없이 환원되

---

*1 [역주] "가치성격"과 "그것들이 가치크기로서 실증됨으로써"가 영어판에는 각각, "가치를 가졌다는 성격(the character of having value)" 및 "그것들이 가치량들로서 서로 작용·반작용하기 때문에(by reason of their acting and re-acting upon each other as quanties of value)"로 되어 있다.

는 것은, 그 사적노동 생산물들의 우연적이고 끊임없이 변동하는 교환비율들 속에서 그 생산에 사회적으로 필요한 노동시간이, 마치 누군가의 머리 위로 집이 무너져내릴 때의 중력의 법칙처럼, 규정적인 자연법칙으로서 강제적으로(gewaltsam)[*1] 관철되기 때문[28]이라는 과학적 통찰이 경험 자체로부터 생겨나기까지는 완전히 발전한 상품생산을 필요로 한다. 따라서, 노동시간에 의한 가치크기의 규정은 상대적인 상품가치들의 현상적인 운동들 밑에 숨어 있는 비밀이다. 이 비밀의 발견은, 노동생산물들의 가치가 단순히 우연적으로 규정된다는 외관(外觀)을 제거하지만, 그러나 결코 그 물상적(物象的, sachlich) 형태를 제거하지는 않는다.[*2]

인간생활의 형태들에 관한 성찰, 따라서 또한 그 과학적 분석은 일반적으로 현실적 발전과 반대의 길로 진행된다. 그것은 나중에(post festum) 시작되고, 그리하여 발전과정의 완성된 결과들로부터 시작된다. 노동생산물들을 상품으로 각인하고, 그리하여 상품유통에 전제되어 있는 형태들은, 인간들이 자신들에게 오히려 이미 불변의 것으로 간주되는 이들 형태의 역사적 성격이 아니라, 그 내용을 해명하려고 하기 전에 이미 사회적 생활의 자

---

*1 [역주] "gewaltsam"은 "폭력적으로"라고 번역할 수도 있다.

28 "단지 주기적인 혁명들에 의해서만 관철될 수 있는 법칙을 우리는 어떻게 생각해야 할까? 그것은 바로, 관여자들의 무의식에 기초하고 있는 자연법칙이다." (프리드리히 엥엘스, ≪국민경제학 비판 개요≫. 수록, ≪독불연감≫, 아르놀트 루게(Arnold Ruge)·칼 맑스 편집, 빠리, 1844.) [*MEW*, Bd. 1, S. 515.]

*2 [역주] 영어판에는, "결코 그 물상적(物象的) 형태를 제거하지는 않는다."가 "결코 [그 가치크기가] 규정되는 방식을 바꾸지는 않는다.(in no way alters the mode in which that determination takes place.)"로 되어 있다.

연형태들로 고정되어 있다. 그리하여 오직 상품가격들의 분석만이 가치크기를 규정하게 되었고, 오직 상품들의 공통의 화폐표현만이 상품의 가치성격을 확정하게 하였다. 그러나 사적노동들의 사회적 성격을, 그리고 따라서 사적노동자들의 사회적 관계들을, 명백히 밝히는 대신에, 물상적으로[*1] 은폐하고 있는 것은, 상품세계의 바로 이 완성된 형태—화폐형태—[*2]다. 상의, 장화(長靴) 등등은 추상적 인간 노동의 일반적 화신으로서의 아마포와 관련을 맺는다고 말할 때, 이 표현이 부조리하다는 것은 금방 눈에 띈다. 그런데 상의, 장화 등등의 생산자들이 이들 상품을 일반적 등가물로서의 아마포와 — 혹은 금이나 은과, 라고 해도 사태는 전혀 변하지 않는다 — 관련시킬 때, 그들에게는 사회적 총노동에 대한 자신들의 사적노동의 관계가 바로 이 부조리한 형태로 나타나는 것이다.

바로 이런 류의 형태들이 부르주아 경제학의 범주들을 구성하고 있다. 그것은, 이 역사적으로 규정된 사회적 생산양식의 생산관계들, 즉 상품생산의 생산관계들에 관한, 사회적으로 타당한, 따라서 객관적인 사유형태이다.[*3] 그 때문에, 상품생산의 기초 위

---

*1 [역주] 영어판에는, "물상적으로(sachlich)"가 "실제로(actually)"로 되어 있다.

*2 [역주] 영어판에는, "상품세계의 바로 이 완성된 형태—화폐형태—(eben-diese fertige Form — die Geldform —)"가 "상품세계의 바로 이 최종적인 화폐형태(just this ultimate money-form of the world of commodities)"로 되어 있다.

*3 [역주] 프랑스어판에는, "바로 이런 류의 형태들이 ..."에서부터 "... 따라서 객관적인 사유형태이다."까지의 두 문장이 이렇게 되어 있다. — "부르주아 경제학의 범주들은, 그것들이 현실의 사회적 관계들을 반영하는 한, 객관적 진실을 가진 이해형태(理解形態)들이지만, 이들 관계들은 오직, 상품생산이 사회적 생산양식인, 일정한 역사적 시대에 속할 뿐이다." 그리고 영어판에는

에서 노동생산물들을 뿌옇게 감싸고 있는, 상품세계의 모든 신비, 모든 마법(魔法)과 요괴는, 우리가 다른 생산형태들로 도망치자마자 곧바로 사라진다.

경제학은 로빈슨 이야기를 애호하니까,29 우선 로빈슨을 그의 섬에 출현시키자. 선천적으로 검소한 로빈슨이지만, 그래도 역시 다양한 종류의 욕구를 충족시키지 않으면 안 되고, 따라서 연장들을 만들고, 가재도구를 제작하고, 라마(Lama)를 길들이고, 물고기를 잡고, 사냥을 하고, 등등 다양한 종류의 유용한 노동을 하지 않으면 안 된다. 기도(祈禱)라든가 그와 유사한 것들에 관해서는 여기에서 얘기하지 않는데, 왜냐하면, 우리의 로빈슨이 거기에서 기쁨을 찾고, 또 그러한 류의 활동을 휴식으로 간주하고 있기 때문이다. 자신의 생산적 기능들이 다양함에도 불구하고, 그것들은 동일한 로빈슨의 단지 다양한 활동형태들일 뿐이며, 따라서 인간 노동의 단지 다양한 방식일 뿐이라는 것을 그는 알고 있다. 필요 자체가 자신의 시간을 자신의 다양한 기능들 사이에 정확히 배분하도록 그를 강제하고 있다. 그의 활동 전체에서 어

두 번째의 문장이 이렇게 되어 있다. ─"그것들은 하나의 일정한, 역사적으로 규정된 생산양식, 즉 상품생산의 조건들과 관계들을 사회적으로 타당하게 표현하고 있는 사유형태이다."

29 제2판의 주. 리카도에게조차 그의 로빈슨 이야기가 없지 않다. "원시어부와 원시사냥꾼에게 그는 곧바로 상품소유자로서 물고기와 사냥한 것을 이 교환가치들에 대상화된 노동시간의 비율로 교환하게 하고 있다. 이때에 그는, 원시어부와 원시사냥꾼이 그들의 노동도구들을 계산하기 위해서 1817년에 런던의 거래소에서 통용되던 연부상환표(年賦償還表)[29]를 이용한다고 하는 시대착오에 빠지고 있다. '오언(Owen) 씨의 평행4변형'은 부르주아적 사회형태 외에 그가 알고 있던 유일한 사회형태였던 것으로 보인다." (칼 맑스, ≪경제학 비판을 위하여≫, pp. 38, 39. [*MEW*, Bd. 13, S. 46.])

느 것이 보다 큰 범위를, 그리고 어느 것이 보다 작은 범위를 차지하는가는 소기(所期)의 유용효과를 달성하기 위해서 극복하지 않으면 안 되는 곤란이 보다 큰가 작은가에 달려 있다. 경험이 그에게 그것을 가르쳐주고, 시계와 장부, 잉크, 펜을 난파선에서 건져낸 우리 로빈슨은 선량한 영국인답게 곧바로 자기 스스로에 관해서 기록하기 시작한다. 그의 재산목록에는 그가 가지고 있는 사용대상들, 그것들을 생산하기 위해 필요한 다양한 작업들, 끝으로, 이 다양한 생산물들의 일정 량이 그에게 평균적으로 요구하는 노동시간의 명세서가 포함되어 있다. 로빈슨과 그가 스스로 만든 부(富)를 형성하고 있는 물건들과의 모든 관계가 여기에서는 아주 간단하고 명료해서, 다분히 M. 비르트(M. Wirth) 씨[*1]조차도 특별히 골머리를 썩이지 않고 그것을 이해할 수 있었을 것이다. 그러나 그럼에도 불구하고 거기에는 가치의 모든 본질적인 규정들이 담겨 있다.

이제 로빈슨의 밝은 섬에서 유럽의 깜깜한 중세로 옮겨가보자. 여기에서는 우리는 독립적인 인간 대신에 누구나 — 농노들과 영주들, 봉신(封臣)들과 봉건군주, 평신도들과 성직자들 — 의존적임을 보게 된다. 인격적 예속이 물질적 생산의 사회적 관계들도, 그 위에 구축된 생활영역들도 모두 특징짓고 있다. 그런데 실로 인격적 종속관계들이 주어진 사회의 토대를 이루고 있기 때문에,

---

[*1] [역주] 막스 비르트(Max Wirth, 1822-1900) - 독일의 속류경제학자이자 신문기자. 新日本판 역주에 의하면, 당시의 런던 ≪타임즈(Times)≫ 통신원. 그런데 프랑스어판에는, M. 비르트 대신에, M. 보드리야르(M. Baudrillart, 프랑스 경제학자)가, 그리고 영어판에는, 이 책의 제4판 서문에 등장하는 쎄들리 테일러가 거명되어 있다. 각각 그 나라의 독자들에게 익숙한, 혹은 상기시키고자 하는 인물을 거명한 때문일 것이다.

노동들과 생산물들은 그것들의 현실성[현실적인 모습: 역자]과 다른 환상적인 모습을 취할 필요가 없다. 그것들은 부역(Naturaldienste)과 현물공납(Naturalleistungen)으로 사회 기구 속으로 들어간다. 노동의 현물형태가, 그리고 상품생산의 기초 위에서와 같은 노동들의 일반성이 아니라, 그 특수성이 여기에서는 그 직접적으로 사회적인 형태이다. 부역노동도, 상품들을 생산하는 노동과 마찬가지로, 시간에 의해서 측정되지만, 어느 농노나 그가 자신의 영주를 위하여 지출하는 것은 일정한 분량의 그의 개인적 노동력이라는 것을 알고 있다. 성직자에게 바쳐야 하는 십일조는 성직자의 축복보다 더 분명하다. 그리하여, 여기에서 상대하는 사람들이 하고 있는 분장(扮裝)을 어떻게 판단하든, 그들의 노동에서의 사람과 사람의 사회적 관계들은 언제나 그들 자신의 인격적인 관계들로서 나타나고, 사물들의, 즉 노동생산물들의 사회적 관계들로 변장되어 있지 않다.

공동의, 즉 직접적으로 사회화된 노동을 고찰하기 위해 우리는, 모든 문명민족들의 역사의 문턱에서 만나는 노동의 자연발생적인 형태에까지 거슬러 올라갈 필요는 없다.[30] 보다 비근한 예

---

30 제2판 주. "자연발생적인 공유(共有) 형태는 특수하게 슬라브적인, 심지어는 전적으로 러시아적인 형태라는 것은 최근 널리 유포되어 있는 하나의 우스꽝스러운 편견이다. 그것은 우리가 로마인들, 게르만인들, 켈트인들에게서 입증할 수 있는 원시형태인데, 그러나 이에 관해서는, 많은 표본들을 구비한 한 완벽한 표본대장(標本臺帳)이, 비록 일부는 폐허로서이지만, 지금도 인도인들에게서 발견되고 있다. 아시아적인, 특히 인도적인 공유형태들을 보다 상세히 연구하면, 자연발생적 공유의 다양한 형태들로부터 어떻게 하여 그 해체의 다양한 형태들이 발생하는가를 알게 될 것이다. 이렇게 하여, 로마적·게르만적 사적소유의 다양한 원형(原型)들이 인도적 공유의 다양한 형태에서 도출된다." (칼 맑스, ≪경제학 비판을 위하여≫, p. 10. [*MEW*, Bd. 13, S. 21.])

는, 자신의 필요를 위해 곡물, 가축, 실, 아마포, 의복 등등을 생산하는 농민가족의 전원적(田園的)인 가부장적 산업이다. 이 다양한 물건들은 그 가족에 대하여 그 가족노동의 다양한 생산물로서 상대하지만, 그러나 그것들 자체가 서로 상품들로서 상대하지는 않는다. 이들 생산물을 만들어내는 다양한 노동들인 농경, 가축사육, 방적, 직포, 재봉 등등은, 상품생산과 마찬가지로 그 자신의 자연발생적 분업을 가진 가족의 기능들이기 때문에, 그 현물형태 그대로 사회적 기능들이다. 남녀 차이와 연령 차이 그리고 계절의 교체와 함께 변화하는 노동의 자연적 조건들이 가족 사이에서의 노동의 배분과 개별적 가족구성원들의 노동시간을 규제한다. 그러나 그 지속시간에 의해서 측정되는 개인적 노동력의 지출이 여기에서는 처음부터 노동들 자체의 사회적 규정으로 나타나는바, 왜냐하면, 그 개인적 노동력들은 처음부터 오직 가족의 공동의 노동력의 기관들로서 작용할 뿐이기 때문이다.

끝으로, 기분전환을 위해서, 공동의 생산수단들을 가지고 노동하고 자기들의 다양한 개인적 노동력들을 의식적으로 하나의 사회적 노동력으로 지출하는 자유인들의 연합체를 생각해보자. 여기에서는 로빈슨의 노동의 모든 규정들이 다시 나타나는데, 다만 개인적으로가 아니라 사회적으로 다시 나타난다. 로빈슨의 모든 생산물들은 전적으로 그의 개인적 생산물이었고, 따라서 직접적으로 그를 위한 사용대상들이었다. 연합체의 총생산물은 사회적 생산물이다. 이 생산물의 일부는 다시 생산수단으로 이용된다. 그것은 여전히 사회적이다. 그러나 다른 일부는 연합체 구성원들의 생활수단으로서 소비되어 버린다. 따라서 그것은 그들 사이에 분배되어야 한다. 이 분배의 양식은 사회적 생산유기체 자체의 특수한 종류 및 생산자들의 그에 상응하는 역사적 발전도(發展度)에 따라서 변화할 것이다. 단지 상품생산과 비교하기 위해서이지만, 생활수단에 대한 생산자들 각자의 몫은 그의 노동시간에 의해서 규정된다고 전제하자. 노동시간은 따라서 이중의 역할을 할 것이다. 사회적으로 계획적인 노동시간의 배분은 다양한 욕구에 대한 다양한 노동기능들의 올바른 비율을 규제한다. 다른 한편에서, 노동시간은 동시에 공동노동에 대한, 그리고 따라서 또한 공동생산물 가운데 개인적으로 소비할 수 있는 부분에 대한 생산자들의 개인적 몫의 척도로서 이용된다. 사람들의, 그들의 노동이나 노동생산물들에 대한 사회적 관련은 여기에서는 생산에서도 소비에서도 언제나 투명하고 단순하다.

상품생산자들의 일반적 · 사회적 생산관계는 그들의 생산물들을 상품들로서, 따라서 가치들로서 행동하게 하고, 이러한 물상적 형태 속에서 그들의 사적노동이 동등한 인간 노동으로서 서로 관계를 맺게 하는 데에 있는바, 이러한 상품생산자들의 사회에서는 추상적 인간에게 예배하는 기독교, 특히 그 부르주아적 발전인 프로테스탄트교, 이신론(理神論)[*1] 등으로서의 기독교가 가장 적합한 종교 형태이다.[*2] 고대아시아적 · 고대적 등등의 생산양식

[*1] [프랑스어판 후주] 이신론(理神論, Le déisme, [Deism]) — 17 · 18세기에 프랑스, 영국 그리고 다른 나라들에서 등장한 철학 및 종교 사조(思潮). 현행 종교를 거부하면서 이신론은 신의 존재를 추상적 오성(悟性)의 형태, 즉 세계의 합리적인 원리로 인정했다.

[*2] [역주] 프랑스어판과 영어판에는, 이 문장 앞에 "종교적 세계는 현실세계의 반영일 뿐이다.(Le monde religieux n'est que le reflet du monde réel.; The religious world is but the reflex of the real world.)"라는 문장이 추가되어 있으며, 이 문장 자체도 약간 변형되어, 영어판을 기준으로 옮기자면, 이렇게 되어 있다. — "그리고 생산자들이 일반적으로 자기들의 생산물들을 상품과

에서는*¹ 생산물의 상품으로의 전화는, 그리고 따라서 상품생산자들로서의 인간들의 존재는 하나의 종속적인 역할, 그럼에도 불구하고 공동체가 몰락 단계에 들어갈수록 더욱 중요해지는 역할을 하고 있다. 본래의 상업민족들은, 에피쿠로스(Epikouros)의 신들처럼,[30] 혹은 폴란드 사회의 미세한 구멍들 속의 유대인들처럼, 단지 고대 세계의 틈새들에만 존재할 뿐이다. 그런 고대의 사회적 생산유기체들은 부르주아적인 생산유기체들보다 아주 훨씬 더 단순하고 투명한데, 그러나 그 고대의 생산유기체들은, 다른 사람들과의 자연적 종족관계라는 탯줄로부터 아직 분리되어 있지 않은 개별적 인간들의 미성숙에 기초하고 있거나, 혹은 직접적인 지배·종속관계*²에 기초하고 있다. 그것들은 노동생산력의 낮은 발전단계에 의해서, 그리고 그에 상응하여 인간의 물질적 생활의 생산과정 내부에서의, 그리하여 인간들 서로에 그리고 자연에 대한 인간들의 편협한 관계들에 의해서 제약되어 있다. 이

가치로 취급함으로써 서로 사회적 관계를 맺고, 그렇게 함으로써 그들이 자기들의 개인적 사적 노동을 동질적인 인간 노동이라는 기준으로 환원하는, 상품생산에 기초한 사회에서는 ― 그러한 사회에서는 추상적 인간에게 예배하는 기독교, 보다 특수하게는 그 부르주아적 발전인 프로테스탄트교와 이신론 등이 가장 적합한 종교형태이다."

*1 [역주] "고대아시아적·고대적 등등의 생산양식에서는(in den altasiatischen, antiken usw. Produktionsweisen)"이 프랑스어판과 영어판에는 각각 "고대 아시아의, 즉 고대 일반의 생산양식에서는(dans les modes de production de la vieille Asie, de l'antiquité en général)" 및 "고대 아시아적 그리고 다른 고대적 생산양식에서는(in the ancient Asiatic and other ancient modes of production)"으로 되어 있다.

*2 [역주] "직접적인 지배·종속관계(unmittelbare Herrschafts- und Knechtschaftsverhältnisse)"가 프랑스어판에는, "전제주의 및 노예제라는 조건들(conditions de despotisme et d'esclavage)"로 되어 있다.

러한 현실적 편협성은 고대의 자연종교 및 민족종교들에 관념적으로 반영되어 있다. 현실 세계의 종교적 반영*1은 무릇, 실제의 일상생활의 관계들이 인간 상호 간의 그리고 자연에 대한 이성적인 관련들을 인간들에게 나날이 투명하게 표현할 때에야 비로소 사라진다. 사회적 생활과정의, 다시 말해서, 물질적 생산과정의 자태(姿態)는, 그것이 자유롭게 사회화된 인간들의 산물로서 인간들의 의식적이고 계획적인 통제 하에 있을 때에야 비로소 그 신비한 운무(雲霧, Nebelschleier)*2을 벗는다. 하지만 거기에는 사회의 하나의 물질적 토대, 즉 일련의 물질적 존재조건들이 필요한데, 그 조건들 자체가 다시 하나의 장구(長久)하고 고뇌에 찬 발전사(發展史)의 자연발생적 산물이다.

그런데 경제학은 사실은, 비록 불완전하게지만,31 가치와 가치

---

*1 [역주] "현실 세계의 종교적 반영"은 바로 종교 그것이다.

*2 [역주] 영어판에는 "베일(veil)"로 되어 있다.

31 가치크기에 대한 리카도의 분석—그리고 그것이 최선의 분석이다—의 불충분함은 이 저서의 제3권과 제4권에서 알 수 있을 것이다. 그러나 가치 일반에 관해서 말하자면, 고전과 경제학은 결코 그 어디에서도, 가치로 표현되는 노동을 그 생산물의 사용가치로 표현되는 한에서의 동일한 노동으로부터 명시적으로 그리고 명확히 의식적으로 구별하고 있지 않다. 물론 고전경제학은, 노동을 때로는 량적으로, 때로는 질적으로 고찰하고 있기 때문에, 실제로는 그 구별을 하고 있다. 그러나, 노동들의 단지 량적인 구별은 그것들의 질적인 단일성 혹은 동등성을, 따라서 추상적 인간 노동으로의 그것들의 환원을 전제한다는 것을 고전과 경제학은 깨닫지 못하고 있다. 예컨대 리카도는 데스튀트 드 트라씨(Destutt de Tracy)가 다음과 같이 말할 때, 그에게 동의한다고 천명하고 있다. "우리의 육체적·정신적 능력만이 오로지 우리의 본원적 부(富)라는 것은 확실하므로, 이들 능력의 사용, 즉 어떤 종류의 노동은 우리의 본원적인 재보(財寶)이며, 우리가 부라고 부르는 저 물건들이 창조되는 것은 언제나 이 능력을 사용함으로써이다…. 또한, 그 물건들은 모두 단지 그것들을 창조한 노동을 대표할 뿐이라는 것도 확실하며, 만일 그것들이 하나

크기를 분석했고, 이들 형태 속에 숨겨진 내용을 발견하였다. 그러나 경제학은, 왜 이 내용이 저 형태를 취하는가, 따라서 왜 노동이 가치로, 그리고 그 지속시간에 의한 노동의 계량(計量)이 노동생산물의 가치크기로 표현되는가 하는 문제는 한번도 제기조차 하지 않았다.32 그들의 이마에, 그것들은, 생산과정이 인간

의 가치를, 혹은 심지어 두 개의 다른 가치를 가지고 있다면, 그것들은 그 가치들을 다만 자신들이 생겨난 노동의 그것(가치)으로부터 끌어낼 수 있을 뿐이다."(리카도, ≪경제학 및 과세의 원리[*On the Principles of Political Economy, and Taxation*]≫, 제3판, 런던, 1821, p. 334. [데스뛰트 드 트라씨, ≪이데올로기의 요소들[*Eléments d'idéologie*]≫, 제4, 제5부, 빠리, 1826, pp. 35, 36 참조.]) 우리는 리카도가 자신의 보다 깊은 의미를 슬그머니 데스뛰트의 것으로 하고 있다는 것만을 암시해둔다. 데스뛰트는 실제로는, 한편에서는, 부를 형성하는 모든 물건들은 "그것들을 창조한 노동을 대표한다"고, 그러나 다른 한편에서는, 그것들은 그것들의 "두 개의 다른 가치"(사용가치와 교환가치)를 "노동의 가치"로부터 획득한다고 말하고 있다. 그럼으로써 그는, 어떤 상품의 (여기에서는 노동의) 가치를 전제하고, 그것에 의해서 나중에 다른 상품들의 가치를 규정하는 속류경제학의 천박성에 빠지고 있다. 리카도는 데스뛰트를, 사용가치에도 교환가치에도 (노동의 가치가 아니라) 노동이 표현되어 있다는 식으로 읽고 있다. 그러나 리카도 자신이 이중적으로 표현되어 있는 노동의 이중성을 거의 구별하고 있지 않기 때문에, 그는 "가치와 부, 그것들의 독특한 속성들(Value and Riches, their Distinctive Properties)"이라는 장(章) 전체에 걸쳐서 J. B. 쎄(Say)와 같은 자들의 상투어들(Trivialitäten)과 고통스럽게 격투를 벌이지 않으면 안 되는 것이다. 그리하여 마침내 그도, 사실은 데스뛰트가 가치의 원천으로서의 노동에 대해서는 자기 자신과 일치하고 있는데, 그럼에도 불구하고 다른 한편에서 가치개념에 관해서는 쎄와 일치하고 있다는 데에 깜짝 놀라고 있다.

32 고전파 경제학이 상품의 그리고 보다 특수하게는 상품가치의 분석으로부터, 가치를 실로 교환가치이게끔 하는 가치형태를 발견하는 데에 결코 성공하지 못했다는 것은 고전파 경제학의 근본적 결함의 하나이다. A. 스미쓰나 리카도 같은 실로 그 최선의 대표자들에게 있어서조차 고전파 경제학은 가치형태를 무언가 전혀 중요하지 않은 것으로, 혹은 상품 자체의 본성에 대해서는 외적(外的)인 것으로 취급하고 있다. 그 이유는, 가치크기의 분석에 그들의 모든 관심을 빼앗기고 있기 때문만은 아니다. 그 이유는 보다 깊은 곳에 있다.

들을 지배하고, 인간들이 아직 생산과정을 지배하지 않는 사회구성체의 하나에 속한다고 쓰여 있는 공식들은, 경제학의 부르주아적 의식에서는 생산적 노동 그 자체와 마찬가지로 자명한 자연필연성*1으로 간주된다. 그리하여, 부르주아적 형태보다 앞선 사회적 생산유기체의 형태들은 경제학에 의해서, 말하자면, 기독교보다 앞선 종교들이 교부(敎父)들에 의해서 취급되었던 것처럼, 취급되고 있다.33

노동생산물의 가치형태는 부르주아적 생산양식의 가장 추상적인, 그러나 또한 가장 일반적인 형태이며, 이 형태에 의해서 이 생산양식은 특수한 종류의 사회적 생산으로서 그리고 그와 더불어 동시에 역사적인 것으로 그 특징이 부여되고 있는 것이다. 그 때문에, 이 부르주아적 생산양식을 사회적 생산의 영원한 자연형태로 오인하면, 필연적으로 가치형태의, 따라서 상품형태, 더 발전하면, 화폐형태, 자본형태 등등의 특수성 또한 간과하게 된다. 그리하여, 노동시간에 의한 가치크기의 계량에는 완전히 동감하는 경제학자들에게서 화폐, 즉 일반적 등가물의 완성된 형태에 관해서는 가장 잡다한 그리고 가장 모순적인 표상들을 보게 되는 것이다. 이는, 예컨대, 화폐의 흔하디 흔한 정의(定義)들로는 더 이상 충분하지 않은, 은행제도의 고찰에서 명확하게 드러난다. 그리하여 반대로, 가치에서 오직 사회적 형태만을 보는, 혹은 오히려 사회적 형태의 실체 없는 외관만을 보는 부활된 중상주의(가닐 등)가 나왔다. ― 분명히 말해두자면, 고전파 경제학이라고 할 때 나는, 속류경제학과는 반대로 부르주아적 생산관계들의 내적 연관을 연구하는, P. 페티(Petty) 이래의 모든 경제학을 의미하며, 그에 반해서 속류경제학은 단지 외관상의 연관 내부에서만 배회하면서, 말하자면 가장 조잡한 현상들을 그럴듯하게 해설하기 위해 그리고 부르주아의 자가수요(自家需要)를 위해, 과학적 경제학에 의해 오래 전에 해결을 본 재료를 끊임없이 다시 반추(反芻)하고 있는데, 그 외에는 자기들 자신의 최선의 세계에 대한 부르주아적 생산당사자들의 천박하고 자아도취적인 표상들을 체계화하고, 학문처럼 꾸미고, 나아가 영원한 진리로 선언하는 데에 머물고 있다.

*1 [역주] 영어판에는, "자연에 의해 강제되는 필연성(necessity imposed by Nature)"으로 되어 있다.

33 "경제학자들은 기묘한 방식으로 처리한다. 그들에게는 오직 두 종류의 제도, 즉 인위적 제도와 자연적 제도만이 있다. 봉건제의 제도들은 인위적인 제도

들이고, 부르주아지의 제도들은 자연적인 것들이다. 그들은 이 점에서는, 역시 두 종류의 종교를 설정하는 신학자들과 비슷하다. 어느 종교나 그들의 종교가 아닌 것은 인간들의 발명품인 반면에, 그들 자신의 종교는 신의 계시이다. — 그리하여 이제까지는 역사가 있었지만, 그러나 더 이상은 존재하지 않는다." (칼 맑스, ≪철학의 빈곤. M. 프루동의 빈곤의 철학에 대한 반박≫, 1847, p. 113. [*MEW*, Bd. 4, S. 139.: *MEW*편집자 주]) 참으로 우스꽝스럽게도 바스띠아(Bastiat) 씨는, 고대 그리스인들과 로마인들은 약탈만으로 살아왔다고 상상하고 있다. 그러나 수세기를 약탈로 살아간다면, 거기에는 끊임없이 무언가 약탈할 것이 있거나, 그렇지 않으면 약탈의 대상이 계속해서 재생산되지 않으면 안 된다. 그리하여 그리스인들과 로마인들도, 부르주아 경제가 오늘날의 세계의 물질적 토대를 형성하고 있는 것과 전적으로 마찬가지로, 그들의 세계의 물질적 토대를 형성했던 하나의 생산과정, 따라서 하나의 경제를 가졌던 것으로 보인다. 아니면, 바스띠아는 노예노동에 기초하고 있는 생산양식은 약탈체제에 입각해 있는 것이라고 생각하는 것인가? 그렇다면 그는 위험한 지반 위에 서 있는 것이다. 아리스토텔레스와 같은 사상의 거인조차 노예노동을 평가하면서 길을 잃었는데, 어떻게 해서 바스띠아와 같은 왜소한 경제학자가 임금노동을 평가하면서 올바로 길을 가겠는가? — 이 기회에, 나의 저서 ≪경제학 비판을 위하여≫(1859)가 나왔을 때 미국의 한 독일어 신문에 의해 나에게 제기되었던 한 이론(異論)을 간단히 반박해 둔다. 그 신문은 말했다. 나의 견해, 즉, 일정한 생산양식과 그때마다 그에 상응하는 생산관계들, 요컨대, "사회의 경제적 구조는, 법률적 그리고 정치적 상부구조가 그 위에 우뚝 서고, 일정한 사회적 의식형태들이 그것에 상응하는 바의 현실적 토대이다"라는 것, "물질적 생활의 생산양식이 사회적, 정치적 그리고 정신적 생활과정 일반을 제약한다"는 것 [*MEW*, Bd. 13, S. 8-9.: *MEW* 편집자 주] — 이 모든 것은, 물질적 이해관계가 지배하고 있는 현대 세계에는 실제로 정당하지만, 카톨릭이 지배했던 중세에 대해서도, 정치가 지배했던 아테네나 로마에 대해서도 정당하지 않다고. 우선 기괴한 것은, 중세와 고대 세계에 관한 이 세상이 다 아는 허튼소리들을 누군가 아직도 모르는 사람이 있다고 즐겨 전제하는 사람이 있다는 것이다. 중세도 카톨릭으로 살아갈 수 없었고, 고대 세계도 정치로 살아갈 수 없었다는 것은 아주 명백하다. 그들 세계가 그 생활을 획득한 방식이 거꾸로 왜 저기에서는 정치가, 여기에서는 카톨릭이 주요한 역할을 했는가를 설명해준다. 그건 그렇고, 토지소유의 역사가 그 비밀의 역사를 이루고 있다는 것을 알기 위해서, 예컨대, 로마 공화국의 역사에 정통할 필요는 별로 없다. 다른 한편에서, 편력(遍歷)하는 기사도(騎士道)가 사회의 어떤 경제적 형태와도 한결같이 어울릴 것이라고 망

상품세계에 달라붙어 있는 물신숭배에 의해, 또는 사회적 노동 규정들의 대상적 외관에 의해 일부 경제학자들이 얼마나 심히 속고 있는가는, 무엇보다도 교환가치의 형성에 있어서의 자연의 역할에 관한 지루하고 무미건조한 언쟁이 이를 증명하고 있다. 교환가치는 어떤 물건에 사용된 노동을 표현하는 일정한 사회적 양식(樣式)이기 때문에, 그것은 가령 환시세(換時勢)처럼 이미 자연소재를 포함하고 있을 수 없다.

상품형태는 부르주아적 생산의 가장 일반적이고 가장 미발달한 형태이고, 바로 그 때문에, 비록 오늘날과 같이 지배적인, 따라서 특징적인 양식으로는 아니지만, 일찍부터 출현하고 있기 때문에, 그 물신적 성격은 아직 비교적 쉽게 꿰뚫어볼 수 있을 것처럼 보인다. 보다 더 구체적인 형태들에서는 이 외관상의 단순성마저 사라진다. 중금주의(重金主義, Monetarsystem)의 환상은 어디에서 오는가? 중금주의는, 금과 은을 보고도, 화폐로서는 그것들이 사회적 생산관계를, 그러나 기묘한 사회적 속성들을 지닌 자연물들의 형태로 표현한다는 것을 알아차리지 못했다. 그리고 우아하게 중금주의를 냉소하고 있는 근대 경제학은, 그것이 자본을 취급하자마자, 그 물신숭배가 명백해지지 않는가? 지대는 토지로부터 발생하는 것이지 사회로부터 발생하는 것이 아니라는 중농주의의 환상이 사라진 것은 얼마나 오래 전 일인가?

그러나 너무 앞서가지 않기 위해서 가치형태 그 자체와 관련하여 또 하나의 예만으로 여기에서는 충분할 것이다. 상품들이 말을 할 수 있다면, 이렇게 말할 것이다. 우리의 사용가치는 인간들

상한 잘못의 대가는 이미 지불했다.

의 관심을 끌지도 모른다. 사용가치는 물건으로서의 우리에게 속하는 것이 아니다. 그러나 물건으로서의 우리에게 속하는 것은 우리의 가치이다. 상품물건들로서의 우리의 교제가 그것을 증명하고 있다. 우리는 단지 교환가치들로서만 서로 관련을 맺는다라고. 이제 경제학자가 어떻게 상품의 마음을 말해주는가 들어보자.

> "가치"(교환가치)"는 물건들의 속성이고, 부"(사용가치)"는 인간의 속성이다. 가치는 이러한 의미에서 필연적으로 교환을 내포하고, 부는 그렇지 않다."34
>
> "부"(사용가치)"는 인간의 속성이고, 가치는 상품들의 속성이다. 인간이나 공동체는 부유하다. 진주나 다이아몬드는 가치가 있다. ... 진주나 다이아몬드는 진주나 다이아몬드로서 가치가 있다."35

지금까지 아직 어떤 화학자도 진주나 다이아몬드 속에서 교환가치를 발견한 적이 없다. 그러나 특히 비판적 심오함을 요구하는, 이 화학적 실체의 경제학적 발견자들은, 물건들의 사용가치는 그것들의 물질적 속성들과는 무관하고, 그에 반해서 그것들의 가치는 물건으로서의 그것들에 속한다는 것을 발견한다. 여기에

---

34 "Value is a property of things, riches of man. Value, in this sense, necessarily implies exchanges, riches do not." (≪경제학에서의 약간의 논쟁에 대한 고찰, 특히 가치 및 수요·공급과 관련하여[*Observations on some verbal disputes in Pol. Econ., particularly relating to value, and to supply and demand*]≫, 런던, 1821, p. 16.)

35 "Riches are the attribute of man, value is the attribute of commodities. A man or a community is rich; a pearl or a diamond is valuable. ... A pearl or a diamond is valuable as a pearl or diamond." (S. 베일리, ≪가치의 본성, 척도들 및 원인들에 관한 비판적 논고[*A critical dissertation on the nature, measures, and causes of value; chiefly in reference to the writings of Mr. Ricardo and his followers. ...*]≫, 런던, 1825, p. 165 이하.)

서 그것들이 진실임을 입증하고 있는 것은, 물건들의 사용가치는 사람들에게 있어 교환 없이, 따라서 물건과 인간 사이의 직접적인 관계에서 실현되고, 거꾸로 그것들의 가치는 오직 교환 속에서만, 다시 말해서 하나의 사회적 과정 속에서만 실현된다고 하는 기묘한 사정이다. 그 누가 여기에서, 야경꾼 씨콜(Seacoal)에게 이렇게 가르치는 저 호인(好人) 도그베리(Dogberry)[*1]를 상기하지 않겠는가.[31]

"잘생긴 사람이 되는 것은 상황의 선물이지만, 읽고 쓰는 것은 천성이다."36

---

*1 [역주] 도그베리(Dogberry) — 쉐익스피어의 ≪헛소동(*Much Ado About Nothing*)≫, 제3막, 제3장에 등장하는 경찰관. 시종 제멋대로 지껄여댄다.
36 ≪고찰≫의 저자나 S. 베일리는, 리카도가 교환가치를 단지 상대적인 것으로부터 무언가 절대적인 것으로 전화시켰다고 고발하고 있다. 그 반대다. 리카도는 이들 물건, 예컨대, 다이아몬드와 진주가 교환가치로서 가지고 있는 외관상의 상대성을 그 외관 뒤에 숨겨진 진정한 관계로, 즉 인간 노동의 단순한 표현으로서의 그것들의 상대성으로 환원했다. 만일 리카도 학파가 베일리에게 거칠게, 그러나 설득력 있지 않게 대답하고 있다면, 그것은 단지 그들이 리카도 자신에게서 가치와 가치형태 혹은 교환가치 간의 내적 연관에 관한 어떤 해명도 발견하지 못했기 때문일 뿐이다.

제2장
교환과정

상품은 스스로 시장으로 갈 수도 없고, 스스로 자신들을 교환할 수도 없다. 따라서 우리는 그들의 보호자들, 즉 상품소유자들을 찾지 않으면 안 된다. 상품은 물건이며, 그 때문에 인간에게 저항하지 않는다. 만약 그것들이 순종하지 않는다면 인간은 폭력을 사용할 수 있다. 다른 말로 하자면, 그것들을 장악할 수가 있다.37 이들 물건이 서로 상품으로서 관계를 맺도록 하기 위해서는 상품의 보호자들이 그 물건들 속에 자신의 의지(意志)를 담는 사람들로서 서로 행동하지 않으면 안 되며, 그 때문에 한 사람은 다른 사람의 의지에 의해서만, 따라서 누구나 쌍방에 공통적인 하나의 의지행위를 매개로 해서만, 자신의 상품을 양도함으로써 타인의 상품을 취득한다. 그들은 그리하여 서로 상대를 사적소유자로서 인정하지 않으면 안 된다. 계약의 형태를 취하는 이 법적관계는, 법률적으로 발전되어 있든 아니든, 경제적 관계가 거기에 반영된 하나의 의지관계(意志關係)이다. 이 법적관계 혹은 의지관계의 내용은 경제적 관계 그 자체에 의해서 주어져 있다.38 사

---

37 경건함으로 평판이 높던 12세기에도 이들 상품 가운데에는 아주 부드러운 물건들이 있다. 그리하여 당시 프랑스의 한 시인은 랑디(Landit)[32]의 시장에 등장했던 상품들 중에 옷감, 구두, 가죽, 농기구, 모피 등과 나란히 "방탕한 여자들(femmes folles de leur corps)"도 열거하고 있다.

38 프루동(Proudhon)은 우선 정의, 영원한 정의(justice éternelle)라고 하는 그

람들은 여기에서는 서로에 대하여 단지 상품의 대리인들로서만, 그리하여 상품소유자들로서만 존재한다. 서술(Entwicklung)[*1]이 진행됨에 따라서 우리는, 무릇 경제적으로 분장(扮裝)된 인물들[*2]은 단지 경제적 관계들의 인격화일 뿐이며, 그러한 관계의 담지자로서 서로 상대한다는 것을 발견하게 될 것이다.

상품소유자를 특히 상품으로부터 구별하는 것은, 상품에게 있어서는 다른 모든 상품체가 단지 그 자신의 가치의 현상형태로서만 간주된다고 하는 사정이다. 태어나면서부터 평등주의자이고 냉소주의자인 상품은 그리하여 언제나 다른 어떤 상품과도, 설령 그것이 마리토르네스(Maritornes)[*3]보다도 더 불쾌한 모습을 하

의 이상(理想)을 상품생산에 상응하는 법적관계들로부터 창출해내는데, 내친김에 하는 말이지만, 이에 의해서, 상품생산이라는 형태도 정의와 마찬가지로 영원하다는, 모든 속물들에게 그토록 위안이 되는 증거 또한 주어진다. 그리고 나서 그는 거꾸로 현실의 상품생산과 그에 상응하는 현실의 법을 이 이상에 따라서 개조하려고 한다. 물질대사의 현실적 법칙을 연구하고 그에 기초하여 주어진 과제를 해결하는 대신에, "자연상태(naturalté)"나 "친화성(affinité)"이라는 "영원한 이념"에 의해서 물질대사를 개조하려는 화학자를 사람들은 어떻게 생각할까? 누군가가 고리대는 "영원한 정의(justice éternelle)"나, "영원한 형평(équité éternelle)"이나, "영원한 상호부조(mutualité éternelle)"나, 기타 "영원한 진리(vérités éternelles)"와 모순된다고 말할 때, 그는 "고리대"에 관해서, 신부(神父)들이 그것은 "영원한 은총(grâce éternelle)"과, "영원한 신앙(foi éternelle)"과, "신의 영원한 의도(volonté éternelle de dieu)"와 모순된다고 말했을 때에 그들이 고리대에 관해서 알았던 것보다 과연 더 많이 알고 있는 것인가?

*1 [역주] 영어판의 "investigation"에 따라 번역하였음.
*2 [역주] "경제적으로 분장된 인물들(die ökonomischen Charaktermasken der Personen)"은 영어판에는 "경제무대에 등장하는 배역들(the characters who appear on the economic stage)"로 되어 있다.
*3 [역주] 마리토르네스(Maritornes) — 쎄르반테스의 ≪돈키호테≫에 등장하는 코가 낮고 애꾸눈인 여인.

고 있더라도, 그 영혼뿐만 아니라 그 육체까지도 바꾸려 하고 있다. 상품에게는 없는, 상품체의 구체성에 관한 이러한 감각을 상품소유자는 그 자신의 오감(五感)과 그 이상의 감각으로 보완한다. 그의 상품은 그에게는 어떤 직접적인 사용가치도 가지고 있지 않다. 그렇지 않다면 그는 그것을 시장으로 가져가지 않을 것이다. 그것은 다른 사람에 대하여 사용가치를 가지고 있다. 그에게 있어서 그것은 직접적으로는 단지, 교환가치의 담지자이며 따라서 교환수단이라는 사용가치만을 가지고 있을 뿐이다.39 그 때문에 그는 자신을 만족시키는 사용가치를 가진 상품을 대가로 그것을 양도하려고 한다. 모든 상품은 그 소유자에게는 비(非)사용가치이고, 그 비(非)소유자에게는 사용가치이다. 그리하여 그것들은 전면적으로 그 소유자를 바꾸지 않으면 안 된다. 그런데 이 소유자 교체가 그들 상품의 교환이고, 그 교환은 그들 상품을 서로 가치로서 관련시켜, 그것들을 가치로서 실현한다. 그 때문에 상품들은, 사용가치로서 실현될 수 있기 전에, 가치로서 실현되지 않으면 안 된다.

다른 한편에서, 상품들은, 가치로서 실현될 수 있기 전에, 자신이 사용가치임을 보여주지 않으면 안 된다. 왜냐하면 상품에 지출된 인간노동은, 단지 그것이 타인에게 있어서 어떤 유용한 형

---

39 "왜냐하면 어떤 재화(財貨)도 그 용도가 이중적이기 때문이다. — 쌘달(Sandale)이 신는 데에도 이용되고 교환될 수도 있는 것처럼, 한 용도는 물건 그 자체에 고유한 것이고, 다른 하나는 그렇지 않다. 둘 다 쌘달의 사용가치인데, 왜냐하면 쌘달을 자신에게는 없는 것, 예컨대 식품과 교환하는 사람도 역시 쌘달을 쌘달로서 이용하는 것이기 때문이다. 그러나 쌘달 본래의 용법으로는 아니다. 왜냐하면 그것은 교환을 위해서 존재하는 것이 아니기 때문이다."(아리스토텔레스, ≪정치학≫, 제1권 제9장.)

태로 지출되어 있는 한에서만 유효하기 때문이다. 그러나 그 노동이 타인에게 유용한지 아닌지는, 그리하여 그 생산물이 타인의 욕구들을 충족시키는지 아닌지는 오직 상품의 교환만이 증명할 수 있을 뿐이다.

상품소유자는 누구나 오직 자신의 욕구를 충족시키는 사용가치를 가진 다른 상품에 대해서만 자신의 상품을 양도하려고 한다. 그러한 한에서 교환은 그에게 있어서 단지 개인적인 과정일 뿐이다. 다른 한편에서 그는 자신의 상품을 가치로서, 따라서, 자기 자신의 상품이 다른 상품의 소유자에게 사용가치를 갖든 갖지 않든, 자신의 마음에 드는 동일한 가치의 다른 상품으로 실현하려고 한다. 그러한 한에서 교환은 그에게 있어서 일반적·사회적 과정이다. 그러나 동일한 과정이 모든 상품소유자들에게 있어서 동시에 오로지 개인적이면서 또한 오로지 일반적·사회적일 수는 없다.

보다 자세히 보면, 어떤 상품소유자에게도 타인의 상품은 어느 것이나 자신의 상품의 특수한 등가물로서 간주되고, 자신의 상품은 그리하여 다른 모든 상품의 일반적 등가물로서 간주된다. 그러나 모든 상품소유자들이 동일하게 하고 있기 때문에, 어떤 상품도 일반적 등가물이 아니며, 따라서 상품들은 자신을 가치로서 등치(等値)하고 가치크기로서 비교할 어떤 일반적 상대적 가치형태도 가지고 있지 않다. 그리하여 그것들은, 무릇 상품으로서 서로 상대하는 것이 아니라, 단지 생산물들 혹은 사용가치들로서만 서로 상대할 뿐이다.

당황한 나머지 우리의 상품소유자들은 파우스트처럼 생각한다. 태초에 행위가 있었다.[*1] 그리하여 그들은 생각하기 전에 이미 행동해왔다. 상품본성의 법칙들이 상품소유자들의 자연본능 속에서 작동했던 것이다. 그들은 자신들의 상품들을 일반적 등가물로서의 무언가 다른 하나의 상품에 대립적으로 관련시킴으로써만 자신들의 상품을 가치로서, 따라서 상품으로서 서로 관련시킬 수 있을 뿐이다. 그것은 상품의 분석으로 판명되었다. 그러나 오직 사회적인 행위만이 어떤 특정한 상품을 일반적 등가물로 삼을 수 있다. 그리하여 다른 모든 상품의 사회적 행동이 어떤 특정한 상품을 배제하고, 거기에 그것들이 자기들의 가치를 전면적으로 표현한다. 그에 의해서 이 상품의 현물형태가 사회적으로 타당한 등가형태가 된다. 일반적 등가물이다라고 하는 것이, 사회적 과정에 의해서, 그 배제된 상품의 특수한 사회적 기능이 된다. 그리하여 이 상품은 — 화폐가 된다.

"저희가 한 뜻을 가지고 자기의 능력과 권세를 짐승에게 주더라. 누구든지 이 표를 가진 자 외에는 매매를 못하게 하니 이 표는 곧 짐승의 이름이나 그 이름의 수라. (Illi unum consilium habent et virtutem et potestatem suam bestiae tradunt. Et ne quis possit emere aut vendere, nisi qui habet characterem aut nomen bestiae, aut numerum nominis ejus.)" (≪요한계시록≫[33] [2004년 성서원 발행, ≪한영해설성경≫의 번역에 의함.])

화폐결정(貨幣結晶)은, 서로 다른 종류의 노동생산물들이 서로 실제로 등치되고, 그리하여 실제로 상품들로 전화되는 교환과

---

*1 [역주] 괴테, ≪파우스트≫, 제1부, "서재"에서의 파우스트의 독백. ≪요한복음≫, 제1장 제1절 "태초에 말씀이 계셨다"의 변조.

정의 필연적인 산물이다. 교환의 역사적 확대와 심화는 상품의 본성 속에 잠자고 있는 사용가치와 가치의 대립을 발전시킨다. 교역을 위해서 이 대립을 외적으로 표현하려고 하는 욕구는 상품가치의 자립적 형태를 향해 가는데, 상품과 화폐로의 상품의 이중화에 의해서 그것이 최종적으로 달성될 때까지는 멈추지도 쉬지도 않는다. 그리하여 노동생산물들이 상품으로 전화되는 것과 동일한 정도로 상품이 화폐로 전화된다.40

직접적 생산물교환은 한 측면에서는 단순한 가치표현의 형태를 가지고 있지만, 다른 측면에서는 아직 그것을 가지고 있지 않다. 그 [단순한 가치표현의: 역자] 형태는 x량의 상품 A=y량의 상품 B였다. 직접적 생산물교환의 형태는, x량의 사용대상 A=y량의 사용대상 B이다.41 A와 B라고 하는 물건은 여기에서 교환 전에는 상품이 아니며, 바로 그 교환에 의해서 비로소 상품이 된다. 어떤 사용대상이 가능성으로 보아 교환가치가 되는 최초의 양식(樣式)은, 비사용가치로서의 그 존재, 즉 그 소유자의 직접적인 욕구를 초과하는 량의 사용가치로서의 그 존재이다. 물건들은 그 자체로서는 인간에 대하여 외적이고, 그리하여 양도할 수 있다.

---

40 이것에 의해서, 상품생산을 영원화하려고 하면서도 동시에 "화폐와 상품의 대립"을, 따라서 화폐 자체를 — 왜냐하면 화폐는 이 대립 속에서만 존재하기 때문에 — 폐지하려고 하는 소부르주아적 사회주의의 교활함을 판단할 수 있을 것이다. 전혀 마찬가지로 교황을 폐지하고도 가톨릭을 존속시킬 수 있을 것이다. 이에 관하여 보다 상세한 것은 나의 저서 ≪경제학 비판을 위하여≫, p. 61 이하[*MEW*, Bd. 13, S. 66 이하]를 보라.

41 두 개의 서로 다른 사용대상(使用對象)이 교환되지 않고, 오히려, 우리가 미개인들에게서 자주 볼 수 있는 것처럼, 어떤 잡다한 량의 물건들이 어떤 제3의 물건에 대한 등가물로서 제공되고 있는 한, 직접적 생산물교환 그 자체도 겨우 그 문간에 서 있을 뿐이다.

이 양도가 상호적인 것이기 위해서는, 사람들이 단지 암암리에 그 양도할 수 있는 물건들의 사적소유자로서 서로 상대하기만 하면 되고, 바로 그에 의해서 서로 독립적인 인격으로서 상대하기만 하면 된다. 하지만 자연발생적인 공동체의 성원들에게는, 그것이 가부장적 가족의 형태를 취하든, 고(古)인도적 공동체나 잉카국[34] 등등의 형태를 취하든, 서로가 타인이라는 이러한 관계는 존재하지 않는다. 상품교환은 공동체들이 끝나는 곳에서, 즉 공동체들이 다른 공동체들이나 다른 공동체들의 구성원들과 접촉하는 지점들에서 시작된다. 그러나 물건들이 일단 대외적 관계에서 상품으로 되면, 곧바로 그것들은 반작용적으로 내부적 공동생활에서도 상품으로 된다. 그것들의 량적 교환비율은 우선은 전적으로 우연적이다. 그것들이 교환될 수 있는 것은 그것들을 서로 양도하려고 하는 그 소유자들의 의지행위에 의해서이다. 그 동안에 타인의 사용대상에 대한 욕구가 차차 정착된다. 교환의 끊임없는 반복으로 그것은 하나의 규칙적인 사회적 과정이 된다. 그리하여 시간이 지남에 따라서 노동생산물의 적어도 일부는 의도적으로 교환을 위하여 생산되지 않으면 안 되게 된다. 이 순간부터 한편에서는 직접적 필요를 위한 물건들의 유용성과 교환을 위한 그것들의 유용성 간의 분리가 굳어져 간다. 그것들의 사용가치가 그것들의 교환가치들로부터 분리되는 것이다. 다른 한편에서 그것들이 서로 교환되는 량적 비율은 그 물건들의 생산 자체에 의존하게 된다. 관습은 그 물건들을 가치의 크기들로서 고정시킨다.

직접적 생산물 교환에서는 어떤 상품이나 그 소유자에게는 직접적인 교환수단이며, 그 비소유자에게는, 비록 그것이 그에게 사용가치인 한에서이긴 하지만, 등가물이다. 따라서 교환되는 물품은 결코 그 자신의 사용가치로부터 혹은 교환자의 개인적인 욕구로부터 독립적인 어떤 가치형태도 아직 취하고 있지 않다. 이 형태의 필연성은 교환과정에 들어가는 상품들의 수와 다양성이 증대함에 따라 발전한다. 과제는 그 해결 수단들과 동시에 발생한다. 상품소유자들이 그들 자신의 물품을 다양한 다른 물품들과 교환하고 비교하는 교역은, 다양한 상품소유자들의 다양한 상품들이 그 교역의 내부에서 하나의 동일한 제3의 상품종류와 교환되고 가치로서 비교되지 않고는 결코 이루어지지 않는다. 이러한 제3의 상품은, 다양한 다른 상품들의 등가물이 됨으로써, 직접적으로, 비록 협소한 한계 내에서일지라도, 일반적인 즉 사회적인 등가형태를 취한다. 이 일반적 등가형태는 그것을 탄생시킨 일시적인 사회적 접촉과 더불어 발생하고 소멸한다. 차례로 그리고 일시적으로 그것은 이런 저런 상품에 귀속된다. 그러나 상품교환이 발전함에 따라서 그것은 특정한 상품종류에 배타적으로 고착된다. 즉 화폐형태로 결정(結晶)된다. 어떠한 상품종류에 그것이 달라붙어 있는가 하는 것은 우선은 우연적이다. 그러나 대체로 두 가지 사정이 결정적인 작용을 한다. 화폐형태는, 토착 생산물들의 교환가치의 사실상 자연발생적인 현상형태들인, 외지로부터의 가장 중요한 교역물품에 부착되든가, 아니면 양도 가능한 토착 재산들의 주요소를 이루는 사용대상, 예컨대 가축에 부착된다. 유목민족들이 맨 먼저 화폐형태를 발전시키는데, 왜냐하면 그들의 재산 전체가 유동적인, 따라서 직접적으로 양도할 수 있는 형태에 있기 때문이며, 그들의 생활양식이 그들을 끊임없이 다른 공동체들과 접촉하게 하고, 그리하여 생산물교환을 야기하기 때문이다. [104]

인간은 자주 인간 자체를 노예의 형태로 원초적인 화폐재료로 삼아왔지만, 결코 토지를 그렇게 한 적이 없었다. 그러한 관념은 단지 이미 발전한 부르주아 사회에서만 나타날 수 있었다. 그것이 나타난 것은 17세기의 마지막 3분의 1기였고, 그로부터 한 세기 후인 프랑스의 부르주아 혁명에서야 비로소 그 실행이 국가적인 규모로 시도되었다.[*1]

상품교환이 그 단지 국지적인 속박을 타파하고, 그리하여 상품가치가 인간노동 일반의 체현물(Materiatur)로까지 발전되어 가는 것과 같은 비율로, 화폐형태는 천성적으로 일반적 등가물이라는 사회적 기능에 적합한 상품들로, 즉 귀금속들로 옮겨간다.

따라서, "금과 은은 천성적으로 화폐인 것은 아니지만, 화폐는 천성적으로 금과 은이다"[42]라는 것은 금과 은의 자연적 속성들이 화폐의 기능들에 적합하다는 것을 보여주고 있다.[43] 그러나 아직까지 우리는 단지 화폐의 하나의 기능만을, 즉 상품가치의 현상형태로서 복무하는, 즉 상품들의 가치크기들이 사회적으로 표현되는 재료로서 복무하는 기능만을 알고 있다. 가치의 타당한 현상형태 즉 추상적인 그리하여 동등한 인간노동의 체현물일 수 있는 것은 오직, 그 모든 견본들이 동일하고 균등한 질(質)을 갖는

[*1] [역주] 교회의 영지(領地)나 망명귀족의 영지 등이 몰수되고, 이들 토지를 담보로 혁명정부가 1789년부터 1797년까지 지권(紙券) 아씨냐(assignats)를 발행했는데, 국가수입을 위해 증발을 거듭한 나머지 불환지폐화되어, 수년 후에는 거의 무가치한 것으로 되었다. 이 아씨냐 지폐는 화폐사에서는 대표적인 인플레이션의 예들 중의 하나이다.

42 칼 맑스, ≪경제학 비판을 위하여≫, p. 135 [*MEW*, Bd. 13, S. 131]. "그 금속들은 … 천성적으로 화폐이다."(갈리아니, ≪화폐에 관하여≫, 꾸스또디 총서, 근대편, 제3권, p. 137.)

43 이에 관해 보다 상세한 것은 앞의 나의 저서 중 "귀금속"의 절 참조.

물질뿐이다.*¹ 다른 한편에서, 가치크기의 구별은 순전히 량적인 것이기 때문에, 화폐상품은 순전히 량적인 구별이 가능한 것, 따라서 임의로 분할할 수 있고 또 그 부분들을 다시 합할 수 있는 것이지 않으면 안 된다. 그런데 금과 은은 천성적으로 이러한 속성들을 가지고 있다.

화폐상품의 사용가치는 이중화된다. 예컨대, 금이 움푹 파인 이빨을 때우거나 사치품의 원료 등으로 쓰이는 것처럼, 상품으로서의 특유한 사용가치 이외에, 화폐상품은 그 독특한 사회적 기능으로부터 기인하는 하나의 형식적인 사용가치를 획득한다.

다른 모든 상품들은 단지 화폐의 특수한 등가물들일 뿐이며, 화폐는 그것들의 일반적 등가물이기 때문에, 그들 상품은 일반적 상품으로서의 화폐에 대하여 특수한 상품들로서 상대한다.44

이미 본 바와 같이, 화폐형태란 단지 한 상품에 고착(固着)되어 있는, 다른 모든 상품의 관계들의 반영(反映)에 불과하다. 화폐는 상품이다45라고 하는 것은 따라서, 단지 나중에 화폐를 분

---

*1 [역주] "... nur eine Materie sein, deren sämtliche Exemplare dieselbe gleichförmige Qualität besitzen"은 "... 오직, 어떤 한 조각을 떼어내 보다도 모두 동일하고 균등한 질을 갖는 물질뿐이다"라고 의역할 수 있고, 실제로 김수행 교수의 번역판이나 일본의 여러 번역판들도 그와 유사하게 번역하고 있다.

44 "화폐는 일반적 상품이다." (붸리, 같은 책[≪경제학에 관한 고찰≫], p. 16.)

45 "우리가 귀금속이라는 일반적인 이름으로 지칭할 수 있는 은과 금 자체는 ... 그 가치가 ... 오르기도 하고 내리기도 하는 ... 상품들이다. ... 보다 적은 중량의 귀금속으로 국가의 보다 많은 량의 생산물이나 공산품 등을 산다면, 귀금속의 가치가 보다 높아졌다고 인정할 수 있다." ([S. 클레멘트,] ≪상호관계에 있는 화폐, 상업 및 외환의 일반적 개념에 관한 담론. 한 상인 저≫, 런던, 1695, p. 7.) "은과 금은, 주조되어 있든 아니든, 다른 모든 물건의 척도로서 이용되지만, 포도주나 기름, 담배, 직물, 옷감과 마찬가지로 하나의 상품일 뿐

석하기 위해서 그것이 완성된 형태로부터 출발하는 사람에게 있어서 하나의 발견일 뿐이다. 교환과정은, 그 교환과정이 화폐로 전화시키는 상품에, 그 가치가 아니라, 그 독특한 가치형태를 준다. 두 규정을 혼동했기 때문에 금과 은의 가치를 가상적(假想的)인 것으로 간주하는 오류에 빠졌다.46 화폐는 그 일정한 기능들에서는 그것의 단순한 표장(標章, Zeichen)에 의해서 대체될 수 있기 때문에, 그것은 단순한 표장에 불과하다는 또 다른 오류가 생겼다. 다른 한편에서 거기에는, 물건의 화폐형태는 그 물건 자체에는 외적인 것이며 그 뒤에 숨어 있는 인간관계들의 단순한 현상형태에 불과하다는 예감이 존재했다. 이러한 의미에서는 어떤 상품이나 하나의 표장일 터인데, 왜냐하면 가치로서는 단지 그것에 지출된 인간노동의 물적 외피에 불과하기 때문이다.47 그

이다." ([J. 차일드,] ≪무역, 특히 동인도 등과의 무역에 관한 담론≫, 런던, 1689, p. 2.) "왕국의 재산과 부는 엄밀히 말하면 화폐에 한정될 수 없고, 금과 은 역시 상품으로부터 제외될 수 없다." ([Th. 파필론,] ≪가장 수익성 있는 무역으로서의 동인도 무역≫, 런던, 1677, p. 4.)

46 "금과 은은, 그것들이 화폐이기 이전에, 금속으로서의 가치를 가지고 있다." (갈리아니, 앞의 책, [p. 72].) 로크(Locke)는 다음과 같이 말하고 있다. "화폐로 삼기에 적합한 그 특성들 때문에 사람들은 전반적인 합의를 통해서 은에 상상적인 가치를 부여했다." [존 로크, ≪이자 인하 및 ... 그 결과에 관한 약간의 고찰≫, 1691, ≪저작집≫, 1777년 판, 제2권, p. 15.] 그에 반해서 로(Law)는 다음과 같이 말한다. "어떻게 다양한 국민들이 무언가의 물건에 상상적인 가치를 부여할 수 있을까? ... 혹은 어떻게 이 상상적인 가치가 유지될 수 있을까?" 그러나 그 자신이 얼마나 조금밖에 문제를 이해하고 있지 못했는가는 다음과 같다. "은은 그것이 가지고 있는 사용가치에 따라서, 그리하여 그 현실적인 가치에 따라서 교환되었다. 화폐로서의 규정에 의해서 그것은 추가적인 가치(une valeur additionnelle)를 획득했다." (쟝 로[Jean Law], ≪화폐와 교역에 관한 고찰≫, [에든버러, 1705], E. 데르 편, ≪18세기의 재정경제학자들≫, [빠리, 1843], pp. 469, 470.)

러나 어떤 일정한 생산양식이라는 토대 위에서 사물들이 취하는 106
사회적 성격들이나, 노동의 사회적 규정들이 취하는 물적 성격들
을 단순한 표장이라고 설명한다면, 이는 동시에 그 성격들을 인
간들의 자의적인 반성(反省)의 산물[*1]이라고 설명하는 것이다.

---

47 "화폐는 그것들의" (상품들의) "표장이다." (드 포르보네, ≪상업의 기초 [*Éléments du Commerce*]≫, 신판, 레이던, 1766, 제2권, p. 143.) "표장으로서 화폐는 상품들에 의해서 매혹된다." (같은 책, p. 155.) "화폐는 물건에 대한 표장이며, 그것을 대리한다." (몽테스키외, ≪법의 정신≫, 저작집, 제2권, 런던, 1767, p. 3.) "화폐는 단순한 표장이 아니다. 왜냐하면 그것 자체가 부이기 때문이다. 그것은 가치들을 대리하는 것이 아니고, 그 가치들의 등가물이다." (르 뜨로느, 같은 책[≪사회적 이익에 관하여≫], p. 910.) "가치의 개념을 고찰하면, 물 자체는 단지 표장으로서만 간주되며, 그것은 그것 자체로서가 아니라 그것이 가치가 있는 것으로서 통용된다." (헤겔, ≪법철학≫, p. 100.) 경제학자들보다 훨씬 먼저 법학자들은 국왕의 권력에 아첨하여 단순한 표장으로서의 화폐라는 관념이나 귀금속의 단순한 가상적 가치라는 관념을 고취했는데, 그들은 중세 전체를 통해서 내내 국왕의 주화변조권(鑄貨變造權)을 로마제국의 전통과 판덱텐(Pandekten)[35]의 화폐개념에 의해서 뒷받침했다. 이들 법학자들의 영리한 제자인 필립 폰 발루아(Philipp von Valois)는 1346년의 한 칙령에서 다음과 같이 말하고 있다. "주화주조업무나 제조, 형상, 발행고 및 그것들을 우리 마음대로 이런 저런 가격으로 유통시키기 위한 주화와 관련한 모든 법령이 ... 오로지 우리 및 우리 왕위에만 속한다고 하는 것은 누구도 의심할 수 없고 또 의심해서도 안 된다." 황제가 화폐가치를 명령한다고 하는 것은 로마의 법적정설(Rechtsdogma)이었다. 화폐를 상품으로서 취급하는 것은 명시적으로 금지되어 있었다. "하지만 화폐를 구매하는 것은 누구에게도 허용되어서는 안 된다. 왜냐하면 그것은 일반적인 사용을 위해서 제조된 것으로서, 상품이어서는 안 되기 때문이다." 이에 관한 훌륭한 논의로서는 G. F. 파니니(Pagnini), ≪물건의 정당한 가격에 관한 시론(*Saggio sopra il giusto pregio delle cose*)≫, 1751, 꾸스또디 편, 제2권을 참조하라. 특히 이 저서의 제2편에서 파니니는 법률학자님들을 논박하고 있다.

*1 [역주] "인간들의 자의적인 반성의 산물(willkürliches Reflexionsprodukt der Menschen)"이 영어판에는 "인류의 이른바 보편적 합의에 의해서 인정된 자의적인 허구(虛構)들(arbitrary fictions sanctioned by the so-called universal consent of mankind)"로 되어 있다.

이것이야말로, 아직 그 생성과정을 해독(解讀)할 수 없었던 인간관계들의 수수께끼 같은 모습으로부터 적어도 우선 진기한 외양을 벗기기 위해서 18세기에 즐겨 사용된 계몽주의적 수법이었다.

앞서 언급한 것처럼, 한 상품의 등가형태는 그 가치크기라는 량적 규정을 포함하고 있지 않다. 금이 화폐이며, 따라서 다른 모든 상품과 직접적으로 교환 가능하다는 것을 알고 있다고 하더라도, 그렇다고 해서, 예컨대 10파운드의 금이 얼마만큼 가치가 있는가를 아는 것은 아니다. 다른 모든 상품과 마찬가지로 화폐도 자신의 가치크기를 다른 상품들로 단지 상대적으로만 표현할 수 있을 뿐이다. 화폐 자신의 가치는, 그 생산에 필요한 노동시간에 의해서 규정되고, 동일한 량의 노동시간이 응고되어 있는 다른 각 상품의 량으로 표현된다.48 화폐의 상대적 가치크기의 이러한 확정은 그 생산지에서의 직접적인 교환거래에 의해서 이루어진다. 그것이 화폐로서 유통에 들어가자마자, 그 가치는 이미 주어져 있는 것이다. 화폐는 상품이라는 것을 알 만큼 이미 17세기 마지막 수십 년 동안에 화폐분석의 단초(端初)는 상당히 진척되어 있었지만, 그래도 역시 아직 단초에 불과했다. 곤란은, 화폐가 상품임을 이해하는 데에 있는 것이 아니라, 어떻게 해서, 왜, 무엇에 의해서 상품이 화폐인가를 이해하는 데에 있다.49

---

48 "누군가가 1부셸의 곡물을 생산하는 데에 필요한 시간과 같은 시간에 1온스의 은을 페루의 땅속에서 런던으로 가져올 수 있다면, 그 한 쪽은 다른 쪽의 자연가격이다. 이제 만일 그가 보다 새롭고 보다 풍요한 광산들의 채굴로 동일한 비용으로 1파운드 대신에 2파운드의 은을 얻을 수 있다면, 곡물은 1부셸 당 10쉴링의 가격이더라도, 그 외의 사정이 동일하다면 (caeteris paribus), 이전에 5쉴링의 가격과 마찬가지로 저렴할 것이다." (윌리엄 페티, ≪조세공납론≫, 런던, 1667, p. 31.)

본 바와 같이, 이미 x량의 상품 A=y량의 상품 B라는 가장 간단한 가치형태 속에서도, 다른 물건의 가치크기가 거기에 표현되는 물건은 그 등가형태를, 이러한 관련과는 무관하게, 사회적인 자연속성[*1]으로서 가지고 있는 것처럼 보인다. 우리는 이 허위의 외관의 확립을 추적했다. 등가형태가 하나의 특정한 상품종류의 현물형태와 일체가 되어버리자마자, 즉 화폐형태로 결정(結晶)되자마자, 이 외관은 완성된다. 다른 상품들이 그것들의 가치를 한 상품으로 전면적으로 표현하기 때문에 비로소 그 상품이 화폐로 되는 것으로 보이지 않고, 거꾸로 그것이 화폐이기 때문에 다른 상품들이 그것으로 그 가치들을 일반적으로 표현하는 것처럼 보인다. 매개하는 운동은 그 자신의 결과 속에서는 사라져버리고, 어떤 흔적도 남기지 않는다. 상품들은, 자신들이 관여함이 없

---

49 로셔 교수님(Herr Professor Roscher)은 우리에게, "화폐의 잘못된 정의는 두 개의 주요 그룹으로 나뉘는바, 그것을 상품 이상의 것으로 간주하거나 상품 이하의 것으로 간주하는 것이 그것들이다"라고 가르치신 후에 화폐의 본질에 관한 저서들의 잡다한 목록을 제시하시는데, 거기에는 이론의 현실적 역사에 관한 가장 희미한 통찰조차 보이지 않는다. 그리고 다음과 같이 훈계하신다. "그런데 최근의 대개의 국민경제학자들이 화폐를 다른 상품들로부터 구별하는 특성들"(그렇다면 과연 상품 이상의 것인가, 이하의 것인가?)"을 충분히 안중에 두고 있지 않다고 하는 것은 부정할 수 없다. … 그러한 한에서 가닐(Ganilh) 등의 반(半)중상주의적 반동도 전적으로 근거가 없는 것은 아니다." (빌헬름 로셔, 《국민경제학의 기초》, 제3판, 1858, pp. 207-210.) 이상-이하-충분하지 않다-그러한 한에서는-전적으로는 아니다! 도대체 무슨 개념규정인가! 그리고 이러한 절충주의적인 교수식의 헛소리를 로셔 씨는 겸손하게도 경제학의 "해부학적·생리학적 방법"이라고 명명하고 있다! 한 가지 발견은 하지만 그의 덕택인바, 즉, 화폐는 "하나의 호감이 가는 상품"이라는 것이다.

*1 [역주] "사회적인 자연속성(gesellschaftliche Natureigenschaft)"이 프랑스어판과 영어판에는 "천성적으로 주어진 사회적 속성(propriété sociale qu'il tire de la nature; social property given to it by Nature)"으로 되어 있다.

이, 자신들의 가치자태가 자신들의 외부에 자신들과 나란히 존재하는 하나의 상품체로서 완성되어 있음을 발견한다. 이 물건들, 즉 금과 은은, 그것들이 땅속에서 나온 그대로, 동시에 모든 인간 노동의 직접적인 화신이다. 그리하여 화폐의 마술이 생긴다. 사회적 생산과정에서의 사람들의 단순히 원자적인 행동은, 그리고 따라서 그들의 통제나 의식적인 개인적 행동과는 무관한, 그들 자신의 생산관계들의 물적 자태는 우선 그들의 노동생산물들이 일반적으로 상품형태를 취한다는 데에 나타난다. 화폐물신의 수수께끼는 따라서 단지 현저해진, 눈을 현혹시키는 상품물신의 수수께끼에 불과하다.

제3장
화폐 또는 상품유통

제1절 가치의 척도

 간단히 하기 위해서, 나는 이 책의 어디에서나 금을 화폐상품으로 전제한다.
 금의 첫 번째 기능은, 상품세계에 그들의 가치표현의 재료를 제공하는 데에, 혹은 상품가치들을 동일한 명칭의 크기들로서, 즉 질적으로 동일하고 량적으로 비교 가능한 크기들로서 표현하는 데에 있다. 그리하여 그것은 가치들의 일반적 척도(尺度)로서 기능하며, 그리고 오로지 이 기능에 의해서만 특수한 등가상품인 금이 우선 화폐가 된다.
 상품들은 화폐에 의해서 같은 단위로 계량 가능해지는 것이 아니다. 그 반대다. 모든 상품은 가치로서는 대상화된 인간노동이기 때문에, 따라서 그 자체로서 같은 단위로 계량 가능하기 때문에, 그것들은 그들의 가치를 동일한 특수한 상품으로 공동으로 측정할 수 있는 것이며, 또한 그렇게 함으로써 이 특수한 상품을 그들의 공통의 가치척도, 즉 화폐로 전화할 수 있는 것이다. 가치척도로서의 화폐는 상품들에 내재하는 가치척도의, 즉 노동시간의 필연적인 현상형태이다.50
 금에 의한 어떤 상품의 가치표현—x량의 상품 A=y량의 화폐

상품―은 그 상품의 화폐형태, 즉 그 상품의 가격이다. 철의 가치를 사회적으로 타당하게 표현하기 위해서는 이제 1톤의 철=2온스의 금과 같은 단일한 등식으로 충분하다. 등가상품인 금이 이미 화폐의 성격을 가지고 있기 때문에, 이 등식은 더 이상 다른 상품들의 가치등식들과 대오를 지어 행진할 필요가 없는 것이다. 상품들의 일반적인 상대적 가치형태는 그리하여 이제 다시 그 최초의, 간단한 혹은 개별적인 가치형태의 모습을 취한다. 다른 한편에서 전개된 상대적 가치표현 혹은 상대적 가치표현들의 끝없는 대열은 화폐상품의 특수한 상대적 가치형태가 된다. 그러나 이 대열은 이제 이미 상품의 가격들 속에 사회적으로 주어져 있

---

50 예컨대 한 장의 지권(紙券)이 x 노동시간을 표시한다는 식으로 화폐는 왜 직접적으로 노동시간 그 자체를 대표하지 않는가 하는 문제는, 전적으로 간단히, 상품생산이라는 토대 위에서는 노동생산물들이 왜 상품으로서 나타나지 않으면 안 되는가 하는 문제로 귀착되는바, 왜냐하면, 상품으로 표현된다고 하는 것은 상품과 화폐상품으로의 노동생산물들의 이중화를 포함하고 있기 때문이다. 혹은, [그 문제는: 역자] 왜 사적노동은 직접적으로 사회적 노동으로서, 즉 그 대립물로서 취급될 수 없는가 하는 문제로 귀착한다. 상품생산이라는 토대 위에서의 '노동화폐'라고 하는 천박한 공상적 이상주의에 대해서 나는 다른 곳에서 상세하게 논한 바 있다. (칼 맑스, ≪경제학 비판을 위하여≫, p. 61 이하 [*MEW*, Bd. 13, S. 66 이하] 참조.) 여기에서 다시 언급해 두지만, 예컨대 오언(Owen)의 '노동화폐'[*1]가 '화폐'가 아닌 것은 가령 극장표가 화폐가 아닌 것과 같다. 오언은 직접적으로 사회화된 노동, 즉 상품생산과는 완전히 대립적인 생산형태를 전제하고 있다. 그 노동증명서는 단지 공동노동에 대한 생산자의 개인적 지분과 공동생산물 가운데 소비용·(消費用)으로 규정된 부분에 대한 그의 개인적 청구권을 확인할 뿐이다. 그러나 오언은, 상품생산을 전제하면서 그럼에도 불구하고 화폐장난질(Geldpfuschereien)을 통해서 상품생산의 필연적 조건들을 회피하려는 착상은 하지 않았다.

*1 [역주] 오언의 '노동화폐' ― 노동이야말로 가치의 자연적 표준이라고 주장하는 오언(Robert Owen, 1771-1858)은 1826년에 그의 이상촌락(理想村落)인 '뉴 하모니(New Harmony)'에서, 예컨대, '10시간'이라는 식으로 인쇄된 '노동지폐'를 채택했다.

다. 가격표의 시세들을 반대방향으로 읽으면, 가능한 모든 상품들로 표현된 화폐의 가치크기를 보게 되는 것이다. 그에 반해서 화폐는 결코 어떤 가격도 가지고 있지 않다. 다른 상품들의 이러한 통일적인 상대적 가치형태에 참가하기 위해서는 화폐는 그 자신의 등가물로서 그 자신과 관계를 맺지 않으면 안 될 것이다.[*1]

상품의 가격 즉 화폐형태는, 상품의 가치형태 일반과 마찬가지로, 손으로 잡을 수 있는 그것들의 실제적인 물체형태와는 구별되는, 따라서 단지 관념적인 혹은 표상된 형태이다. 철, 아마포, 밀 등의 가치는, 비록 눈에 보이지는 않지만, 이들 물건들 자체 속에 존재한다. 그 가치는 금과의 동등성에 의해서, 즉, 말하자면 그것들의 머릿속에만 나타나는 금과의 관련에 의해서 표상된다. 그리하여 상품의 보호자가 그 상품의 가격을 외부세계에 알리기 위해서는 자신의 혀를 그 상품의 머릿속에 끼워 넣든가,[*2] 그것에 종이쪽지를 달아놓지 않으면 안 된다.51 금에 의한 상품가치의

[*1] [역주] 그렇게 되면, 결국 금의 '가격'은, 예컨대, 1온스의 금=1온스의 금이라는 식으로 무의미한 동어반복밖에는 안 된다는 뜻.

[*2] [역주] "자신의 혀를 그 상품의 머릿속에 끼워 넣든가" — "상품을 대신하여 자신이 그 가격을 말하든가"의 뜻.

51 미개인이나 반(半)미개인은 혀를 다르게 사용한다. 패리(Parry) 선장은, 예컨대, 배퓐만(Baffinsbay) 서해안의 주민들에 관해서 다음과 같이 말하고 있다. "이 경우"(생산물교환을 하면서) "... 그들은 그것"(그들에게 제공된 것) "을 두 번 혀로 핥았는데, 그 후 그들은 그 거래가 만족스럽게 완료된 것으로 간주하는 것 같았다."[36] 마찬가지로 동부의 에스키모들의 경우에도 교환자는 물품을 받을 때마다 그것을 핥았다. 북방에서 이렇게 혀가 취득의 기관이라면, 남방에서는 배가 축적된 재산의 기관으로 간주되고, 카퓌르인(Kaffer)이 배가 나온 정도로써 어떤 사람의 부를 평가하는 것도 놀라운 일이 아니다. 카퓌르인들은 대단히 영리한 사람들인데, 왜냐하면, 한편에선 1864년의 영국의 공식 건강보고서가 노동자계급의 대부분에게 지방형성 물질이 부족하

111 표현은 관념적이기 때문에, 이 작업에는 역시 단지 표상되었을 뿐인, 혹은 관념적인 금이 사용된다. 상품의 보호자라면 누구나 알고 있듯이, 그가 자신의 상품들의 가치에 가격의 형태 곧 표상된 금형태를 부여할 때 그는 그의 상품들을 결코 금으로 전화시키는 것이 아니며, 수백만의 상품가치를 금으로 평가하기 위해서도 현실적인 금은 결코 조금도 필요하지 않다. 그 때문에 가치척도의 기능에서는 화폐는 — 단지 표상된 혹은 관념적인 화폐로서 이용될 뿐이다. 이러한 사정 때문에 극히 터무니없는 이론들이 등장했다.[52] 가치척도의 기능을 위해서는 단지 표상된 화폐가 이용되지만, 가격은 전적으로 실제의 화폐재료에 달려 있다. 가치, 즉, 예컨대 1톤의 철에 포함되어 있는 인간노동의 량은, 동일한 만큼의 노동을 포함하고 있는 화폐상품의 표상된 량으로 표현된다. 따라서 금, 은 혹은 구리가 가치척도로 쓰임에 따라서, 1톤의 철의 가치는 전혀 다른 가치표현을 획득한다. 즉, 전혀 다른 량의 금, 은 혹은 구리로 표상된다.

그리하여 두 개의 서로 다른 상품, 예컨대 금과 은이 동시에 가치척도로서 사용된다면, 모든 상품은 금가격과 은가격[*1]이라고 하는 두 가지의 서로 다른 가격표현을 가지며, 금에 대한 은의 가

다고 개탄하고 있던 바로 그 해에 하뷔라는 의사(ein Dr. Harvey)—하지만 혈액순환을 밝힌 하뷔 의사가 아니다—는 부르주아지 및 귀족들에게 지방과 다름 제거하겠다고 약속한 엉터리 처방으로 돈을 벌고 있었기 때문이다.

52 칼 맑스, ≪경제학 비판을 위하여≫, "화폐의 도량단위에 관한 이론들", p. 53 [*MEW*, Bd. 13, S. 59] 이하 참조.

*1 [역주] 금가격(*Goldpreis*)・은가격(*Silberpreis*) — 앞에서 본 것처럼, 화폐상품인 금・은은 가격을 갖지 않으며, 여기에서 말하는 금가격, 은가격이란 금의 일정량으로 표현된 상품의 가격과 은의 일정량으로 표현된 상품의 가격을 가리킨다.

치비율, 예컨대 1:15가 변하지 않는 한, 그것들은 나란히 평온하게 공존한다. 그러나 이 가치비율에 변화가 일어날 때마다 상품의 금가격과 은가격 간의 비율이 교란되고, 그리하여 가치척도의 이중화는 그 기능과 모순된다는 것을 실제로 입증한다.53

가격이 규정되어 있는 상품들은 모두, a량의 상품 A=x량의 금, b량의 상품 B=z량의 금, c량의 상품 C=y량의 금 등의 형태

---

53 제2판의 주. "금과 은이 법률상 화폐로서, 즉 가치척도로서 병존하는 경우에는 그것들을 하나의 동일한 물질로서 취급하려는 헛된 시도가 끊임없이 있었다. 만일 동일한 노동시간이 변함없이 동일한 비율의 금과 은에 대상화되지 않으면 안 된다고 가정한다면, 이는 사실상, 금과 은은 동일한 물질이며, 가치가 적은 금속인 은의 일정량이 일정한 금량의 불변의 부분을 이루고 있다는 것을 가정하는 것이다. 에드워드 3세 치세[1327-1377]로부터 조지 2세 시대[1727-1760]에 이르기까지 영국의 화폐제도의 역사는 금과 은의 가치비율의 법률상의 확정과 그것들의 현실적인 가치변동 간의 충돌에서 기인하는 일련의 연속적인 혼란으로 시종했다. 어떤 때는 금이, 어떤 때는 은이 과대평가되었다. 과소평가된 금속은 유통에서 끌려나와 다시 용해되고, 수출되었다. 그렇게 되면 두 금속의 가치비율이 법률적으로 다시 변경되었는데, 그러나 새로운 명목가치는, 과거의 그것처럼, 곧 현실적인 가치비율과 똑같이 충돌하게 되었다. — 우리 자신의 시대에는 인도와 중국의 은수요로 인한, 은에 대한 금 가치의 아주 미미하고 일시적인 하락이 프랑스에서 동일한 현상, 즉 은의 수출과 금에 의한 은의 유통으로부터의 구축(驅逐)을 거대한 규모로 발생시켰다. 1855년, 1856년, 1857년 사이에 프랑스의 금 수출에 대한 금 수입의 초과액은 £41,580,000에 달했고, 그에 비해서 은 수입에 대한 은 수출의 초과액은 £34,704,000[*1]에 달했다. 두 금속이 법률상 가치척도이고, 따라서 둘 중 어느 것으로 지불하든 그것을 수령하지 않으면 안 되지만, 누구나 금으로든 은으로든 임의로 지불할 수 있는 나라들에서는, 가치가 올라가는 금속은 할증금이 붙어 다른 상품들과 마찬가지로 과대평가된 금속으로 그 가격을 계산하고, 반면에 오로지 과대평가된 금속만이 가치척도로서 이용된다. 이 분야에서의 모든 역사적 경험은 간단히 다음과 같은 것으로 귀착된다. 즉, 법률적으로 두 개의 상품에 가치척도의 기능을 부여하는 경우에는 사실상 언제나 그 가운데 하나만이 가치척도의 지위를 유지한다."(칼 맑스, ≪경제학 비판을 위하여≫, pp. 52, 53 [*MEW*, Bd. 13, S. 58-59.])

*1 [*MEW* 편집자 주] 제2판부터 제4판까지 £14,704,000로 되어 있다.

로 표시되며, 여기에서 a, b, c는 상품종류 A, B, C의 일정량들을 의미하고, x, z, y는 금의 일정량들을 의미한다. 상품가치들은 그리하여 다양한 크기의 표상된 금량으로, 따라서 상품체들의 잡다한 다양성에도 불구하고 동일한 명칭의 크기들, 즉 금의 크기들로 전화되어 있다. 그러한 서로 다른 금량들로서 상품가치들은 서로 비교·계량되고, 그것들을 그 도량단위(度量單位, Maß-einheit)로서의 어떤 고정된 금량과 관련시켜야 할 필요성이 기술적으로 발전한다. 이 도량단위 그것이 분할 가능한 부분들(aliquote Teile)[*1]로 더욱 더 세분됨으로써 도량표준(度量標準, Maßtab)으로 발전해간다. 금이나 은, 구리는 그것들이 화폐가 되기 전에 이미 그 금속중량들에서 그러한 도량척도들을 가지고 있으며, 그리하여 예컨대 1파운드가 도량단위로서 쓰이고, 그것이 다시 한편에서는 온스 등으로 분할되며, 다시 다른 한편에서는 첸트너(Zentner, [100파운드의 단위: 역자]) 등으로 합산된다.54 그리하여 모든 금속유통에서는 중량의 도량표준의 기존 명칭들이 또한 화폐의 도량표준의, 즉 가격의 도량표준의 최초의 명칭을 이루고 있는 것이다.

---

*1 [역주] "분할 가능한 부분들(aliquote Teile)" — 나머지 없이 나누어지는 수, 즉 약수(約數)들을 의미한다.

54 제2판의 주. 영국에서의 화폐의 도량척도의 단위로서 1파운드의 금이 분할 가능한 부분들로 세분되어 있지 않다는 기묘한 현상은 다음과 같이 설명된다. "우리의 주화제도는 본래 단지 은의 사용에만 적합한 것이었고, — 그 때문에 1온스의 은은 언제든 어떤 일정한 분할 가능한 수의 주화들(Geld-stücken)로 분할될 수 있다. 그런데 금은 나중에야 비로소 은에만 적합한 주화제도 속에 도입되었기 때문에 1온스의 금은 어떤 분할 가능한 수의 주화로 주조될 수 없는 것이다."(매클라렌(Maclaren), 《통화의 역사[*A Sketch of the History of the Currency*: ...]》, 런던, 1858, p. 16.)

가치의 척도로서, 그리고 가격의 도량표준으로서 화폐는 두 개의 전혀 다른 기능을 수행한다. 화폐는 인간노동의 사회적 화신으로서는 가치의 척도이고, 어떤 확정된 금속중량으로서는 가격의 도량표준이다. 가치척도로서는 화폐는 잡다하고 다양한 상품의 가치들을 가격으로, 즉 표상된 금량으로 전화시키는 역할을 하고, 가격의 도량표준으로서는 화폐는 이 금량들을 계량한다. 가치의 척도에 의해서는 상품들이 가치들로서 계량되고, 그에 반해서 가격의 도량표준은 금의 분량들을 어떤 금량에 의해서 계량하는 것이지, 어떤 금량의 가치를 다른 금량의 무게에 의해서 계량하는 것이 아니다. 가격의 도량표준을 위해서는 어떤 일정한 금중량이 도량단위로서 고정되지 않으면 안 된다. 여기에서는, 같은 이름의 크기들의 다른 모든 척도규정들에서와 마찬가지로, 척도비율들(Maßverhältnisse)의 고정성이 결정적으로 된다.*1 가격의 도량표준은 그리하여 어떤 동일한 금량이 변함없이 도량단위로서 쓰이면 쓰일수록, 그 기능을 더욱 더 잘 수행한다. [그에 비해서: 역자] 금이 가치의 척도로서 이용될 수 있는 것은 단지 그것 자체가 노동생산물이기 때문이고, 따라서 가능성으로 보아 가변적인 가치이기 때문일 뿐이다.55

---

*1 [역주] "가격의 도량표준을 위해서는 …"부터 "… 결정적으로 된다"까지의 2개의 문장이 영어판에서는 이렇게 되어 있다. — "금을 가격의 도량표준으로 삼기 위해서는 어떤 일정량을 그 단위로 고정하지 않으면 안 된다. 이 경우에는, 동일한 명칭의 량들을 계량하는 모든 경우와 마찬가지로, 불변의 계량단위를 확립하는 것이 매우 중요하다. (In order to make gold a standard of price, a certain weight must be fixed upon as the unit. In this case, as in all cases of measuring quantities of the same denomination, the establishment of an unvarying unit of measure is all-important.)"

55 제2판의 주. 영국의 저술들에서는 가치의 척도(measure of value)와 가격의

우선 명백한 것은, 금의 가치변동은 가격의 도량표준으로서의 금의 기능을 결코 어떤 방식으로도 손상시키지 않는다는 점이다. 금의 가치가 어떻게 변하더라도, 다양한 금량들은 언제나 서로 동일한 가치비율(Wertverhältnis) 속에 있는 것이다. 금가치가 1000% 하락하더라도, 이전과 마찬가지로 12온스의 금은 1온스의 금보다 12배 많은 가치를 가질 것이며, 가격에서는 단지 다양한 금량들 상호 간의 비율(Verhältnis)만이 문제이다. 다른 한편에서 1온스의 금은 결코 그 가치의 하락 혹은 상승과 더불어 그 무게가 변하는 것이 아니기 때문에 마찬가지로 그 분할 가능한 부분들의 무게 역시 변하지 않고, 따라서 금은, 그 가치가 아무리 변하더라도, 가격의 고정적 도량표준으로서 언제나 동일한 역할(Dienst)을 한다.

금의 가치변동은 가치척도로서의 그 기능도 역시 방해하지 않는다. 그 가치변동은 동시에 모든 상품에 영향을 미치는 것이고, 따라서, 다른 사정이 동일하다면(caeteris paribus), 그 상품들 상호의 상대적 가치들도 — 이제 비록 그것들 모두가 이전보다 높거나 낮은 금가격들로 표현되겠지만 — 바꾸지 않는 것이다.

한 상품의 가치를 무언가 다른 상품의 사용가치로 표현하는 경우와 마찬가지로, 상품들을 금으로 평가하는 경우에도 역시 오직, 임의의 시점에서는 어떤 일정한 금량을 생산하는 데에는 어떤 주어진 량의 노동이 필요하다는 것만이 전제되어 있다. 상품가격 일반의 운동과 관련해서는 앞에서 전개된, 단순한 상대적 가치표현의 법칙들이 적용된다.

도량표준(standard of value)에 관한 혼란이 이루 다 말할 수 없을 정도다. 기능들과 따라서 그 명칭들이 끊임없이 혼동되고 있다.

상품가격들이 일반적으로 상승할 수 있는 것은, 화폐가치가 불변인 경우에는 상품가치들이 상승할 때뿐이고, 상품가치들이 불변인 경우에는 화폐가치가 하락할 때뿐이다. 역(逆)으로, 상품가격들이 일반적으로 하락할 수 있는 것은, 화폐가치가 불변인 경우에는 상품가치들이 하락할 때뿐이고, 상품가치들이 불변인 경우에는 화폐가치가 상승할 때뿐이다. 그리하여, 상승하는 화폐가치가 상품가격들을 그에 비례하여 하락시키는 것도 결코 아니며, 하락하는 화폐가치가 상품가격들을 그에 비례하여 상승시키는 것도 결코 아니다. 이는 단지 가치가 변하지 않은 상품들에 대해서만 유효할 뿐이다. 예컨대, 그 가치가 화폐상품과 같은 정도로 동시에 올라가는 상품들은 동일한 가격들을 유지한다. 그 가치가 화폐가치보다 더디게 혹은 빠르게 상승한다면, 그들 가격의 하락 혹은 상승은 그들의 가치운동과 화폐의 가치운동 간의 차이에 의해서 규정된다, 등등.

이제 가격형태의 고찰로 되돌아가자.

금속중량의 화폐명들은 다양한 원인들에 의해 차츰 그 본래의 중량명칭들로부터 분리되는데, 그 중에서도 역사적으로 결정적인 것은 다음과 같다. 1. 예컨대, 고대 로마에서 은주화와 금주화가 처음에는 외국 상품으로서 유통했던 것처럼, 보다 덜 발전한 민족들로의 외국의 화폐의 유입. 이들 외국 화폐의 명칭들은 현지의 중량명칭들과 다르다. 2. 부(富)가 발전함에 따라서 보다 저급한 귀금속은 보다 고급한 귀금속에 의해 가치척도의 기능으로부터 구축(驅逐)된다. 동은 은에 의해서, 은은 금에 의해서. 비록 그 순서가 모든 시적 연대기[37]와 모순될지 모르지만.56 예컨

---

56 그런데, 이 순서 또한 일반적으로 역사적인 타당성을 갖는 것도 아니다.

대, 파운드는 참으로 실제의 1파운드의 은에 대한 화폐명이었다. 금이 가치척도로서의 은을 구축하자마자 같은 명칭이, 금과 은의 가치비율에 따라서, 경우에 따라 $1/15$ 파운드 등등의 금과 결합한다. 화폐명으로서의 파운드와 금의 보통의 중량명칭으로서의 파운드는 이제 분리되어 있다.57 3. 수세기에 걸쳐 계속된 군주들의 화폐변조, 그것은 주화의 본래의 중량으로부터 사실상 명칭만을 남겨놓았다.58

이러한 역사적 과정 때문에 금속중량의 화폐명의, 그 보통의 중량명들로부터의 분리는 국민적 관습이 된다. 화폐도량표준은, 한편에서는 순전히 관습적이고, 다른 한편에서는 일반적인 타당성을 필요로 하기 때문에, 결국엔 법률에 의해 규제되게 된다. 귀금속의 일정한 중량부분, 예컨대 1온스의 금이 분할 가능한 부분들로 공식적으로 분할되고, 그 부분들이 파운드, 탈러 등의 법정(法定) 세례명을 획득한다. 그리하여 이제 화폐의 고유한 도량단위로 통용되는 이러한 분할 가능한 부분이, 쉴링, 페니 등과 같은 법정 세례명을 가진 또 다른 분할 가능한 부분들로 세분된다.59

---

57 제2판의 주. 그리하여 영국의 파운드는 그 본래의 무게의 $1/3$ 이하를, 연합[38] 이전의 스코틀랜드 파운드는 겨우 $1/36$만을, 프랑스의 리브르(Livre)는 $1/74$을, 스페인의 마라베디(Maravedi)는 $1/1000$ 이하를, 포르투갈의 헤이(Rei)는 그보다 훨씬 적은 비율을 지칭하고 있다.

58 제2판의 주. "그 명칭이 오늘날에는 단지 관념적일 뿐인 주화들은 무릇 모든 국민들에게 있어서 가장 오래된 것들이다. 그것들은 모두 옛날에는 실질적이었고, 바로 그것들이 실질적이었기 때문에 그것들로 계산이 이루어졌다."(갈리아니, ≪화폐에 관하여≫, p. 153.)

59 제2판의 주. 데이빗 우르콰트(David Urquhart) 씨는 그의 저서 ≪상용어(Familiar Words)≫ [(1855)] 속에서 영국의 화폐도량표준의 단위인, 오늘날의 1파운드(£)는 대략 $1/4$온스의 금과 같다는 언어도단(!)[*1]에 대해서, "이는 척도의 변조이지, 도량표준의 확정이 아니다"(p. 105)라고 말하고 있다.

[하지만] 일정한 금속중량이 금속화폐의 도량표준임은 여전히 변함이 없다. 변한 것은 분할과 명명(命名)이다.

따라서 가격들, 즉 상품의 가치들이 관념적으로 전화되어 있는 금량들은 이제 금의 도량표준의 화폐명들, 즉 법률적으로 유효한 계산명(計算名)들로 표현된다. 그리하여 1쿼터의 밀은 1온스의 금과 같다고 말하는 대신에 영국에서는 그것은 3파운드 스털링(£) 17쉴링(s.) $10\frac{1}{2}$펜스(d.)와 같다고 말할 것이다. 이와 같이 상품들은 자신들이 얼마나 가치가 있는가를 서로 자신들의 화폐명들로 말하고, 어떤 물건을 가치로서, 그리고 따라서 화폐형태로서 고정시킬 필요가 있을 때마다 화폐는 계산화폐로서 이용된다.60

어떤 물건의 명칭은 그 물건의 본성과는 전혀 관계가 없다. 어떤 사람의 이름이 야콥이라는 것을 알더라도, 나는 그 인물에 대해서 아무것도 모른다. 그와 마찬가지로, 파운드나 탈러, 프랑, 두카트 등등의 화폐명들에는 가치관계의 흔적이 모두 소멸되어 있다. 이 난해한(kabbalistisch) 표장들의 비의(秘義)에 관한 혼란은, 화폐명들이 상품의 가치를 표현함과 동시에 금속중량의, 즉 화폐의 도량표준의 분할 가능한 부분들을 표현하고 있기 때문

금중량의 이러한 "거짓 명명(命名)" 속에서 그는 다른 모든 곳에서와 마찬가지로 문명의 위조작용(fälschende Hand der Zivilisation)을 발견하고 있다.

*1 [역주] 1파운드(lb.)=12온스(oz.)인데, 1파운드(£)≒$\frac{1}{4}$온스(oz.)≒$\frac{1}{48}$파운드(lb.)라는 언어도단(!).

60 제2판의 주. "아나카르시스(Anacharsis)에게, 그리스인들은 무엇을 위해서 화폐를 사용하는가 하고 물었을 때 그는 대답했다. 계산을 위해서라고."(아테네우스, 《학자들의 향연[*libri quindecim*]》, 쉬바이크호이저 편, 1802, 제2권, 제1부, 제4편, 제49절, [p. 120.])

에 더욱 더 커지게 된다.61 다른 한편에서는, 가치가, 상품세계의 잡다한 물체로부터 구별되어, 이 몰개념적이고 물적(物的)인, 그러나 또한 그야말로 사회적인 형태로 계속 발전한다고 하는 것은 필연적이다.62

가격이란 상품에 대상화된 노동의 화폐명이다. 그러므로 상품과 화폐량—화폐량의 이름이 가격이다—이 등가라는 것은, 무릇 한 상품의 상대적 가치표현은 언제나 두 상품의 등가의 표현인

---

61 제2판의 주. "가격의 도량표준으로서의 금*1은 상품가격들과 동일한 계산명으로 나타나고, 그리하여 예컨대 1온스의 금은 1톤의 철의 가치와 마찬가지로 3파운드 스털링 17쉴링 $10^1/_2$펜스로 표현되기 때문에, 이러한 금의 계산명을 금의 주조가격(鑄造價格, Münzpreis)이라고 불러왔다. 그 때문에 금(또는 은)은 그 자신의 재료로 평가되며, 다른 모든 상품들과 달리 국가가 어떤 고정된 가격을 부여하는 것 같은 기괴한 사고(思考)가 발생했다. 일정한 금 중량에 대해 계산명을 고정하는 것을 이 중량의 가치를 고정하는 것으로 오인한 것이다."(칼 맑스, ≪경제학 비판을 위하여≫, p. 52 [*MEW*, Bd. 13, S. 58.])

*1 [*MEW*편집자 주] 제2판부터 제4판까지는 "화폐".; [新日本판 역자 주] 프랑스어판에서는 ≪경제학 비판을 위하여≫에 따라서 "금"으로 되었다.

62 ≪경제학 비판을 위하여≫의 "화폐의 도량단위에 관한 이론들", p. 53 이하 [*MEW*, Bd. 13, S. 59 이하] 참조. "주조가격"의 인상이나 인하, 그것은 법률적으로 고정된 금 또는 은의 중량부분에 대한 법정 화폐명을 국가가 보다 더 큰 혹은 보다 더 작은 중량부분으로 옮기는 것이며, 그에 따라서 가령 $1/_4$온스의 금을 20쉴링이 아니라 장래에는 40쉴링으로 주조하는 것인데, — "주조가격"의 인상 혹은 인하를 둘러싼 이러한 환상들은, 그것들이 국가적 그리고 사적 채권자에 대한 졸렬한 재정조작이 아니라 경제적 "기적요법"을 목적으로 하는 한, 페티(Petty)가 그것들을 ≪화폐에 관한 소론. 할리팍스 후작 각하에게, 1682≫에서 남김없이 다루고 있기 때문에, 더 후대의 사람들은 전혀 말할 나위도 없거니와, 그의 직접적인 후계자인 더들리 노쓰 경(Sir Dudley North)이나 존 록(John Locke)도 그를 단지 세속화할 수 있었을 뿐이었다. 페티는 특히 이렇게 말하고 있다. "만일 한 국민의 부(富)가 하나의 포고(布告)에 의해서 10배로 될 수 있다면, 우리 정부가 이미 오래 전에 그러한 포고를 발하지 않은 것이 기이한 일일 것이다."(앞의 책, p. 36.)

것과 마찬가지로, 하나의 동어반복이다.63 그러나 상품의 가치크기의 지표로서의 가격은 그 상품의 화폐와의 교환비율의 지표이지만, 그렇다고 해서 역(逆)으로 그 상품의 화폐와의 교환비율의 지표가 반드시 그 상품의 가치크기의 지표인 것은 아니다. 사회적으로 필요한 동일한 량의 노동이 1쿼터의 밀과 2파운드 스털링(대략 1/2온스의 금)으로 표현된다고 하자. 2파운드 스털링은 1쿼터의 밀의 가치크기의 화폐표현, 즉 그 가격이다. 이제 여러 사정이 그 가격을 3파운드 스털링으로 할 수 있도록 허락하거나 1파운드 스털링으로 하지 않을 수 없도록 강제한다면, 1파운드 스털링과 3파운드 스털링은 밀의 가치크기의 표현으로서는 너무나 작거나 너무나 크지만, 그럼에도 불구하고 그것들은 그 밀의 가격인데, 왜냐하면 첫째로는 그것들은 그 밀의 가치형태, 즉 화폐이기 때문이고, 둘째로는 밀의 화폐와의 교환비율의 지표들이기 때문이다. 생산조건들이 불변인 경우, 즉 노동의 생산력이 불변인 경우 1쿼터의 밀을 재생산하기 위해서는 전과 마찬가지로 같은 량의 사회적 노동시간이 지출되지 않으면 안 된다. 이러한 사정은 밀생산자들의 의지나, 다른 상품소유자들의 의지와는 무관하다. 따라서 상품의 가치크기는 사회적 노동시간에 대한 하나의 필연적인, 그 상품의 형성과정에 내재적인 관계를 표현한다. 가치크기의 가격으로의 전화와 더불어 이 필연적 관계는 한 상품의, 그 상품의 외부에 존재하는 화폐상품과의 교환비율로서 나타

---

63 "그렇지 않다면, 화폐로 1백만은 상품으로 동일한 가치보다 더 가치가 많다는 것을 실로 인정하지 않으면 안 된다."(르 뜨로느[Le Trosne], ≪사회적 이익에 관하여≫, p. 919.) 따라서 "어떤 가치는 그와 동일한 어떤 다른 가치보다 더 가치가 많다는 것을" 인정하지 않으면 안 되는 것이다.

난다. 그러나 이 비율에는, 그 상품의 가치크기가 표현될 수 있는 것과 마찬가지로, 어떤 주어진 사정들 하에서 그 상품이 양도될 수 있는, 보다 큰 가치크기나 보다 작은 가치크기도 표현될 수 있다. 가격과 가치크기 간의 량적 불일치의 가능성, 즉 가치크기로부터의 가격의 괴리의 가능성은 따라서 가격형태 그 자체 속에 있다. 이것은 결코 이 형태의 결함이 아니며, 오히려 역으로 이 형태를, 규칙이 단지 맹목적으로 작용하는 무규칙성의 평균법칙으로서만 자기를 관철할 수 있는 생산양식에 적합한 형태로 만든다.

하지만 가격형태는, 단지 가치크기와 가격 간의, 다시 말하면, 가치크기와 그 자신의 화폐표현 간의 량적 불일치의 가능성을 허용할 뿐 아니라, 하나의 질적인 모순을, 즉 화폐는 단지 상품들의 가치형태일 뿐임에도 불구하고 무릇 가격이 가치표현임을 그만두게 되는 모순을 내포할 수도 있다. 그 자체로서는 결코 상품이 아닌 것들, 예컨대, 양심이나 명예 등등은 그 소유자가 화폐를 받고 팔 수 있고, 그리하여 그 가격을 통해서 상품형태를 취할 수 있다. 그리하여 어떤 것은, 어떤 가치도 갖지 않고도, 형식적으로 가격을 가질 수 있다. 여기에서는 가격표현은 수학상의 어떤 크기들처럼 상상적인 것이 된다. 다른 한편에서는, 예컨대, 거기에는 어떤 인간노동도 대상화되어 있지 않기 때문에 어떤 가치도 갖지 않는 미경지(未耕地)의 가격처럼, 상상적인 가격형태는 어떤 현실적인 가치관계나 그로부터 파생된 관계를 은폐할 수도 있다.

상대적 가치형태 일반이 그렇듯이, 가격은 어떤 상품, 예컨대 1톤의 철의 가치를, 어떤 일정량의 등가물, 예컨대 1온스의 금이 철과 직접적으로 교환가능하다는 것에 의해서 표현하는 것이지, 역으로 철의 입장에서 철이 금과 직접적으로 교환가능하다는 것에 의해서 표현하는 것이 결코 아니다. 따라서 실제로 교환가치의 작용을 수행하기 위해서는 상품은, 그 본래의 육신을 벗어버리고, 단지 표상되었을 뿐인 금으로부터 실제의 금으로 전화되지 않으면 안 된다. 비록 그 상품에 있어서 이 성체변환(聖體變換)*¹ ¹¹⁸이, 헤겔의 '개념'에서의 필연으로부터 자유로의 이행보다도, 혹은 바다가재가 그 갑각(甲殼)을 벗어버리는 것보다도, 혹은 교부(敎父) 히에로니무스(Hieronymus)가 낡은 아담을 벗어던지는*² 것보다도⁶⁴ '더 힘든' 일일지도 모르지만 말이다. 상품은, 예컨대, 철이라고 하는 실제적인 자태(姿態)와 나란히 가격에 있어서 관념적인 가치자태 혹은 표상된 금자태를 가질 수가 있는데, 그러나 그것은 동시에 현실적으로 철이면서 현실적으로 금일 수는 없다. 상품에 가격을 부여하기 위해서는 표상된 금을 그것에 등치시키는 것으로 충분하다. 상품이 그 소유자에게 일반적 등가물의 역할을 수행하기 위해서는, 그것은 금으로 대체되어야 한다. 예컨대, 철의 소유자가 어떤 향락상품의 소유자와 대면하여 그에게 철의 가격을 가리켜 그것이 화폐형태라고 말한다면, 그 향락

---

*¹ [역주] 성체변환(*Transsubstantiation*) ─ 기독교의 교리에 따르면, 성찬(聖餐) 때의 빵과 포도주가 그리스도의 살과 피로 바뀐다고 하는 것.

*² [역주] "낡은 아담을 벗어버리는" ─ "원죄를 벗어버리는"의 뜻.

64 히에로니무스는 젊었을 때에는, 황야에서의 젊은 여성의 환영과의 투쟁이 보여주는 것처럼, 육체적 정욕과 격렬하게 싸우지 않으면 안 되었지만, 늙어서는 정신적인 정욕과 싸우지 않으면 안 되었다. 예컨대 그는 말한다. "나는 내심으로 세계의 심판자 앞에 서 있다고 믿었다." 어떤 목소리가 물었다. "너는 누구인가?" "나는 기독교도입니다." "거짓말이다." 세계의 심판자가 소리쳤다. "너는 키케로(Cicero)*³의 무리에 지나지 않는다!"[39]

*³ [역주] 마르쿠스 툴리우스 키케로(Marcus Tullius Cicero, BC 106-BC 43) ─ 고대 로마의 공화주의 정치가, 웅변가, 문학가, 철학자.

상품의 소유자는, 천국에서 성 베드로가 그 앞에서 사도신경을 암송한 단떼에게 대꾸했듯이 대꾸할 것이다.[40]

> 이 화폐의 순도와 중량은 충분히 검증되었다.
> 그런데 말해보라, 그대는 전대(纏帶) 속에 그것을 가지고 있는가.
> (Assai bene è trascorsa
> D'esta moneta già la lega e'l peso,
> Ma dimmi se tu l'hai nella tua borsa.)

가격형태는 화폐에 대한 상품들의 양도가능성과 이 양도의 필연성을 내포하고 있다. 다른 한편에서, 금은, 그것이 이미 교환과정에서 화폐상품으로 유통되고 있기 때문에, 오직 관념적인 가치척도로서만 기능한다. 그리하여 관념적인 가치의 척도 속에는 경화(硬貨, das harte Geld [금속화폐: 역자])가 잠복해 있는 것이다.

제2절 유통수단

a) 상품의 변태

이미 보았듯이, 상품들의 교환과정은 모순적이며 상호 배제적인 관계들을 내포하고 있다. 상품의 발전은 이들 모순을 지양하는 것이 아니라 그것들이 운동할 수 있는 형태를 창출한다. 이것이 무릇 현실적인 모순들이 해결되는 방법이다. 예컨대, 어떤 물체가 다른 한 물체를 향해 부단히 낙하하면서 동시에 그 물체로부터 부단히 떨어져 나간다고 하는 것은 하나의 모순이다. 타원은 이 모순이 실현되면서 동시에 해결되는 운동형태의 하나이다.

교환과정은, 그것이 상품들을 그것들이 비(非)사용가치인 사람의 손에서 그것들이 사용가치인 사람의 손으로 이전시키는 한에서는, 사회적인 물질대사(物質代謝)이다. 하나의 유용한 노동양식의 생산물이 다른 유용한 노동양식의 생산물을 대체하는 것이다. 상품은, 일단 그것이 사용가치로 쓰이는 곳에 도달하면, 상품교환의 영역을 나와 소비의 영역으로 들어간다. 여기에서 우리가 관심을 갖는 것은 오로지 상품교환의 영역뿐이다. 그리하여 우리는 전체 과정을 형태의 면에서 고찰하지 않으면 안 되고, 따라서 사회적 물질대사를 매개하는, 상품들의 형태변환, 즉 변태(變態)만을 고찰하지 않으면 안 된다.

이 형태변환에 대한 이해가 전적으로 불완전한 것은, 가치개념 자체가 명료하지 못하다는 점을 도외시하면, 한 상품의 형태변환은 어느 것이나 두 개의 상품, 즉 평범한 상품과 화폐상품의 교환에서 수행된다는 사정 탓이다. 오로지 이 소재적인 계기, 즉 금과 상품의 교환에만 집착하게 되면, 실로 보아야 할 것, 즉 형태와 함께 발생하는 것을 간과하게 된다. 금은 단순한 상품으로서는 화폐가 아니라는 것, 그리고 다른 상품들은 그들의 가격을 통해서 그들 자신의 화폐자태로서의 금과 관계를 맺는다는 것을 보지 못하는 것이다.

상품들은, 무엇보다도 우선, 도금도 하지 않고, 설탕도 치지 않고, 우쭐대면서, 교환과정에 들어간다. 그 교환과정은 상품과 화폐로의 상품의 이중화를, 즉 상품이 사용가치와 가치라고 하는 그에 내재적인 대립을 거기에 표현하는 외적 대립을 낳는다. 이 대립에서는 사용가치로서의 상품들이 교환가치로서의 화폐와 대립한다. 다른 한편에서 이 대립의 양측은 모두 상품이며, 따라서 사용가치와 가치의 통일이다. 그러나 차이의 이러한 통일은 양극(兩極)의 각각에 반대로 표현되어 있고, 그렇게 함으로써 동시에 그들의 상호관계를 표현하고 있다. 상품은 실제로는 사용가치이며, 그 가치존재는 가격 속에 단지 관념적으로만 나타나고, 이 가격을 통해 상품은 그 실제의 가치자태로서 대립하고 있는 금과 관련을 맺는다. 역으로 금재료는 단지 가치체화물(價値體化物), 즉 화폐로서만 통용된다. 따라서 그것은 실제로 교환가치이다. 그 사용가치는 일련의 상대적 가치표현 속에 역시 관념적으로만 나타나며, 그 일련의 가치표현 속에서 그것은 자신의 실제의 사용자태의 전범위로서의, 대립하고 있는 상품들과 관련을 맺는다. 상품들의 이러한 대립적 형태들이 그것들의 교환과정의 현실적인 운동형태들이다.

이제 어떤 한 상품소유자, 예컨대 우리가 예전부터 알고 있는 아마포 직포자를 따라 교환과정의 무대인 상품시장으로 가보자. 그의 상품, 즉 20엘레의 아마포는 가격이 결정되어 있다. 그 가격은 2파운드 스털링이다. 그는 그것을 2파운드 스털링과 교환하고, 성실하고 강직한 사람인 그는 그 2파운드 스털링을 다시 같은 가격의 가정용 성경과 교환한다. 그에게는 단지 상품, 즉 가치의 담지자일 뿐인 아마포는 그 가치자태인 금과 교환으로 양도되고, 이 자태로부터 다시 또 하나의 다른 상품, 그러나 사용대상으로서 직포자의 집으로 가서 거기에서 신앙욕구를 충족시킬 성경과 교환으로 다시 양도된다. 따라서 상품의 교환과정은 상반되면서도 상호 보완적인 두 개의 변태 — 상품의 화폐로의 전화와 화폐로부터 상품으로의 그 재전화 — 속에서 수행된다.65 상품변태의 계기들은 동시에 상품소유자들의 거래—판매, 즉 상품의 화폐와의 교환; 구매, 즉 화폐의 상품과의 교환, 그리고 두 행위의 통일: 구매하기 위해서 판매한다—이기도 하다.

이제 아마포 직포자의 거래행위의 최종결과를 눈여겨보면, 그는 아마포 대신에 성경을, 즉 그의 본래의 상품 대신에 가치는 같지만 유용성이 다른 별개의 상품을 가지고 있다. 동일한 방식으로 그는 자신의 기타 생활수단 및 생산수단을 획득한다. 그의 입장에서 보면, 전체 과정은 단지 그의 노동생산물과 타인의 노동생산물의 교환, 즉 생산물교환을 매개할 뿐이다.

상품의 교환과정은 그리하여 다음과 같은 형태변환 속에서 수행된다.

상품-화폐-상품.

W-G-W.

그 소재적 내용에서 보면, 이 운동은 W - W, 즉 상품과 상품의 교환이며, 그 결과 속에서는 그 과정 자체가 소멸하는 바의 사회적 노동의 물질대사(Stoffwechsel)이다.

<u>W-G.</u> 상품의 제1의 변태 즉 판매.[*1] 상품가치가 상품의 몸(Warenleib)에서 나와 금의 몸(Goldleib) 속으로 건너뛰는 것은,

---

65 "헤라클레이토스(Herakleitos)는 말했다. 불에서 만물이 생기고, 만물에서 불이 생기는 것은, 마치 금에서 재화들이 생기고, 재화들에서 금이 생기는 것과 같다"(F. 라쌀[F. Lassalle], ≪은둔자 헤라클레이토스의 철학≫, 베를린, 1858, 제1권, p. 222.) 이곳에 대한 라쌀의 주(注)인 p. 224의 주3은 화폐를 단순한 가치표장(Wertzeichen)이라고 잘못 설명하고 있다.

*1 [역주] 프랑스어판에 따라서 강조해두었다. 영어판에는 소제목으로 처리되어 있다.

내가 다른 곳에서 설명했듯이,[*1] 상품의 목숨을 건 비약(Salto mortale)이다. 이 비약이 실패하면, 상품이야 물론 타격을 받지 않지만, 상품소유자는 분명히 타격을 받는다. 사회적 분업은 그의 욕망을 다면적인 것으로 만들 뿐 아니라 그의 노동을 일면적인 것으로 만든다. 바로 그 때문에 그의 생산물은 그에게는 단지 교환가치로서만 이용될 뿐이다. 그러나 그의 생산물은 화폐로 전환되어야만 사회적으로 타당한 일반적 등가형태를 취하는데, 그 화폐는 다른 사람의 주머니 속에 있다. 그것을 끌어내기 위해서는 상품은 무엇보다도 우선 화폐소유자에게 있어서 사용가치이지 않으면 안 되며, 따라서 그 상품에 지출된 노동은 사회적으로 유용한 형태로 지출되어 있지 않으면 안 되고, 혹은, 사회적 분업의 일환으로서 입증되지 않으면 안 된다. 그러나 분업은 하나의 자연발생적인 생산유기체이며, 그 올들은 상품생산자들의 배후에서 직조(織造)되었고 또 계속 직조되고 있다.[*2] 어쩌면 그 상품은, 어떤 새로 생겨난 욕망을 충족시키려는, 혹은 자신의 힘으로 어떤 욕망을 처음으로 불러일으키려고 하는, 어떤 새로운 노동양식의 생산물일지도 모른다. 어제까지는 아직 하나의 동일한 상품생산자들의 많은 기능 가운데 한 기능이었던 어떤 특수한 작업이 어쩌면 오늘은 이 관련으로부터 분리되어 자립화되고, 바로 그 때문에 그 부분생산물을 독립적인 상품으로서 시장에 보내기도 한다. 이러한 분리과정을 위해서 사정이 성숙해 있을 수도 있고, 성숙해 있지 않을 수도 있을 것이다. 생산물이 오늘은 어떤 사회적 욕망을 충족시킨다. 내일은 어쩌면 그것이 어떤 유사한 종류

[*1] [*MEW* 편집자 주] 칼 맑스, ≪경제학 비판을 위하여≫*(MEW,* Bd. 13, S. 71) 참조.
[*2] [역주] 사회적 분업조직과 그 형성을 피륙과 그 직조에 비유한 것.

의 생산물에 의해서 전부 혹은 부분적으로 그 자리에서 구축될지도 모른다. 설령 그 노동이, 우리 아마포 직포자의 그것처럼, 사회적 분업의 공인된 일환일지라도, 그것만으로는 아직 그의 20엘레의 아마포의 사용가치가 바로 보증되는 것이 결코 아니다. 아마포에 대한 사회적 욕구, 그것은 다른 모든 것들과 마찬가지로 그 한계를 가지고 있는데, 만일 그것이 경쟁하는 아마포 직포자들에 의해서 이미 채워져 있다면, 우리 친구의 생산물은 과잉으로, 여분(餘分)으로 되고, 그리하여 무용한 것으로 된다. 선물로 받은 말은 그 주둥이 속을 들여다보지 않는다[*1]고 하지만, 그러나 그는 선물을 하려고 시장에 가는 게 아니다. 그러나 생산물의 사용가치가 입증되고, 따라서 화폐가 그 상품에 의해서 끌어당겨진다고 가정하자. 그러나 이제는, 얼마만큼의 화폐인가가 문제다. 대답은 물론 그 가치크기의 지표인 상품의 가격에서 이미 예상되어 있다. 우리는, 시장에서 곧바로 객관적으로 정정되는, 상품소유자가 범할지 모를 순순히 주관적인 계산착오들은 도외시한다. 그는 자신의 생산물에 사회적으로 필요한 평균 노동시간만을 지출하였다고 하자. 따라서 그 상품의 가격은 그것에 대상화되어 있는 사회적 노동량의 화폐명에 불과하다. 그러나 장기간 보장되었던 아마포 직포업의 생산조건들이 우리 아마포 직포자의 허락도 받지 않고 그리고 그의 배후에서 격변했다. 어제는 의문의 여지없이 1엘레의 아마포를 생산하기 위해 사회적으로 필요한 노동시간이었던 것이, 화폐소유자가 우리 친구의 다양한 경쟁자들

[*1] [역주] "선물로 받은 말은 그 주둥이 속을 들여다보지 않는다. (Einem geschenkten Gaul sieht man nicht ins Maul.)" — 말은 그 이빨을 보고 나이를 알 수 있는 데에서 나온 독일 속담으로, "선물로 받은 물건은 흠잡지 않는다", 혹은 "거저 얻은 물건은 그 값어치를 따지지 않는다"는 뜻.

의 가격표로부터 더 없이 열심히 입증하는 것처럼, 오늘은 그렇지 못하게 된다. 그에게는 불운이지만, 세상에는 많은 직포자들이 있다. 마지막으로, 시장에 존재하는 아마포는 어느 한 조각이나 모두 사회적으로 필요한 노동시간만을 포함하고 있다고 가정하자. 그럼에도 불구하고 이들 아마포의 총량은 과잉지출된 노동시간을 포함할 수 있다. 만일 시장이라는 위(胃)가 그 아마포의 총량을 엘레당 2쉴링이라는 정상가격으로 흡수할 수 없다면, 이는 사회적 총노동시간의 너무나 커다란 부분이 아마포 직포업의 형태로 지출되었음을 증명하고 있다. 그 효과는, 각각의 개별 아마포 직포자들이 사회적으로 필요한 노동시간보다 많은 노동시간을 그들 개개인의 생산물에 지출한 것과 동일하다. 이런 경우를 일러서, '함께 붙잡혀, 함께 교수(絞首)된다(Mitgefangen, mitgehangen)'고 한다. 시장의 모든 아마포는 단지 하나의 거래품목으로 통할 뿐이고, 그 각 조각은 그 분할 가능한 부분으로 통할 뿐이다. 그리고 사실상 1엘레 1엘레의 가치는 또한 동종의 인간노동의 사회적으로 규정된 동일한 분량의 체현물(Materiatur)에 지나지 않는다.*1

알다시피, 상품은 화폐를 사랑하지만, 그러나 "진실한 사랑의 길은 결코 평탄치 않다."[41] 자신의 흩어진 사지(membra disjeckta)*2를 분업의 체계 속에 표현하고 있는 사회적 생산유기체

---

*1 [*MEW* 편집자 주] 1878년 11월 28일자로, ≪자본론≫의 러시아어 번역자인 다니엘쏜(N. F. Danielson)에게 보낸 편지에서 맑스는 이 마지막 문장을 다음과 같이 바꾸고 있다. "그리고 사실상 1엘레 1엘레의 가치는 또한 아마포의 총량에 지출된 사회적 노동량의 일부분의 체현물에 지나지 않는다." 맑스가 가지고 있던 ≪자본론≫ 제1권, 독일어 제2판에도 동일하게 수정되어 있는데, 그러나 맑스 자신의 필적은 아니다.

*2 [新日本판 역주] "흩어진 사지(membra disjeckta)" — 호라티우스, ≪풍자

의 량적 편성은, 그 질적 편성과 마찬가지로, 자연발생적이고 우연적이다. 그리하여 우리의 상품소유자들은, 자신들을 독립적인 사적생산자들이게끔 하는 동일한 분업이 사회적 생산과정과 이 과정 속에서의 그들의 관계를 그들 자신으로부터 독립적이게끔 하고 있다는 것, 인격 상호 간의 독립성은 전면적이고 물적인 의존성의 체계 속에서 보완되고 있다는 것을 발견한다.

분업은 노동생산물을 상품으로 전화시키고, 또 그에 의해서 그 생산물의 화폐로의 전화를 필연적이게 한다. 분업은 또한 이 성체변환의 성공 여부도 우연적인 것으로 만든다. 하지만 여기에서는 그 현상을 순순하게 고찰해야 하고, 따라서 그 정상적인 진행을 전제해야 한다. 그건 그렇고, 무릇 그 현상이 진행되면, 따라서 상품이 팔리지 않게 되지 않는다면, 비록 이 형태변환 속에서 비정상적으로 실체―가치크기―가 손실되거나 추가될지는 모르지만, 그 형태변환은 언제나 일어난다.

한 상품소유자에게는 금이 그의 상품을 대체하고, 다른 상품소유자에게는 상품이 그의 금을 대체한다. 명백한 현상은 상품과 금의, 즉 20엘레의 아마포와 2파운드 스털링의 소유자 혹은 위치의 변환, 다시 말하면, 그것들의 교환이다. 그러나 상품은 무엇과 교환되는가? 자기 자신의 일반적 가치자태와 교환된다. 그리고 금은 무엇과? 그 자신의 사용가치의 특수한 한 자태와. 왜 금은 [123] 아마포에 화폐로서 상대하는가? 2파운드 스털링이라는 그것의 가격 즉 그것의 화폐명이 이미 아마포를 화폐로서의 금과 관련시키고 있기 때문이다. 본래의 상품형태의 탈피는 상품의 양도에

시》, 제1권, 시4, 제62행.

의해서, 다시 말하면, 그 사용가치가 자신의 가격에는 단지 표상되어 있을 뿐이었던 금을 현실적으로 끌어오는 순간에 수행된다. 가격의 실현, 즉 상품의 단지 관념적인 가치형태의 실현은 그리하여 동시에 반대로 화폐의 단지 관념적인 사용가치의 실현이며, 상품의 화폐로의 전화는 동시에 화폐의 상품으로의 전화이다. 하나의 과정이 양면적인 과정, 즉 상품소유자라는 극(極)에서는 판매, 화폐소유자라는 그 대극(對極)에서는 구매이다. 즉, 판매는 구매이고, W-G는 동시에 G-W이다.66

지금까지는 우리는 상품소유자들의 관계, 즉 오직 자신의 노동생산물을 내어줌으로써만 타인의 노동생산물을 획득하는 관계 이외에는 어떤 경제적 인간관계도 알고 있지 않다. 그리하여 하나의 상품소유자에 대하여 다른 상품소유자는, 그의 노동생산물이 본래부터 화폐형태를 취하고 있고, 그리하여 금 등의 화폐재료이기 때문이든, 아니면 그 자신의 상품이 이미 탈피하여 그 본래의 사용형태를 벗어버렸기 때문이든, 오직 화폐소유자로서만 상대할 수 있다. 화폐로서 기능하기 위해서는 금은 물론 어딘가 한 지점에서 상품시장에 들어가지 않으면 안 된다. 이 지점은 금의 원산지에 있는데, 거기에서 금은 직접적인 노동생산물로서 동일한 가치의 다른 노동생산물과 교환된다. 그러나 이 순간부터 그것은 언제나 실현된 상품가격을 의미한다.67 금의 원산지에서

---

66 "모든 판매는 구매다" (케네[Quesnay] 박사, ≪상업 및 수공업자의 노동에 관한 대화≫, 데르[Daire] 편 ≪중농주의자들≫, 제1부, 파리, 1846, p. 170), 혹은 케네가 그의 ≪일반적 준칙들≫에서 말하고 있는 것처럼, "팔다는 사다다. (Verkaufen ist kaufen.)"[42]

67 "한 상품의 가격은 단지 다른 상품의 가격으로써만 지불될 수 있다." (메르셰 드 라 뤼비에르[Mercier de la Rivière], ≪정치사회의 자연적 · 본질적 질

의 상품과 금의 교환을 도외시하면, 금은 어떤 상품소유자의 수중에서나 그가 양도한 상품이 매각된 자태, 판매 즉 제1의 상품변태 W-G의 산물이다.68 금이 관념적인 화폐 혹은 가치척도가 된 것은, 모든 상품이 그 가치를 그것으로써 계량하고, 그리하여 그것을 자신들의 사용자태의 표상된 대립물, 즉 자신들의 가치자태로 삼았기 때문이다. 금이 실제의 화폐가 되는 것은, 상품들이 자신들의 전면적인 양도를 통해서 금을 자신들의 현실적으로 매각된, 즉 전화된 사용자태로 만들고, 그리하여 금을 자신들의 현실적인 가치자태로 만들기 때문이다.*1 자신의 가치형태 속에서는 상품은, 자신의 자연발생적인 사용가치의 모든 흔적과 그것이 유래한 특수한 유용노동의 모든 흔적을 벗어버리고, 무차별적 인간노동의 균일한 사회적 체현물로 용화(蛹化)한다. 그리하여 화

서≫, 데르 편, ≪중농주의자들≫, 제2부, p. 554.)

68 "이 화폐를 갖기 위해서는 먼저 판매하지 않으면 안 된다."(같은 책, p. 543.)

*1 [역주] "금이 실제의 화폐가 되는 것은, … 현실적인 가치자태로 만들기 때문이다."가 프랑스어판에는, "그것[금]은 상품들의 전반적인 양도에 의해서 실제의 화폐가 된다. 이러한 운동은 그 상품들 모두를 금으로 전화시키고, 바로 그렇게 함으로써 금을, 더 이상 상상 속에서가 아니라, 현실적으로 그것들의 변태된 자태로 만드는 것이다. (Il devient monnaie réelle par l'aliénation universelle des marchandises. Ce mouvement les convertit toutes en or, et fait par cela même de l'or leur figure métamorphosée, non plus en imagination, mais en réalité.)"로 되어 있고, 영어판에는, "그것[금]이 실제의 화폐가 된 것은, 상품들의 전반적인 양도에 의해서, 즉 유용한 대상들로서의 그것들의 현물형태들과 위치를 바꾸고 그리하여 현실적으로 그들 가치의 화신이 됨으로써이다. (It became real money, by the general alienation of commodities, by actually changing places with their natural forms as useful objects, and thus becoming in reality the embodiment of their values.)"로 되어 있다.

폐를 보아서는 그것으로 전화된 상품이 어떤 종류인지 알지 못한다. 하나의 상품은 그 화폐형태 속에서는 다른 상품과 꼭 같아 보인다. 그리하여, 똥이 화폐는 아니지만, 화폐는 똥일는지도 모른다. 우리의 아마포 직포자가 자신의 상품을 양도하고 받는 2닢의 금화는 1쿼터의 밀이 전화된 자태라고 가정하자. 아마포의 판매, W—G는 동시에 아마포의 구매, G—W이다. 그러나 아마포의 판매로서는 이 과정은 그 대립물로 끝나는, 즉 성경의 구매로 끝나는 하나의 운동을 개시하고, 아마포의 구매로서는 그것은 그 대립물로 시작된, 즉 밀의 판매로 시작된 운동을 끝낸다. W—G(아마포—화폐), 즉 W—G—W(아마포—화폐—성경)의 첫 단계는 동시에 G—W(화폐—아마포), 즉 또 다른 운동 W—G—W(밀—화폐—아마포)의 마지막 단계이다. 한 상품의 제1의 변태, 즉 상품형태로부터 화폐로의 그 전화는 언제나 동시에 또 다른 한 상품의 제2의 상반된 변태, 즉 화폐형태로부터 상품으로의 그 재전화이다.69

G—W. 상품의 제2의 혹은 최종 변태, 즉 구매.[*1] — 화폐는, 모든 다른 상품의 탈피된 자태 혹은 그것들의 일반적 양도의 산물이기 때문에, 절대적으로 양도될 수 있는 상품이다. 화폐는 모든 가격들을 반대방향으로 읽으며, 그렇게 함으로써 그 자신의 상품화에 헌신하는 재료로서의 모든 상품체에 자신을 반영한다. 동시에, 상품들이 화폐에 보내는 추파(秋波)인 가격은 화폐의 전화능력의 한계, 즉 화폐 자신의 량을 보여준다. 상품은 그것이 화폐화

---

69 이미 언급한 것처럼, 자신의 생산물을 미리 판매할 필요 없이 그것을 교환하는, 금 또는 은 생산자는 예외이다.

[*1] [역주] 프랑스어판에 따라서 강조해두었다. 영어판에는 소제목으로 처리되어 있다.

되면서 사라지기 때문에, 화폐를 보아서는 어떻게 해서 그것이 그 소유자의 수중으로 들어갔는지, 혹은 무엇이 그것으로 전화되어 있는지 알 수 없다. 그 기원이 무엇이든, 그것은 악취를 풍기지 않는다(non olet).[43] 화폐는 한편에서는 판매된 상품을 대표한다면, 다른 한편에서는 구매할 수 있는 상품들을 대표한다.70

G-W, 즉 구매는 동시에 판매, 즉 W-G이며, 그리하여 한 상품의 최종 변태는 동시에 또 하나의 다른 상품의 제1의 변태다. 우리 아마포 직포자에게 있어서 그의 상품의 생애는, 그가 2파운드 스털링을 재전화시킨 성경으로 끝난다. 그러나 성경 판매자는 아마포 직포자로부터 획득한 2파운드 스털링을 위스키와 바꾼다. G-W, 즉 W-G-W(아마포-화폐-성경)의 최종 단계는 동시에 W-G, 즉 W-G-W(성경-화폐-위스키)의 첫 번째 단계이다. 상품생산자는 어떤 일면적인 생산물만을 공급하기 때문에 그것을 자주 대량으로 판매하는데, 반면에 그의 다면적인 욕구들은 그로 하여금 실현된 가격, 즉 획득한 화폐액을 끊임없이 수많은 구매에 분산하도록 강제한다. 하나의 판매가 따라서 다양한 상품의 많은 구매들로 흘러 들어간다. 한 상품의 최종변태는 그리하여 다른 상품들의 제1의 변태의 합계를 형성한다.

이제 한 상품, 예컨대 아마포의 총변태를 고찰하면, 맨 먼저 보게 되는 것은 그것이 두 개의 상반적이고 상호 보완적인 운동, 즉 W-G와 G-W로 구성되어 있다는 것이다. 상품의 이들 두 개의 상반된 변태는 상품소유자들의 두 개의 상반된 사회적 과정 속에

---

70 "우리 수중의 화폐가, 우리가 구매할 수 있기를 바라는 물건들을 의미한다면, 그것은 또한 우리가 이 화폐를 받고 팔아버린 물건도 의미한다." (메르셰 드 라 뤼비에르, 같은 책, p. 586.)

서 수행되고, 동일한 상품소유자들의 두 개의 상반된 경제적 배역(配役) 속에 반영된다. 판매의 담당자로서는 그는 판매자가 되고, 구매의 담당자로서는 구매자가 된다. 그러나 상품의 어떤 변태에서나 그 두 형태, 즉 상품형태와 화폐형태가 동시에, 다만 상반된 극들에 존재하는 것처럼, 판매자로서의 동일한 상품소유자에게는 하나의 다른 구매자가, 그리고 구매자로서의 그에게는 하나의 다른 판매자가 대립한다. 동일한 상품이 두 개의 정반대의 변태를 연속적으로 통과하여, 상품으로부터 화폐로, 화폐로부터 상품으로 되는 것처럼, 동일한 상품소유자가 교대로 판매자의 역할과 구매자의 역할을 한다. 따라서 이것[=판매자나 구매자의 역할: 역자]은 결코 고정된 배역이 아니라 상품유통의 내부에서 끊임없이 인물을 교체하는 배역이다.

한 상품의 총변태는, 그 가장 단순한 형태에서, 4개의 극과 3명의 등장인물(personae dramatis)을 전제한다. 맨 처음에는 상품에 그 가치자태로서의 화폐가 상대하는데, 이 가치자태는 저쪽의 타인의 호주머니 속에서 물적으로 견고한 실재성(Realität)을 가지고 있다. 그리하여 상품소유자에게는 화폐소유자가 상대하는 것이다. 상품이 이제 화폐로 전화하자마자 화폐는 상품의 일시적인 등가형태가 되는데, 그 사용가치 혹은 내용은 이쪽의 다른 상품체들 속에 존재한다. 제1의 상품변태의 종점으로서의 화폐는 동시에 제2의 상품변태의 출발점이다. 그리하여 제1막(第一幕)의 판매자는 제2막의 구매자가 되고, 거기에서는 제3의 상품소유자가 그에게 판매자로서 상대한다.71

---

71 "그러므로 4개의 종점과 3명의 계약당사자들이 있고, 그 가운데 1명은 두 번

상품변태의 정반대의 두 운동단계는, 상품형태, 상품형태의 탈피, 상품형태로의 복귀라고 하는, 하나의 순환을 형성한다. 물론 상품 그 자체는 여기에서 대립적으로 규정되어 있다. 그 소유자에게 그것은, 출발점에서는 비(非)사용가치이고, 종점에서는 사용가치인 것이다. 그리하여 화폐는 처음에는, 상품이 그것으로 전화되는 단단한 가치결정체로서 나타나고, 그 이후에는 상품의 단순한 등가형태로서 소멸한다.

한 상품의 순환을 형성하는 두 개의 변태는 동시에 다른 두 상품의 정반대의 부분변태를 형성한다. 동일한 상품(아마포)이 그 자신의 변태의 계열을 개시하면서 다른 한 상품(밀)의 총변태를 종결짓는다. 그 제1의 변태, 즉 판매가 이루어지는 중에 상품은 스스로 이 두 역할을 하는 것이다. 그에 반해서 상품은, 상품 그것이 숙명적으로 전화되는 금의 번데기로서는, 동시에 어떤 제3의 상품의 제1의 변태를 끝낸다.[*1] 따라서 각 상품의 변태계열이 그리는 순환은 다른 상품들의 순환과 풀 수 없이 뒤엉켜 있다. 그 총과정은 상품유통으로서 나타난다.

상품유통은 단지 형식적으로만이 아니라 본질적으로도 직접적인 생산물교환과 구별된다. 그 과정을 잠시만 뒤돌아보자. 아마포 직포자는 아마포를 성경과, 즉 자신의 상품을 타인의 상품과 무조건 교환했다. 그러나 이 현상은 단지 그에게만 진실일 뿐이

관여한다." (르 뜨로느, 같은 책, p. 909.)

[*1] [역주] 이 문장은 영어판에는 "그러나, 그러고 나서, 금으로 전환되면, 그것은 그 자신의 두 번째 그리고 최종적인 변태를 완성하고, 동시에 제3의 상품의 제1의 변태 수행을 돕는다. (But, then, changed into gold, it completes its own second and final metamorphosis, and helps at the same time to accomplish the first metamorphosis of a third commodity.)"로 되어 있다.

다. 차가운 것보다는 뜨거운 것을 좋아하는[*1] 성경 판매자는, 아마포 직포자가 밀이 자신의 아마포와 교환된 것 등등을 알지 못하는 것처럼, 성경을 아마포와 교환하는 것은 생각하지 않았다. B의 상품이 A의 상품을 대체하지만, A와 B가 자신들의 상품을 서로 교환하는 것은 아니다. 사실 A와 B가 서로에게서 구매하는 일이 일어날 수도 있지만, 그러한 특수한 관련은 결코 상품유통의 일반적 관계에 의해서 제약되어 있는 것이 아니다. 한편에서는 여기에서 우리는, 상품교환이 어떻게 직접적 생산물교환의 개별적·국지적 한계들을 돌파하고 인간노동의 물질대사를 발전시키는가를 본다. 다른 한편에서는, 거래하는 사람들이 통제할 수 없는, 사회적인 자연관계들의 총범위가 발전한다. 직포자가 아마포를 팔 수 있는 것은 오직 농민이 이미 밀을 팔았기 때문이고, 애주가가 성경을 팔 수 있는 것은 오직 직포자가 아마포를 이미 팔았기 때문이며, 양조업자가 위스키를 팔 수 있는 것은 오직 다른 사람이 영원한 생명의 물[*2]을 이미 팔았기 때문이다, 등등.

그 때문에 유통과정은 또한, 직접적인 생산물교환과는 달리, 사용가치의 장소 변환이나 소유자 변환으로 소멸하지 않는다. 화폐는, 그것이 최종적으로 한 상품의 변태계열로부터 탈락한다고 해서, 사라지지 않는다. 그것은 언제나 상품들이 비워준 유통장소에 가라앉는다. 예컨대, 아마포의 총변태인 아마포-화폐-성경에서는, 맨 먼저 아마포가 유통으로부터 탈락하고 화폐가 그 자리를 차지하며, 그 다음엔 성경이 유통에서 탈락하고 화폐가

---

*1 [역주] "차가운 것보다는 뜨거운 것을 좋아하는" ― "성경보다는 술을 좋아하는"의 뜻.

*2 [역주] "영원한 생명의 물" ― "성경"을 가리킨다.

그 자리를 차지한다. 상품에 의한 상품의 대체는 동시에 제3자의 수중에 화폐상품을 남겨둔다.72 유통은 끊임없이 화폐를 분비하는 것이다.

판매는 어느 것이나 모두 구매이고 또 그 반대(vice versa)이기도 하기 때문에 상품유통은 판매와 구매의 필연적인 균형을 가져온다는 독단론(Dogma)보다 더 어리석은 것은 있을 수 없다. 이것이 만일, 현실적으로 수행되는 판매의 수는 현실적으로 수행되는 구매의 수와 같다는 것을 의미한다면, 그것은 순전한 동어반복이다. 그러나 그것은 판매자는 자기 자신의 구매자를 시장으로 데려온다는 것을 증명한다고 한다. 판매와 구매는, 양극(兩極)에서 서로 대립하는 두 인물, 즉 상품소유자와 화폐소유자 사이의 상호관계로서는 하나의 동일한 행위이다. 그것들은 동일한 인물의 행동으로서는 양극에서 서로 대립하는 두 개의 행위를 이룬다. 판매와 구매의 동일성은 그리하여, 유통이라는 연금술적인 증류기(蒸溜器) 속에 내던져진 상품이 화폐로 되어 나오지 않는다면, 즉 상품소유자에 의해서 판매되지 않고, 따라서 화폐소유자에 의해서 구매되지 않는다면, 그 상품은 무용지물로 된다는 것을 내포하고 있다. 그 동일성은 더 나아가서, 만일 그 과정이 성공한다면, 그것은 하나의 휴식기, 즉 그 상품의 생애의, 보다 길게도 보다 짧게도 지속될 수 있는 한 시기를 이룬다는 것을 포함하고 있다. 상품의 제1의 변태는 동시에 판매이자 구매이기 때문에, 이 부분과정은 동시에 자립적인 과정이다. 구매자는 상품을 가지고 있고, 판매자는 화폐를, 다시 말하면, 다시 시장에 보다 일찍 나타나든 보다 늦게 나타나든, 유통능력 있는 형태를 보

---

72 제2판의 주. 이 현상은 극히 명백한데, 그럼에도 불구하고 경제학자들, 특히 속류(vulgaris) 자유무역론자들은 대개 이를 보지 못하고 있다.

존하고 있는 상품을 가지고 있다. 어떤 다른 사람이 구매하지 않는다면, 누구도 판매할 수 없다. 그러나 누구도, 그 자신이 판매했다고 해서, 곧바로 구매할 필요는 없다. 유통은 실로, 생산물교환에 존재하는 자신의 노동생산물의 양도(Austausch)와 타인의 노동생산물의 취득(Eintausch) 간의 직접적인 동일성을 판매와 구매의 대립으로 분리함으로써, 생산물교환의 시간적·장소적·개인적 한계들을 타파한다. 자립적으로 서로 상대하고 있는 과정들이 하나의 내적 통일을 이루고 있다고 하는 것은, 마찬가지로, 그들 과정의 내적 통일이 외적인 대립들 속에서 운동한다는 것을 의미한다. 상호 보완적이기 때문에 내적으로 비자립적인 것들의 외적인 자립화가 어떤 일정한 점까지 진행되면, 통일이 폭력적으로 관철된다 — 공황(恐慌), Krise)에 의해서. 상품에 내재하는 사용가치와 가치의 대립, 사적노동이 동시에 직접적으로 사회적인 노동으로서 나타나지 않으면 안 된다고 하는 대립, 특수한 구체적인 노동이 동시에 단지 추상적 일반적 노동으로서만 통용된다고 하는 대립, 사물의 인격화와 인물의 사물화 간의 대립 — 이러한 내재적인 모순이 상품변태라는 대립들 속에서 그 발전된 운동형태들을 획득한다. 이들 형태는 그리하여 공황의 가능성을, 그러나 또한 단지 그 가능성만을 내포하고 있다. 이 가능성의 현실성으로의 발전은, 단순한 상품유통의 견지에서는 아직 전혀 존재하지 않는 관계들의 모든 범위를 필요로 한다.73

---

73 ≪경제학 비판을 위하여≫ pp. 74-76[*MEW*, Bd. 13, S. 77-79]에서의 제임스 밀(James Mill)에 관한 나의 언급을 참조하라. 여기에서는 두 가지 점이 경제학적 변호론의 방법에 있어서 특징적이다. 첫째로, 상품유통과 직접적 생산물교환의 차이들을 단순히 사상(捨象)함으로써 그 양자를 동일시하는 점, 둘째로, 자본주의적 생산과정의 생산담당자들의 관계들을 상품유통으로부터 유래하는 단순한 관계들로 해소함으로써 자본주의적 생산과정의 모순

상품유통의 매개자로서 화폐는 유통수단의 기능을 획득한다.

b) 화폐의 회류*¹

노동생산물의 물질대사가 수행되는 형태변환 W-G-W는, 동일한 가치가 상품으로서 과정의 출발점을 이루고, 또한 상품으로서 동일한 점으로 되돌아온다는 것을 전제하고 있다. 상품들의 이러한 운동은 따라서 순환이다. 다른 한편에서 이 운동형태는 화폐의 순환을 배제한다. 그 결과는 화폐가 끊임없이 그 출발점에서 멀어져 가는 것이지, 그 출발점으로 되돌아오는 것이 아니다. 판매자가 자신의 상품이 전화된 자태, 즉 화폐를 단단히 쥐고 있는 한, 상품은 그 제1의 변태 단계에 있다. 즉, 유통의 단지 첫 번째 절반만을 경과했을 뿐이다. 구매하기 위해서 판매한다고 하

들을 부정하려고 하는 시도. 그러나 상품생산과 상품유통은, 그 범위와 영향력은 다르더라도, 다양한 생산양식에 속하는 현상들이다. 따라서 단지 그것들에 공통적인, 상품유통의 추상적 범주들만을 안다면, 이들 생산양식의 종차(differentia specifica)에 관해서는 아직 아무것도 모르는 것이고, 그리하여 또 그것들을 판단할 수 없는 것이다. 경제학 이외의 결코 어떤 과학에서도 초보적이고 평범한 것을 가지고 그토록 크게 거드름을 피우지 않는다. 예컨대, J. B. 쎄(J. B. Say)는, 자신이 상품은 생산물임을 알고 있다는 이유로, 공황에 대하여 최종 판정을 내리고 있다. ["전반적 과잉생산공황을 부인하고 있다"는 뜻: 역자.]

*1 [영어판 역주] 이 말(currency, [독일어, Umlauf])은 여기에서는 그 본래의 의미, 즉 화폐가 손에서 손으로 바뀔 때 그 화폐가 밟아가는 진로(course) 혹은 궤적(track)이라는 의미로 사용되고 있고, 이 과정은 유통(circulation, [독일어, Zirkulation])과는 본질적으로 다른 과정이다. ([역주] 여기에서는, 최영철·전석담·허동의 번역을 좇아, '회류(廻流)'로 번역, 구별하기로 한다. 참고로, K. 맑스가 교열한 프랑스어판에도 "유통(circulation)"과 구별, "cours"로 되어 있다.)

는 과정이 완료되면, 화폐 또한 그 본래의 소유자의 손으로부터 다시 멀어져 있다. 물론, 아마포 직포자가 성경을 구매한 후에 새로이 아마포를 판매한다면, 화폐 또한 그의 수중으로 되돌아온다. 그러나 그것은 최초의 20엘레의 아마포의 유통에 의해서 되돌아오는 것이 아니며, 이 유통에 의해서는 화폐는 오히려 아마포 직포자의 수중으로부터 성경 판매자의 수중으로 멀어져 갔다. 화폐는, 새로운 상품을 위한 동일한 유통과정의 갱신 혹은 반복을 통해서만 되돌아오는 것이고, 이번에도 저번과 마찬가지로 동일한 결과로 끝난다. 그리하여 상품유통을 통해서 화폐에 직접적으로 주어지는 운동형태는, 화폐가 그 출발점으로부터 끊임없이 멀어지는 것, 화폐가 어떤 상품 소유자의 수중에서 다른 어떤 상품 소유자의 수중으로 흘러가는 것, 즉 화폐의 회류(currency, cours de la monnaie)[*1]이다.

화폐의 회류는 동일한 과정의 끊임없는, 단조로운 반복을 보여준다. 상품은 언제나 판매자 쪽에 있고, 화폐는 언제나 구매수단으로서 구매자 쪽에 있다. 화폐는, 상품의 가격을 실현함으로써, 구매수단으로서 기능한다. 화폐는 상품의 가격을 실현함으로써 상품을 판매자의 수중에서 구매자의 수중으로 옮기는데, 반면에 자신은 동시에, 동일한 과정을 어떤 다른 상품과 더불어 반복하기 위해서, 구매자의 수중에서 판매자의 수중으로 멀어져 간다. 화폐운동의 이러한 일면적 형태가 상품의 양면적인 형태운동으로부터 기인한다는 사실은 은폐되어 있다. 상품유통 그 자체의

---

*1 [역주] 독일어판에는 이렇게 "currency, cours de la monnaie"가 괄호 속에 병기되어 있고, 프랑스어판에도 괄호 속에 "currency"가 병기되어 있다. 예의 "유통(circulation, Zirkulation)과의 다름을 강조하고 있는 것일 터이다.

본성이 그 반대의 외관(外觀)을 빚어내는 것이다. 상품의 제1의 변태는 단지 화폐의 운동으로만이 아니라 상품 자신의 운동으로도 보이지만, 그 제2의 변태는 단지 화폐의 운동으로만 보인다. 상품은 그 유통의 전반(前半)에서 화폐와 위치를 바꾼다. 그와 동시에 상품의 사용자태는 유통으로부터 탈락하여 소비로 들어간다.74 상품의 가치자태 혹은 화폐가면(貨幣假面)이 그 자리를 차지한다. 유통의 후반(後半)을 상품은 더 이상 그 자신의 자연적 외피(Naturalhaut)가 아니라 자신의 금외피(Goldhaut)를 쓰고 통과한다. 그와 더불어 운동의 연속성은 전적으로 화폐 측에 있게 되고, 상품으로서는 두 개의 상반된 과정을 포함하는 동일한 운동이 화폐 자신의 운동으로서는 언제나 동일한 과정을, 즉 언제나 다른 상품과의 그 위치변환을 포함한다. 상품유통의 결과, 즉 다른 상품에 의한 상품의 대체는 그리하여 상품 자신의 형태변환에 의해서 매개되는 것이 아니라 유통수단으로서의 화폐의 기능에 의해서 매개되는 것처럼 보이며, 유통수단으로서의 화폐가 그 자체로서는 운동하지 않는 상품들을 유통시켜 상품을 그것이 비사용가치인 사람의 수중에서 그것이 사용가치인 사람의 수중으로, 화폐 자신의 진행과는 언제나 반대의 방향으로 옮기는 것처럼 보인다. 화폐는, 끊임없이 상품이 유통한 곳에 들어서고, 그와 더불어 그 자신의 출발점으로부터 멀어져감으로써, 끊임없이 상품들을 유통영역으로부터 떨어져나가게 한다. 그리하여, 화

---

74 여기에서는 아직 우리에게 존재하지 않는 현상이지만, 상품이 몇 번이고 반복해서 판매되는 경우에도, 그 상품은 최후의 결정적인 판매와 더불어 유통의 영역에서 떨어져 나와, 생활수단으로서 혹은 생산수단으로서 쓰이기 위해, 소비의 영역으로 들어간다.

폐운동은 단지 상품유통의 표현에 불과함에도 불구하고, 반대로, 상품유통이 단지 화폐운동의 결과에 불과한 것처럼 보인다.75

다른 한편에서 화폐에 유통수단의 기능이 귀속되는 것은 단지 화폐가 상품들의 자립화된 가치이기 때문일 뿐이다. 그리하여 유통수단으로서의 그 운동은 실제로는 상품들 자신의 형태운동일 뿐이다. 이 형태운동은 따라서 감각적으로도 화폐의 회류에 반영되지 않으면 안 된다. 그리하여, 예컨대, 아마포는 우선 자신의 상품형태를 자신의 화폐형태로 전화시킨다. 아마포의 제1의 변태 W-G의 최후의 극인 화폐형태는 그 다음에는 그것의 최후의 변태 G-W, 즉 성경으로의 그 재전화의 최초의 극이 된다. 그러나 이 두 개의 형태변환은 어느 것이나 상품과 화폐 간의 교환을 통해서, 즉 그것들의 상호 위치전환을 통해서 수행된다. 동일한 화폐조각들이 상품의 양도된 자태로서 판매자의 수중에 들어왔다가 상품의 절대적으로 양도 가능한 자태로서 그 수중을 떠나간다. 그것들은 두 번 위치를 바꾼다. 아마포의 제1의 변태는 직포자의 주머니 속으로 이 화폐조각들을 가져오고, 제2의 변태는 그것들을 다시 끄집어낸다. 따라서 동일한 상품의 상반된 두 형태변환이 화폐의 두 번에 걸친 위치변환에 상반된 방향으로 반영된다.

그에 반해서, 단지 일면적인 상품변태만이 일어난다면, 즉 단순히 판매만 하거나 단순히 구매만 한다면, 동일한 화폐는 역시 한 번 그 위치를 바꿀 뿐이다. 화폐의 제2의 위치변환은 언제나 상품의 제2의 변태, 즉 상품의 화폐로부터의 재전화를 표현한다. 동일한 화폐조각들의 위치변환의 빈번한 반복에는, 단지 하나의

---

75 "그것(화폐)은 생산물들에 의해서 그것에 부여되는 운동 이외에는 어떤 다른 운동도 하지 않는다."(르 뜨로느, 같은 책, p. 885.)

상품의 변태계열만 반영되어 있는 것이 아니라, 상품세계 일반의 무수한 변태의 뒤엉킴도 반영되어 있다. 그건 그렇고, 이 모든 것이 단지 여기에서 고찰된 단순한 상품유통의 형태에만 타당하다는 것은 전적으로 자명하다.

어떤 상품이나 유통으로의 제1보에 의해서, 즉 그 첫 번째 형태변환에 의해서 유통으로부터 떨어져나가고, 거기에는 언제나 새로운 상품이 들어온다. 그에 반해서 화폐는 유통수단으로서 끊임없이 유통영역에 머물고, 끊임없이 그 안에서 뛰어다닌다. 따라서 유통영역은 어느 만큼의 화폐를 끊임없이 흡수하는가 하는 문제가 발생한다.

한 나라 안에서는 매일 수많은, 동시적인, 따라서 또한 공간적으로 서로 나란히 진행되는 일면적인 상품변태들이, 혹은 다른 말로 하면, 한편에서는 단순한 판매가, 다른 한편에서는 단순한 구매가 일어나고 있다. 그들 가격 속에서 상품들은 이미 일정한 표상된 화폐량에 등치되어 있다. 지금 여기에서 고찰하는 직접적인 유통형태는 상품과 화폐를, 하나는 판매라는 극에, 다른 하나는 구매라는 그 대극(對極)에, 서로 언제나 육체적으로 대립시키고 있기 때문에, 상품세계의 유통과정을 위해서 필요한 유통수단의 량은 이미 상품들의 가격총액에 의해서 규정되어 있다. 실제로 화폐는 상품들의 가격총액에 이미 관념적으로 표현되어 있는 금의 총액을 단지 현실적으로 재현할 뿐이다. 따라서 이들 총액이 서로 같다고 하는 것은 자명하다. 하지만 우리가 알고 있는 것처럼, 상품들의 가치가 불변인 경우 그 가격은 금 (화폐재료) 자체의 가치와 더불어 변동해서, 금의 가치가 떨어지면 비례적으로 올라가고, 금의 가치가 올라가면 비례적으로 떨어진다. 상품들의 가격총액이 그렇게 하여 올라가거나 내려가면, 유통하는 화폐의 량도 그와 같은 정도로 올라가거나 내려가지 않으면 안 된다. 유통수단의 량의 변동이 여기에서는 물론 화폐 그 자체로부터 기인하지만, 그러나 그 변동은 유통수단으로서의 그 기능으로부터 기인하는 것이 아니라 가치척도로서의 그 기능으로부터 기인한다. 상품의 가격이 먼저 화폐의 가치에 반비례하여 변동하고, 그 후 유통수단의 량이 상품의 가격에 정비례하여 변동한다. 예컨대, 금의 가치가 내려가지 않지만 은이 가치척도로서의 금을 대체하든가, 혹은 은의 가치가 올라가지 않지만 금이 은을 가치척도의 기능으로부터 구축(驅逐)한다면, 전적으로 동일한 현상이 발생할 것이다. 한 경우에는 이전의 금보다도 많은 은이 유통하지 않으면 안 될 것이고, 다른 경우에는 이전의 은보다 적은 금이 유통하지 않으면 안 될 것이다. 두 경우 모두 화폐재료, 다시 말하면, 가치의 척도로서 기능하는 상품의 가치가 변동했을 것이며, 따라서 상품가치들의 가격표현이, 따라서 이들 가격의 실현에 이용되는 유통 화폐의 량이 변동했을 것이다. 이미 본 바와 같이, 상품의 유통영역에는 하나의 구멍이 있어서, 그 구멍을 통해서 금(은, 요컨대 화폐재료)이 주어진 가치를 가진 상품으로서 유통영역으로 들어온다. 이 가치는 가치척도로서의 화폐의 기능에서는, 따라서 가치규정에서는 전제되어 있다. 그리하여, 예컨대, 가치척도 자체의 가치가 저하하면, 이는 우선 귀금속의 원산지에서 상품으로서의 귀금속과 직접 교환되는 상품들의 가격변동에 나타난다. 특히 부르주아 사회가 보다 덜 발달한 상태에서는 다른 상품의 대부분은 아직도 상당히 오랜 동안 가치척도의, 이제는 환상적으로 돼버린 낡은 가치에 의해서 평가될 것이다. 그러는 동안에 한 상품은 다른 상품을, 그에 대한 자신의 가치관계를 통해서 감염시켜 가는 것이고, 상품들의 금가격이나 은가격은, 마침내 모든 상품 가치가 화폐재료의 새로운 가치에 상응하여 평가될 때까지, 그것들의 가치 자체에 의해서 규정되는 비율로 서서히 조정된다. 이 조정과정은 귀금속과 직접 교환되는 상품들을 대신하여 유입되는 귀금속의 지속적인 증대를 수반한다. 그리하여 상품들의 가격 수정이 일반화되는 것과 같은 정도로, 혹은 상품들의 가치가 귀금속의 새로운, 이미 저하된, 그리고 어떤 일정한 점까지 계속 저하하고 있는 가치에 적합하게 평가되는 것과 같은 정도로, 상품들의 가격의 실현을 위해서 필요한 귀금속의 추가량도 이미 존재하고 있는 것이다. 새로운 금·은 생산지의 발견에 뒤이어 일어난 사실들을 일면적으로 관찰했기 때문에, 17세기와 특히 18세기에는, 물가가 오른 것은 보다 많은 금과 은이 유통수단으로서 기능했기 때문이라는 잘못된 추론에 빠졌다. 아래에서는 금의 가치는 주어져 있는 것으로 전제하는데, 실제로도 그것은 가격을 평가하는 순간에는 주어져 있다.

따라서 이러한 전제 하에서는 유통수단의 량은, 상품들의 실현되어야 할 가격총액에 의해서 규정되어 있다. 나아가서 이제 각 상품종류의 가격을 주어진 것으로 전제하면, 상품들의 가격총액은 명백히 유통 중에 있는 상품량에 달려 있다. 1쿼터의 밀의 값이 2파운드 스털링이라면, 100쿼터는 200파운드 스털링, 200쿼터는 400파운드 스털링 등등이고, 따라서 밀의 량이 증가함에 따라, 그것을 판매할 때에 그것과 위치를 바꾸는 화폐량도 그만큼 증가하지 않으면 안 된다는 것을 이해하는 데에는 그다지 머리를 쓸 필요가 없다.

상품량을 주어진 것으로서 전제하면, 유통하는 화폐의 량은 상품들의 가격변동에 따라서 증감한다. 그 량이 증감하는 것은, 상품들의 가격총액이 그 가격변동의 결과로서 증감하기 때문이다. 그를 위해서는 모든 상품의 가격이 동시에 오르거나 내릴 필요는 결코 없다. 유통하고 있는 모든 상품의 실현되어야 할 가격총액을 증대시키거나 감소시키기 위해서는, 따라서 또 보다 많은 혹은 보다 적은 화폐를 유통시키기 위해서는, 한 경우에는 일정 수의 주요 물품의 가격등귀가 있으면, 다른 경우에는 그 가격저하가 있으면, 그것으로 충분하다. 상품들의 가격변동이 실제의 가치변동을 반영하든, 혹은 시장가격의 단순한 동요를 반영하든, 유통수단의 량에 대한 그 효과는 동일하다.

상호 관련이 없는, 동시적인, 따라서 또한 공간적으로 나란히 진행되는 일정 수의 판매 즉 부분변태, 예컨대 1쿼터의 밀, 20엘레의 아마포, 1권의 성경, 4갤런의 위스키의 판매 즉 부분변태가 이루어진다고 하자. 각 물품의 가격이 2파운드 스털링이고, 따라서 실현되어야 할 가격총액이 8파운드 스털링이라고 하면, 8파운드 스털링이라고 하는 화폐액이 유통에 들어가지 않으면 안 된다. 그에 반해서 만일 동일한 상품들이 우리에게 익숙한 변태계열, 즉, 1쿼터의 밀-2파운드 스털링-20엘레의 아마포-2파운드 스털링-1권의 성경-2파운드 스털링-4갤런의 위스키-2파운드 스털링이라는 계열의 고리들을 형성한다면, 2파운드 스털링은 다양한 상품의 가격을 차례로 실현함으로써, 따라서 또한 8파운드 스털링의 가격총액을 실현함으로써 이들 상품을 차례로 유통시키고, 최종적으로 양조업자의 수중에서 휴식한다. 그것은 4번의 회류를 수행한다. 동일한 화폐조각들의 이러한 반복적인 위치변환은 상품의 이중의 형태변환, 즉 두 개의 상반된 유통단계를 통한 상품의 운동 및 다양한 상품들의 변태의 뒤엉킴을 표현하고 있다.76 이 과정이 진행되는 대립적이고 상호 보완적인 단계들은 공간적으로 병존할 수 없고, 단지 시간적으로 서로 잇달을 수 있을 뿐이다. 따라서 기간이 이 과정의 지속의 척도가 된다. 즉, 주어진 시간 내에 이루어지는 동일한 화폐조각들의 회류수(廻流數)에 의해 화폐회류의 속도가 측정된다. 앞에서의 네 가지 상품의 유통과정이 예컨대 하루 동안 지속된다고 하자. 그러면, 실현할 가격총액은 8파운드 스털링이고, 그 날 하루 동안의 동일한 화폐조각들의 회류수는 4번이며, 유통하는 화폐의 량은 2파운드 스털링이 된다. 혹은, 어떤 주어진 기간의 유통과정에 관해서는,

$$\frac{\text{상품들의 가격총액}}{\text{동일 명칭의 화폐조각들의 회류수}} = \text{유통수단으로 기능하는 화폐량}$$

이 된다. 이 법칙은 일반적으로 타당하다. 어떤 주어진 기간 동안의 한 나라의 유통과정은 실제로 한편에서는, 동일한 화폐조각들이 단지 한 번만 위치를 바꾸는, 혹은 단 한 번의 회류만을 수행하는, 다수의 분산된, 동시적인, 그리고 공간적으로 나란히 일어나는 판매들 (혹은 구매들), 즉 부분변태들을 포괄하며, 다른 한

---

76 "그것"(화폐)"을 운동시키고 유통시키는 것은 생산물들이다. ... 그것의" (즉, 화폐의) "운동의 속도에 의해서 그 량(量)이 보완된다. 필요한 경우 그것은 한 순간도 머물지 않고 이 손에서 저 손으로 옮겨갈 뿐이다."(르 뜨로느, 같은 책, pp. 915, 916.)

편에서는, 동일한 화폐조각들이 많으나 적으나 여러 번 회류하며 나아가는, 부분적으로는 나란히 진행되고, 부분적으로는 서로 엉켜 있는, 많든 적든 여러 고리들로 이루어진 다수의 변태계열들을 포괄하고 있다. 유통 속에 존재하는 동일한 명칭의 모든 화폐조각들의 회류 총수(總數)로부터는 그러나 개개의 화폐조각의 평균회류수, 즉 화폐회류의 평균속도를 알 수 있다. 예컨대, 하루의 유통과정이 시작될 때에 그 유통과정에 투입되는 화폐량은 당연히 동시에 그리고 공간적으로 나란히 유통되는 상품들의 가격총액에 의해서 규정된다. 그런데 과정의 내부에서는 하나의 화폐조각은 다른 화폐조각에 대해서 말하자면 연대책임을 지게 된다. 하나의 화폐조각이 그 유통속도를 높이면, 다른 하나의 화폐조각은 그 속도가 느려지거나, 혹은 완전히 유통영역 밖으로 날아가 버리는바, 왜냐하면 이 유통영역은 단지, 그 개개의 요소의 평균적 회류수를 곱하면 같아지는, 실현되어야 할 가격총액 만큼의 금량만을 흡수할 수 있을 뿐[*1]이기 때문이다. 따라서 화폐조각들의 회류수가 증대하면, 화폐의 유통량은 감소한다. 그 회류수가 감소되면, 그 량은 증대한다. 유통수단으로 기능할 수 있는 화폐의 량은, [화폐회류의: 역자] 평균속도가 주어져 있다면, 주어져 있기 때문에, 일정 량의 1파운드 금화들(sovereigns)을 유통으로부터 빼내기 위해서는 같은 량의 1파운드 지폐들을 거기에 투입하기만 하면 되고, 이는 모든 은행이 잘 알고 있는 술책이다.

화폐회류 일반에는 상품들의 유통과정, 즉 대립적 변태들을 통

---

*1 [역주] "유통영역은 단지 그 개개의 요소의 평균적 회류수를 곱하면 같아지는, 실현되어야 할 가격총액 만큼의 금량만을 흡수할 수 있을 뿐" — '유통영역은 단지 실현되어야 할 가격총액을 각 화폐조각들의 평균적 회류수로 나눈 만큼의 금량만을 흡수할 수 있다'는 뜻.

한 상품들의 순환만이 나타나는 것처럼, 화폐회류의 신속성에는 상품들의 형태변환의 신속성, 변태계열들의 연속적인 상호 맞물림, 물질대사의 분주성, 유통영역으로부터의 상품들의 급속한 소멸과 새로운 상품들에 의한 마찬가지로 급속한 교체가 나타난다. 화폐회류의 신속성에는 따라서 사용자태의 가치자태로의 전화와 가치자태의 사용자태로의 재전화라고 하는 상반되고 상호보완적인 단계들의, 즉 판매와 구매라고 하는 두 과정의 유동적인 통일이 나타난다. 반대로, 화폐회류의 감속에는 이들 과정의 분리 및 대립적인 자립화, 즉 형태변환의, 따라서 물질대사의 정체가 나타난다. 이 정체가 어디에서 기인하는가는 당연히 유통 그 자체로부터는 알 수 없다. 유통은 단지 현상 그 자체만을 보여줄 뿐이다. 화폐회류가 완만해짐에 따라 유통 주변의 모든 지점에서 화폐가 뜸하게 출몰하는 것을 보고 통속적 견해가 이 현상을 유통수단의 량의 부족으로 설명하는 것도 당연하다.77

---

77 "화폐는 ... 구매 및 판매를 위한 공통의 척도이기 때문에, 무언가 판매할 것을 가지고 있으나 구매자를 찾지 못하는 사람은 요즘 누구나 왕국 혹은 그 지역의 화폐의 부족이 그의 상품이 팔리지 않는 원인이라고 생각하는 경향이 있다. 그리하여 화폐의 부족이라는 것이 공통의 절규인데, 이는 커다란 잘못이다. ... 화폐를 찾아 절규하는 이 사람들은 무엇을 원하는가? ... 농업경영자는 불평한다 ... 만일 국내에 더 많은 화폐가 있다면, 그의 상품을 어떤 가격으로 팔 수 있을 것이라고 그는 생각하는 것이다. 그렇다면 그가 원하는 것은, 화폐가 아니고, 그가 팔고자 하지만 팔 수 없는 그의 곡물과 가축에 대한 어떤 가격일 것이다. ... 왜 그는 어떤 가격을 받을 수 없는가? ... 1) 국내에 곡물과 가축이 너무나 많아서, 시장에 오는 사람들 대부분이 그와 마찬가지로 팔려고만 하고 사려고는 거의 하지 않든가, 혹은 2) 수출[원문은 수송: 역자]에 의한 일상적인 해외 배출구가 부족하거나 ..., 혹은 3) 사람들이 가난해서 가정생활을 위해서 더 이상 이전만큼 지출하지 않는 때처럼, 소비가 줄어들든가, 그 어느 경우이다. 그 때문에 농업경영자의 상품 가격을 올리는 것은, 화폐 자체를 증가시키는 것이 아니라, 실제로 시장을 억누르고 있는 이들 세

135 따라서 각 기간에 유통수단으로서 기능하는 화폐의 총량은, 한 편에서는 유통하고 있는 상품세계의 가격총액에 의해서 규정되고, 다른 한편에서는 상품세계의 대립적 유통과정의 보다 느리거나 보다 빠른 흐름에 의해서 규정되는데, 그 가격총액의 어느 만큼이 동일한 화폐조각에 의해서 실현될 수 있는가는 이 흐름의 완급(緩急)에 달려 있다. 그러나 상품의 가격총액은 또한 각 상품종류의 가격에도, 그 량에도 달려 있다. 이 세 요소, 즉 가격운동, 유통하는 상품량 그리고 마지막으로 화폐의 회류속도는 그러나 다양한 방향과 다양한 비율로 변할 수 있으며, 그리하여 실현되어야 할 가격총액, 따라서 그것에 의해서 제약되는 유통수단의 량은 아주 수많은 조합을 경험할 수 있다. 우리는 여기에서는 상품가격의 역사에서 가장 중요한 조합들만을 열거한다.

상품가격이 불변인 경우에 유통수단의 량이 증대할 수 있는 것
136 은, 유통하는 상품들의 량이 증대하기 때문이든가, 혹은 화폐의 회류속도가 감소하기 때문이든가, 혹은 양자가 함께 작용하기 때문이다. 유통수단의 량은 반대로 상품량이 감소하든가, 유통속도가 증대함에 따라 감소할 수 있다.

원인의 하나를 제거하는 것이다. … 상인과 소매상도 마찬가지로 화폐를 원하고 있다. 즉, 시장이 정체되어 있기 때문에 그들에게는 그들이 거래하는 상품에 대한 배출구가 부족한 것이다. … (한 국민은) 부가 이 손에서 저 손으로 빠르게 이전될 때 이상으로 번성하는 일은 결코 없다."(더들리 노쓰 경, ≪교역론≫, 런던, 1691, pp. 11-15의 이곳저곳.) 헤렌쉬반트(Herrenschwand)의 야바위들은 모두, 상품의 본성으로부터 기인하는, 따라서 상품유통에 나타나는 모순들은 유통수단을 증가시킴으로써 제거될 수 있다는 것으로 귀착된다. 그렇다고 해서, 생산과정 및 유통과정의 정체를 유통수단의 부족 탓으로 돌리는 통속적인 망상으로부터 반대로, 예컨대 정부의 졸렬한 '통화조절(regulation of currency)'로 인한 유통수단의 현실적인 부족이 그 자체로서 정체를 야기할 수 없다는 결론이 나오는 것은 결코 아니다.

상품가격이 일반적으로 상승하는 경우에 유통수단의 량이 불변일 수 있는 것은, 유통하는 상품의 량이 그것들의 가격이 상승하는 것과 같은 비율로 감소하는 때이든가, 혹은 유통하는 상품량이 변함없이 머무는 동안 화폐의 회류속도가 가격상승과 같은 속도로 증가하는 때이다. 유통수단의 량이 감소할 수 있는 것은, 가격보다도 상품량이 보다 더 빠르게 감소하든가, 혹은 회류속도가 보다 더 빠르게 증대하기 때문이다.

상품가격이 일반적으로 하락하는 경우에 유통수단의 량이 불변일 수 있는 것은, 상품량이 그것들의 가격이 떨어지는 것과 같은 비율로 증대하는 때이든가, 혹은 가격이 하락하는 것과 같은 비율로 화폐의 회류속도가 감소하는 때이다. 상품가격이 하락하는 것보다 상품량이 보다 더 빠르게 증대하거나, 혹은 유통속도가 보다 더 빠르게 감소하는 때에는, 유통수단의 량은 증대할 수 있다.

다양한 요소들의 변동들은 서로 상쇄될 수 있고, 그 때문에 그 요소들의 끊임없는 불안정에도 불구하고 실현되어야 할 상품가격의 총액은 불변일 수 있으며, 따라서 유통화폐량 역시 불변일 수 있다. 그리하여 특히 다소 장기간을 고찰하면, 각국에서 유통하는 화폐량의 평균수준은 외관상 예상되는 것보다도 훨씬 더 일정하다는 것을 알 수 있고, 또한 생산공황 및 상업공황으로부터 주기적으로 발생하고 드물게는 화폐가치 자체의 변동에서 발생하는 격렬한 교란들을 제외하면, 이 평균수준으로부터의 편차가 외관상 예상되는 것보다도 훨씬 더 작다는 것을 알 수 있다.

유통수단의 량은 유통하는 상품들의 가격총액과 화폐회류의 평균속도에 의해서 규정된다는 법칙[78]은, 상품들의 가치총액이 주어져 있고 그것들의 변태의 평균속도가 주어져 있는 경우 회류하는 화폐 즉 화폐재료의 량은 그것 자신의 가치에 달려 있다고도 표현될 수 있다. 거꾸로 상품가격은 유통수단의 량에 의해서 규정되고 유통수단의 량은 한 나라에 존재하는 화폐재료의 량에 의해서 규정된다고 하는 환상79은, 그 최초의

---

78 "한 나라의 교역을 유지하기 위해 필요한 화폐에는 일정한 분량과 비율이 있고, 그보다 많거나 적으면 그것을 저해할 것이다. 이는 마치 작은 소매거래에서 은화를 교환해주거나 최소의 은화로도 청산될 수 없는 지불을 하기 위해서 일정 비율의 퐈딩(farthings, [1961년에 폐지된 영국의 1/4페니 청동주화: 역자])이 필요한 것과 마찬가지이다. ... 그런데, 상업에 필요한 퐈딩 수의 비율이 사람들의 수와 그들의 매매의 빈도, 그리고 또한 주로 최소 은화의 가치에 달려 있는 것처럼, 우리의 상업을 위해 필요한 화폐(금화 및 은화)의 비율도 마찬가지로 교환의 빈도 및 지불의 크기에 달려 있다."(윌리엄 페티, ≪과세 및 공납론≫, 런던, 1667, p. 17.) A. 영(Young)은 그의 저서 ≪정치산술(*Political Arithmetic*≫, 런던, 1774)에서 J. 스튜어트(J. Steuart) 등으로부터 흄(Hume)의 이론을 옹호했는데, 그 저서 p. 112 이하에는 "물가는 화폐량에 의존한다(Prices depend on quantity of money)"는 특별한 장(章)이 있다. ≪경제학 비판을 위하여≫, p. 149 [*MEW*, Bd. 13, S. 142-143]에서 나는, "그(A. 스미스)는 화폐를 단순한 상품으로 전적으로 잘못 취급함으로써 유통하는 주화의 량에 관한 문제를 암암리에 제거하고 있다"고 언급하고 있다. 이 말은 A. 스미스가 공식적으로(ex officio) 화폐를 취급하고 있는 한에서만 타당하다. 하지만 때때로, 예컨대 그 이전의 경제학 체계들을 비판할 때에는, 그는 바른말을 하고 있다. "주화의 량은 어느 나라에서나 그 주화에 의해서 유통되어야 하는 상품들의 가치에 의해서 조절된다. ... 어떤 나라에서 매년 매매되는 재화의 가치는 그것들을 유통시키고 또한 적당한 소비자들에게 분배하기 위해서 어떤 일정량의 화폐를 필요로 하며, 그 이상을 사용할 수는 없다. 유통의 수로(水路)는 반드시 그것을 채우기에 충분한 어떤 량을 흡수하며, 결코 그 이상을 받아들이지는 않는 것이다."(≪국부론≫ 제4권 제1장.) 마찬가지로, A. 스미스는 그의 저작을 공식적으로(ex officio) 분업에 대한 찬미로 개시한다. 나중에, 국가수입의 원천에 관한 최후의 권에서는 그는 때때로 분업에 관한, 그의 스승 A. 퍼거슨(A. Ferguson)의 고발을 재생산하고 있다.

79 "물가는 어느 나라에서나 인민 사이에 금과 은이 증가함에 따라서 분명 올라갈 것이다. 그리고 따라서, 어떤 나라에서 금과 은이 감소하면, 모든 상품의

대표자들의 경우에는, 상품은 가격을 갖지 않은 채 그리고 화폐 138
는 가치를 갖지 않은 채 유통과정에 들어가고, 그러고 나서 거
기에서 잡다한 상품더미 중의 어떤 분할 가능한 부분이 산더미
같은 금속의 어떤 분할 가능한 부분과 교환된다고 하는 황당무
계한 가설에 근거하고 있다.[80]

가격은 화폐의 그러한 감소에 비례하여 하락하지 않을 수 없다." (제이콥 봔 더린트, ≪화폐가 만물의 답이다 [화폐만능론]≫, 런던, 1734, p. 5.) 봔더린트와 흄의 ≪논문집≫을 상세히 비교해보면, 흄이 봔더린트의 어쨌든 중요한 이 저작을 알고 있었고 또 활용했다는 것을 추호도 의심할 수 없다. 유통수단의 량이 물가를 규정한다고 하는 견해는 바본(Barbon)과 그보다도 훨씬 이전의 저술가들에게서도 볼 수 있다. 봔더린트는 말한다. "무제한한 교역에 의해서는 어떤 불편함도 생길 수 없고, 아주 거대한 이득만이 생길 뿐인바, 왜냐하면 그것[=자유무역: 역자]에 의해서 그 나라의 현금이 감소한다면—금지조치들[=보호무역: 역자]은 실로 이를 예방하려는 것이다—, 그 현금을 획득하는 나라들에서는 그 나라에 현금이 증가함에 따라서 분명 물가가 상승할 것이기 때문이다. 그리고 ... 우리의 제조업 제품들도 그리고 다른 모든 것들도 곧 저렴해져서 무역수지는 다시 우리에게 유리하게 바뀔 것이며, 그 결과 화폐는 우리에게 다시 흘러들어 올 것이다." (같은 책, pp. 43, 44.)

80 각각의 개별적 상품종류가 그 가격에 의해서 유통 중인 모든 상품의 가격총액의 한 요소를 이룬다고 하는 것은 자명하다. 그러나 어떻게 하여 서로 같은 단위로 계량될 수 없는 사용가치들이 일괄적으로(en masse) 한 나라에 존재하는 금량 혹은 은량과 교환되는가는 전혀 이해할 수 없다. 만일 상품세계를 하나의 단일한 상품의 총체로, 그리고 개개의 상품은 그것의 분할 가능한 부분을 이룬다고 망상(妄想)한다면(verschwindeln), 다음과 같은 근사한 계산예(計算例)가 나온다. 총상품=x 첸트너의 금. 상품 A=총상품의 분할 가능한 부분=x 첸트너의 금의 동일한 분할 가능한 부분. 이것을 몽테스키외(Montesquieu)는 우직하게(ehrlich) 말하고 있다. "세계에 현존하는 금과 은의 량을 현존하는 상품의 총량과 비교하면, 분명 개개의 생산물 혹은 상품을 화폐의 어떤 일정량과 비교할 수 있다. 세계에는 오직 단일한 생산물 혹은 단일한 상품만이 있을 뿐이라고, 혹은 단지 하나의 상품만이 팔릴 뿐이라고 가정하고, 또 그것이 화폐와 마찬가지로 분할 가능하다고 가정하면, 그러면 이 상품의 어떤 일정한 부분은 화폐량의 일부분과 상응할 것이며, 상품 총계의 절반은 총화폐량의 절반 등등으로 될 것이다. ...물가의 결정은 근본적으로는

언제나 화폐표장의 총량에 대한 상품의 총량의 비율에 달려 있다."(몽테스키외, ≪법의 정신≫, 제3권, pp. 12, 13.) 리카도나 그의 제자들인 제임스 밀(James Mill), 오버스톤 경(Lord Overstone) 등에 의한 이 이론의 더 한층의 전개에 관해서는 ≪경제학 비판을 위하여≫, pp. 140—146 및 p. 150 이하[MEW, Bd. 13, S. 134—140 및 S. 143 이하]를 참조. 존 스튜어트 밀(J. St. Mill) 씨는, 그의 능란한 절충주의적 논리로, 그의 아버지인 제임스 밀의 견해와 그에 상반되는 견해를 동시에 취하는 재간을 터득하고 있다. 그의 개설서인 ≪경제학 원리(Principles of Political Economy ...)≫의 본문과, 그가 스스로를 당대의 아담 스미스라고 광고하고 있는 서문(제1판)을 비교하면, 이 사내의 소박함과 그를 믿어 그를 아담 스미스로 받아들이는 독자들의 소박함 중 어느 것에 더 경탄을 해야 할지 알 수 없는데, 아담 스미스에 대한 이 사내의 관계는 웰링턴(Wellington) 공작에 대한 카르스의 윌리엄스 카르스(Williams Kars) 장군의 관계와 유사하다.[*1] 경제학 분야에서의 존 스튜어트 밀의 포괄적이지도 않고 내용이 풍부하지도 않은 독창적 연구들은 모두 1844년에 간행된 그의 소책자 ≪경제학의 약간의 미해결 문제들(Some Unsettled Questions of Political Economy)≫ 속에서 질서정연하게 행군하고 있음을 볼 수 있다. 로크(J. Locke)는 금과 은에는 가치가 없다는 것과 그것들의 가치는 그 량에 의해서 규정된다는 것 사이의 관련을 다음과 같이 직접적으로 말하고 있다. "인류는 금과 은에 상상적인 가치를 부여하기로 동의했기 때문에 ... 이들 금속에서 볼 수 있는 내재적인 가치는 그 량 이외의 아무것도 아니다."(≪[이자 인하의 결과에 관한] 약간의 고찰≫, 1691, ≪저작집≫, 1777년 판, 제2권, p. 15.)

[*1] [역주] 카르스의 윌리엄스 카르스(Williams Kars) — 정식 명칭은 Sir William Fenwick Williams, Baronet of Kars (1800-1883). 영국의 장군. 1854/55년에 터키의 코카서스군(軍)의 참모장. 크림전쟁 때 대령으로서 아르메니아의 카르스 요새 수비전의 지휘자. 웰링턴(Wellington) 공작 — 정식 명칭은 Arthur Wellesley Wellington, Duke of (1769-1852). 영국의 장군, 정치가, 토리당원. 1808-1814년과 1815년에 나폴레옹 1세에 대한 전쟁에서 영국군을 지휘. 수상(1828-1830), 외상(1834/35). 맑스는, 웰링턴은 나폴레옹 전쟁을 승전으로 이끈 장군임에 비하여 윌리엄스는 카르스 요새 수비전투에서 요새가 함락되었음에도 불구하고 전공(戰功)을 인정받아 준남작(Baronet)의 작위를 받고 장군으로 승진한 것을 염두에 두고 있다.

c) 주화. 가치표장

유통수단으로서의 화폐의 기능으로부터는 화폐의 주화형태가 발생한다. 상품들의 가격 즉 화폐명(貨幣名) 속에 표상되어 있는 금의 중량부분은 유통 속에서는 같은 명칭의 금조각 즉 주화(鑄貨)로서 상품들과 상대하지 않으면 안 된다. 가격의 도량표준의 확정과 마찬가지로, 주화제조 업무는 국가에 귀속된다. 주화로서의 금과 은이 입었다가, 세계시장에서는 그러나 다시 벗어버리는 다양한 국민적 제복 속에 상품유통의 국내적 즉 국민적 영역과 그것의 일반적 세계시장 영역 사이의 구별이 나타난다.

따라서 금주화와 금지금(金地金)은 본래부터 단지 외형상으로만 구별될 뿐이며, 금은 언제나 하나의 형태로부터 다른 형태로 전환될 수 있다.81 그러나 조폐국에서 나오는 길은 동시에 용해로

---

81 조폐수수료 등등의 세부적인 것들을 취급하는 것은 물론 전적으로 나의 목적 밖의 일이다. 그러나 "영국 정부가 무료로 주조한다"[44]고 하는 "웅대한 아량"에 경탄하는 낭만주의적 아첨꾼 아담 뮐러(Adam Müller)에 대해서는 더들리 노쓰 경(Sir Dudley North)의 다음과 같은 판단이 있다. "은과 금은, 다른 상품들과 마찬가지로, 많아졌다 적어졌다 한다. 다량의 금은이 스페인으로부터 도착하면, ... 그것들은 런던탑*1으로 운반되어 주조된다. 그 후 머지않아 다시 수출되어야 할 지금(地金)에 대한 수요가 발생할 것이다. 그런데 지금은 전혀 없고 우연히 모두가 다 주조되어 있다면, 어떻게 될까? 주화를 다시 녹인다. 그렇게 해도 아무런 손해도 없는데, 주화 소유자에게는 그것들을 주조하는 데에 어떤 비용도 들지 않기 때문이다. 그 때문에 국민이 손해를 보았는데, 왜냐하면 나귀들이 먹을 짚을 새끼로 꼬는 비용을 지불해야 했기 때문이다. 만일 상인이" (노쓰 자신도 찰스 2세 시대의 가장 큰 상인의 한 사람이었다) "조폐수수료를 지불하지 않으면 안 된다면, 그는 상당한 이유 없이는 자신의 은을 런던탑으로 보내지 않을 것이며, 그 경우 주조된 화폐는 주조되지 않은 은보다 언제나 높은 가치를 가질 것이다."(노쓰, 같은 책, p. 18.)

*1 [역주] 런던탑(the Tower) — 당시(19세기 초까지)에는 런던탑 내부에 조폐국(造幣局)이 있었다.

(鎔解爐)로 가는 길이기도 하다. 회류 중에 금화들은, 어떤 것은 보다 많이, 어떤 것은 보다 적게, 마모되기 때문이다. 금명칭(Goldtitel)과 금실체(Goldsubstanz), 즉 명목함량(Nominalgehalt)과 실제함량(Realgehalt)의 분리과정이 개시되는 것이다. 동일한 명칭의 금화들이, 무게가 서로 달라지기 때문에, 그 가치가 동일하지 않게 된다. 유통수단으로서의 금은 가격의 도량표준으로서의 금으로부터 괴리되고, 또한 그와 동시에 가격을 실현할 상품들의 진정한 등가물일 수도 없게 된다. 이러한 혼란의 역사가 중세 및 18세기에 이르기까지의 근대의 주화사(鑄貨史)를 이루고 있다. 주화의 금실재(金實在, Goldsein)를 금가상(金假象, Goldschein)으로, 즉 금화를 그것의 공칭(公稱, offiziell) 금속함량의 상징으로 전화시키는 유통과정의 자연발생적 경향은 어떤 금조각[=금화: 역자]을 통용할 수 없게 하는, 즉 폐화(廢貨)시키는 금속손실의 정도에 관한 최근의 법률에 의해서도 인정되고 있다.

화폐회류 그 자체가 주화의 실제함량을 그 명목함량으로부터, 즉 그 금속존재를 그 기능적 존재로부터 분리시킨다면, 화폐회류는 금속화폐를 그 주화기능에서는 다른 재료로 이루어진 표장(標章, Marken)이나 상징(Symbole)에 의해서 대체할 수 있는 가능성을 잠재적으로 포함하고 있다. 금이나 은의 아주 미소(微小)한 중량부분들을 주조하는 데에서의 기술적 장애와, 원래는 보다 고급한 금속 대신에 보다 저급한 금속이, 즉 금 대신에 은이, 은 대신에 구리가 가치척도로 쓰이고 따라서 보다 고급한 금속이 그것들을 퇴출시키는 순간까지 보다 저급한 금속이 화폐로서 유통한다고 하는 사정이, 금화의 대체물들로서의 은제(銀製)의 그리고 동제(銅製)의 표장들의 역할을 역사적으로 설명해준다. 그것들이 금을 대체하는 것은, 주화가 가장 빨리 유통하고 따라서 가장 빨리 마모되는 상품유통 영역들, 다시 말해서 매매가 가장 소규모로 끊임없이 갱신되는 영역들에서이다. 이들 위성(衛星)이 금 그 자체의 지위에 고착되는 것을 저지하기 위해서, 지불에서 금 대신에 오직 그것들만을 수령하지 않으면 안 되는 비율이 법률적으로 아주 낮게 규정된다. 상이한 종류의 주화들이 회류하는 특수한 영역들은 물론 서로 뒤섞여 있다. 보조주화는, 최소 금화의 몇 분의 1인가를 지불하기 위해서 금과 나란히 나타난다. 금은 끊임없이 소매유통에 들어오지만, 그러나 보조주화와 교체됨으로써 마찬가지로 끊임없이 거기에서 배출된다.[82]

은제 또는 동제의 표장들의 금속함량은 법률에 의해 임의로 규정된다. 회류하는 중에 그것들은 금화보다도 훨씬 더 빨리 마모된다. 따라서 그것들의 주화기능은 그것들의 무게와는, 즉 모든 가치와는 사실상 철저히 무관한 것으로 된다. 금의 주화 존재가 그 가치실체로부터 완전히 분리되는 것이다. 상대적으로 무가치한 물건인 지권(紙券)들이 그리하여 금 대신에 주화[=유통수단: 역자]로서 기능할 수 있다. 금속제의 화폐표장들에

---

[82] "은화가 만일 소액 지불들을 위해서 필요한 량을 결코 넘지 않는다면, 대규모 지불들을 위해 충분한 량을 모을 수 없다. … 주요 지불을 위한 금의 사용은 필연적으로 소매거래를 위한 금의 사용도 포함한다. 금화를 가진 사람은 소액의 구매에도 그것을 내고, 구매한 상품과 함께 잔액을 은화로 돌려받는 것이다. 그렇지 않았다면 소매상인을 귀찮게 할 과잉의 은화가 그렇게 해서 그를 떠나 일반적 유통 속에 살포된다. 그러나 만일 금화 없이도 소액 지불들을 수행할 수 있을 만큼 많은 은화가 존재한다면, 소매상인은 소액 거래에 대하여 은화를 받지 않을 수 없을 것이고, 그 은화는 필연적으로 그의 수중에 퇴적되지 않을 수 없다." (데이비드 뷰캐넌[David Buchanan], 《영국의 조세 및 상업 정책 연구[Inquiry into the Taxation and Commercial Policy of Great Britain]》, 에딘버러, 1844, pp. 248, 249.)

서는 이 순전히 상징적인 성격은 아직 어느 정도 숨겨져 있다. 지폐에서는 그것이 확연히 드러난다. 알다시피, 고통스러운 것은 첫걸음뿐이다(ce n'est que le premier pas qui coûte)[*1].

여기에서는 강제통용력을 가진 국가지폐만을 논한다. 그것은 직접적으로 금속 유통으로부터 발생한다. 신용화폐는 그에 반해서 단순한 상품유통의 관점에서는 아직 우리에게 전혀 알려져 있지 않은 관계들을 전제하고 있다. 하지만 지나가는 김에 언급해두자면, 본래의 지폐가 유통수단으로서의 화폐의 기능으로부터 발생하는 것처럼, 신용화폐는 지불수단으로서의 화폐의 기능에 그 자연발생적인 뿌리를 가지고 있다.[83]

1파운드 스털링(Pfd.St.), 5파운드 스털링 등의 화폐명이 인쇄되어 있는 지권(紙券)들이 국가에 의해 외부로부터 유통과정에

[*1] [역주] "고통스러운 것은 첫걸음뿐이다" — "시작이 반이다"는 의미의 프랑스 속담.

[83] 재정고관[=호부시랑(戶部侍郞): 역자] 왕마오인(王茂蔭)은 중국의 제국불환지폐를 태환은행권으로 전환하는 것을 은밀히 노린 계획안을 천자(天子)에게 품신하려고 생각하고 있었다. 1854년 4월의 지폐위원회의 보고서에서 그는 호되게 꾸중을 당하고 있다. 그도 역시 전통적인 대나무 태형(笞刑)을 당했는지는 언급되어 있지 않다. 보고서의 끝 부분에는 이렇게 쓰여 있다. "위원회는 그의 계획안을 면밀히 검토하고, 그 안의 모든 것은 상인들에게 유리하고 황실에 유리한 것은 아무것도 없다는 것을 발견했다."(≪베이징 주재 러시아제국 공사관의 중국에 관한 연구들≫, K. 아벨[K. Abel] 박사 및 F.A. 멕클렌부르크[F.A. Mecklenburg]에 의한 러시아어로부터 번역. 제1권, 베를린, 1858, p. 54.) 회류에 의한 금화의 끊임없는 마모에 관해서는 잉글랜드은행의 한 '총재'가 ("은행법"[*2]에 관한) '상원위원회'에서 증인으로서 다음과 같이 말하고 있다. "매년 한 집단의 새로운 쏘브린(sovereign)"(이는 정치상의 쏘브린[군주]이 아니라 1파운드 스털링 금화의 명칭이다[45])"이 너무나도 가벼워진다. 어느 해에는 완전한 무게를 가지고 유통하는 한 집단이 마모되어 다음해에는 저울대가 기울어질 만큼 무게를 잃는다."(상원위원회, 1848, 제429호.)

투입된다. 그것들이 현실적으로 같은 이름의 금액(Goldsumme)을 대신하여 유통하는 한, 그 운동에는 화폐회류 자체의 법칙들만이 반영된다. 지폐유통의 특유의 법칙은 단지 금에 대한 지폐의 대리관계[*1]로부터만 생길 수 있다. 그리고 이 법칙은 단순히 이것, 즉 지폐의 발행은 그것에 의해 상징적으로 표현되는 금(또는 은)이 현실적으로 유통하지 않으면 안 될 량에 국한되어야 한다는 것이다. 그런데 유통영역이 흡수할 수 있는 금량은 사실은 어떤 일정한 평균수준의 상하로 끊임없이 변동한다. 그럼에도 불구하고 어떤 주어진 나라에서 유통하는 매개물의 량은, 경험적으로 확인되는 어떤 일정한 최소한 이하로는 결코 내려가지 않는다. 이 최소량이 끊임없이 그 구성부분들을 교체한다고 하는 것, 다시 말해서, 그것이 끊임없이 다른 금조각들로 구성된다고 하는 것은 물론 이 최소량의 크기나 유통영역 안에서의 이 최소량의 회전에 아무런 변화도 초래하지 않는다. 따라서 이 최소량은 종이로 만든 상징들(Papiersymbole)에 의해서 대체될 수 있다. 그에 반해서, 오늘 만일 모든 유통수로(流通水路)들이 그 화폐 흡수능력의 최대한까지 지폐로 채워져 버린다면, 상품유통의 변동의 결과로 내일은 그 유통수로들이 범람할 수도 있다. 모든 한도가 없어지게 된다. 그러나 지폐가 만일 그 한도를, 즉 유통할 수 있을 같은 명칭의 금주화의 량을 초과하면, 전반적인 신용붕괴의 위험을 도외시하면, 지폐는 상품세계의 내부에서는 다만 그 내재

[*1] [역주] "금에 대한 지폐의 대리관계(ihr Repräsentationsverhältnis zum Gold)"는 "금에 대한 지폐의 대리비율"로 번역할 수 있고, 실제로 영어판에는 "지폐가 금을 대리하는 비율(the proportion in which the paper money represents gold)"로 되어 있다.
[*2] [新日本판 역주] "은행법"은 "상업불황"의 잘못.

적인 법칙들*¹에 의해서 규정된 금량만을, 그리하여 또한 오로지 대리할 수 있는 금량만을 표시한다.*² 만일 지권의 량이, 예컨대, 1온스씩의 금 대신에 2온스씩의 금을 표시한다면,*³ 실제로는, 예컨대, 1파운드 스털링은, 이를 테면, $1/4$온스의 금 대신에 $1/8$온스의 금의 화폐명이 된다. 그 효과는, 마치 가격의 척도로서의 금의 기능에 변화가 생긴 것과 동일하다. 따라서 이전에는 1파운드 스털링의 가격으로 표현되던 동일한 가치들이 이제는 2파운드 스털링의 가격으로 표현된다.

지폐는 금표장(金標章) 즉 화폐표장(貨幣標章)이다. 상품가치들에 대한 지폐의 관계는 단지, 지폐에 의해서 상징적·감각적으로 표시되는 동일한 금량에 상품가치들이 관념적으로 표현되어 있는 데에 있을 뿐이다. 지폐는 오로지, 다른 모든 상품분량과 마찬가지로 역시 가치량인 금량을 그것이 대표하는 한에서만, 가치표장이다.84

---

*1 [역주] "그 내재적인 법칙들(ihre immanenten Gesetze)"이 영어판에는 "상품유통의 법칙들(the laws of the circulation of commodities)"로 되어 있다.

*2 [역주] 여기에서 "표시한다(vorstellen)"는 "대리한다"의 의미이며, 실제로 프랑스어판과 영어판에는 각각 "représenter"와 "represent"로 되어 있다.

*3 [역주] "만일 지권의 량이, 예컨대 1온스씩의 금 대신에 2온스씩의 금을 표시한다면(Stellt die Papierzettelmasse z.B. je 2 Unzen Gold statt je 1 Unze dar)"은 프랑스어판에서는 "만일, 예컨대, 지폐의 총량이 있어야 할 총량의 2배가 된다면(Si, par exemple, la masse totale du papier est le double de ce qu'elle devrait être)"으로 되어 있고, 영어판도 "만일 발행된 지폐의 량이 있어야 할 량의 2배라면(If the quantity of paper money issued be double what it ought to be)"으로, 이를 따르고 있다.

84 제2판의 주. 화폐제도에 관한 가장 우수한 저술가들조차 화폐의 다양한 기능들을 얼마나 불명확하게 이해하고 있는가는, 예컨대 풀라턴(Fullarton)의 다음과 같은 곳이 보여주고 있다. "우리 국내의 교환에 관한 한, 보통 금주화나 은주화에 의해서 수행되는 화폐의 모든 기능들이, 법률에서 기인하는 인공적

마지막으로 문제가 되는 것이지만, 왜 금은 자신의 단순하고 무가치한 표장에 의해서 대체될 수 있는가? 그러나 금이 그렇게 대체될 수 있는 것은, 이미 본 바와 같이, 금이 주화 즉 유통수단으로서의 그 기능에서 고립화되는, 즉 자립화되는 한에서이다.[*1] 그런데 이러한 기능의 자립화는,[*2] 마모된 금조각이 계속 유통하는 데에서는 나타나고 있지만, 실제로는 개별적 금주화들에 대해서는 발생하지 않는다. 금조각들은, 실로 그것들이 현실적으로 회류하고 있는 동안에만, 단순한 주화 즉 유통수단이다. 그러나 개개의 금주화에 대해서는 해당되지 않는 것이 지폐에 의해 대체될 수 있는 최소량의 금에는 해당된다.[*3]

이고 합의에 기초한 가치 외에는 어떤 가치도 갖지 않는 불환지폐의 유통에 의해서 마찬가지로 효과적으로 수행될 수 있을 것이라는 것은, 내가 생각하기에는, 결코 부정할 수 없는 사실이다. 이러한 종류의 가치는, 다만 그 발행량이 적당한 한계 내에 유지되기만 한다면, 내재적 가치의 모든 목적에 이용할 수 있게끔 할 수 있을 것이며, 또한 가치척도(standard; étalon de valeur; Wertmaßstab)의 필요성조차 폐기하게끔 할 수 있을 것이다." (풀라턴, ≪통화조절론[*Regulation of Currencies*]≫, 런던, 1845, p. 21.) 따라서, 화폐상품은 유통에서 단순한 가치표장에 의해서 대체될 수 있기 때문에, 화폐상품은, 가치의 척도로서도, 가격의 도량표준으로서도, 불필요하다는 것이다!

*1 [역주] 이 문장은 영어판에는, "그러나, 이미 본 바와 같이, 금이 그렇게 대체될 수 있는 것은, 그것이 오로지 주화로서, 즉 유통수단으로서만 기능하고, 다른 어떤 것으로도 기능하지 않는 한에서일 뿐이다.(But, as we have already seen, it is capable of being so replaced only in so far as it functions exclusively as coin, or as the circulating medium, and as nothing else.)"로 되어 있다.

*2 [역주] 영어판에는, "그런데"와 "이러한 기능의 자립화는" 사이에 "화폐는 이 기능 외에도 다른 기능들을 가지고 있고(money has other functions besides this one, and)"가 첨가되어 있다.

*3 [역주] 이 문장이 영어판에는, "그런데 지폐에 의해서 대체될 수 있는 최소량의 금이 바로 이 경우이다.(But this is just the case with that minimum mass of gold, which is capable of being replaced by paper money.)"로 되

이 최소량의 금은 끊임없이 유통영역에 머물면서 지속적으로 유통수단으로서 기능하고, 그리하여 오로지 이 기능의 담지자로서 존재한다. 따라서 그 운동은 상품변태 W-G-W의 대립적인 과정들의 계속적인 상호전환들만을 표현할 뿐인데, 이 과정 속에서 상품의 가치자태[=상품이 전화한 화폐: 역자]는 단지 재차 곧바로 사라지기 위해서만 상품과 상대한다. 상품의 교환가치의 자립적인 표현은 여기에서는 단지 일시적인 계기일 뿐이다. 이 자립적 표현은 곧바로 다시 다른 상품에 의해서 대체된다. 그리하여, 끊임없이 화폐를 한 사람의 손에서 다른 사람의 손으로 멀어져 가게 하는 과정 속에서는 화폐의 단순히 상징적인 존재로도 충분하다. 이를테면, 화폐의 기능적 존재가 그 물질적 존재를 흡수하는 것이다. 상품가격의 순간적으로 객체화된 반영이기 때문에, 화폐는 단지 그 자신의 표장으로서 기능할 뿐이고, 따라서 또한 표장에 의해서 대체될 수 있다.85 화폐의 표장은 오직 그 자신의 객관적으로 사회적인 타당성을 필요로 할 뿐이며, 종이로 된 상징은 이 타당성을 강제통용력

어 있다.

85 금과 은이, 주화로서는, 즉 유통수단으로서의 배타적 기능에서는, 그들 자신의 표장이 된다는 것으로부터 니콜라스 바본(Nicholas Barbon)은 "화폐가치를 높이는(to raise money)" 정부의 권리, 다시 말해서, 예컨대, 그로쉔(Groschen)이라고 불리는 일정 분량의 은에, 탈러(Taler)와 같은 보다 큰 은 분량의 명칭을 부여하고, 그리하여 채권자에게는 탈러 대신에 그로쉔을 상환하는 정부의 권리를 끌어내고 있다. "화폐는 잦은 통용으로 닳아 가벼워진다. ... 거래할 때에 사람들이 주목하는 것은 화폐의 명칭과 통용력이며, 은의 분량이 아니다. ... 금속을 화폐로 만드는 것은 금속에 대한 공적(公的) 권위이다." (N. 바본, ≪새로운 화폐를 보다 가볍게 주조하는 것과 관련한 논의. ... [*A Discourse Concerning Coining the New Money Lighter.* ...]≫, 런던, 1696, pp. 29, 30. 25.)

에 의해서 획득하게 된다. 이러한 국가적 강제는 오직 한 국가의 경계선에 의해서 둘러싸인, 즉 국내의 유통영역 내에서만 유효한데, 그러나 또한 단지 여기에서만 화폐는 유통수단 즉 주화로서의 그 기능에 완전히 몰두하고, 그리하여 지폐에서 화폐는 자신의 금속실체로부터 외적으로 분리되어 단순히 기능적인 존재양식을 획득할 수 있는 것이다.*1*2

제3절 화폐*3

가치척도로서 기능하고, 따라서 또한 몸소 혹은 대리물을 통해서 유통수단으로서 기능하는 상품이 화폐이다. 그리하여 금(또는

---

*1 [역주] "그러나 또한 …" 이하가 영어판에는 이렇게 되어 있다. ― "그러나 화폐가 유통수단이라는 그 기능에 완전히 부합하는, 즉 주화로 되는 것도 또한 오로지 그 영역 내부에서이다. (but it is also only within that sphere that money completely responds to its function of being the circulating medium, or becoms coin.)"

*2 [역주] 불환화된 현대 중앙은행권은 '국가지폐화된 은행권'이다. "불환은행권이 일반적 유통수단이 될 수 있는 것은, 예컨대 현재 러시아에서처럼, 그것이 실제로 국가신용에 의해서 지지되어 있는 경우뿐이다. 그 때문에 불환은행권은 불환국가지폐의 법칙들 하에 복속된다." (F. 엥엘스, *MEW*, Bd. 25, S. 539-540.)

*3 [新日本판 역주] 이 "화폐"는, 화폐 일반을 의미하는 Das Geld (제3장의 표제)가 아니라, 정관사가 없는 Geld (영어로 money)이며, 가치척도 및 유통수단이라고 하는 제1 및 제2의 규정에 대하여 "제3의 규정에서의 화폐"라고 맑스가 부른 것이다. 프랑스어판에서는 이 표제는 "La monnaie ou l'argent(화폐 즉 돈)"으로 되어 있고, 이 절의 처음 문단도 완전히 수정되어 있다.

은)은 화폐이다. 그것이 화폐로서 기능하는 것은, 한편에서는, 그것이 그 금의 (또는 은의) 현물로, 그리하여 화폐상품으로서 나타나지 않으면 안 되며, 따라서 가치척도에서처럼 단순히 관념적으로도 아니고, 유통수단에서처럼 대리 가능하지도 않은 경우이고, 다른 한편에서는, 그 기능이 그것 자신에 의해서 수행되든, 대리물에 의해서 수행되든, 그 기능이 그것을, 단순한 사용가치들로서의 다른 모든 상품에 대하여, 유일한 가치자태로서, 즉 교환가치의 유일하게 적합한 존재로서 고정하는 경우이다.*1

---

*1 [역주] '新日本판 역주'에서도 지적하고 있는 것처럼, 프랑스어판에서는 이 문단이 다음과 같이 수정되어 있다. — "지금까지 우리는 귀금속을 가치척도와 유통수단이라는 두 측면에서 고찰해왔다. 그것은 그 제1의 기능을 관념적 화폐로서 수행하며, 제2의 기능에서는 그것은 그 상징들에 의해서 대리될 수 있다. 하지만 그것이 상품들의 현실적인 등가물로서, 즉 화폐상품으로서 금속적 실체로서 나타나지 않으면 안 되는 기능들이 있다. 나아가서는, 그것이 몸소 혹은 대리물을 통해서 수행할 수 있지만, 그때에는 언제나 일상적인 상품들에 대해서 그것들의 가치의 유일하게 적합한 화신으로서 나타나는 또 다른 기능도 있다. 이 모든 경우, 우리는 그것이, 엄밀히 말하자면, 그 가치척도 및 통화의 기능과는 대조적으로, 화폐 즉 돈으로 기능한다고 말할 것이다. (Jusqu'ici nous avons considéré le métal précieux sous le double aspect de mesure des valeurs et d'instrument de circulation. Il remplit la première fonction comme monnaie idéale, il peut être représenté dans la deuxième par des symboles. Mais il y a des fonctions où il doit se présenter dans son corps métallique comme équivalent réel des marchandises ou comme marchandise-monnaie. Il y a une autre fonction encore qu'il peut remplir ou en personne ou par des suppléants, mais où il se dresse toujours en face des marchandises usuelles comme l'unique incarnation adéquate de leur valeur. Dans tous ces cas, nous dirons qu'il fonctionne comme monnaie ou argent proprement dit par opposition à ses fonctions de mesure des valeurs et de numéraire.)"

a) 화폐축장

두 개의 대립적인 상품변태의 연속적인 순환, 즉 판매와 구매의 유동적인 변전(變轉)은 화폐의 부단한 회류, 즉 유통의 영구운동 기관(perpetuum mobile)*¹으로서의 화폐의 기능 속에 나타난다. [그러나: 영어판] 변태계열이 중단되고, 판매가 그에 뒤따르는 구매에 의해 보완되지 않게 되자마자 화폐는 부동화(不動化)된다. 즉, 부아규베르(Boisguillebert)가 말하는 것처럼, 동적(動的)인 것(meuble)에서 부동적(不動的)인 것(immeuble)으로,[46] 주화에서 화폐로 전화된다.

상품유통 자체의 최초의 발전과 더불어, 제1의 변태의 산물, 즉 상품이 전화된 자태, 즉 상품의 금형(金形)을 확보할 필요성과 확보하려는 열정이 발전한다.86 상품을 판매하는 것은, 상품을 구매하기 위해서가 아니라, 상품형태를 화폐형태로 대체하기 위해서이다. 이 형태변환은 물질대사의 단순한 매개로부터 자기목적으로 된다. 상품이 매각된 형태가, 그 절대적으로 양도 가능한 자태로서, 즉 단지 일시적인 화폐형태로서 기능할 수 없게 된다. 그와 더불어 화폐는 돌처럼 굳어져 축장화폐(Schatz)로 되고, 상품판매자는 화폐축장자가 된다.

---

*1 [역주] "영구운동기관(perpetuum mobile)" — 외부로부터 힘을 받지 않고도 영구히 계속 운동한다는, 고대로부터의 가상의 기관.

86 "화폐에서의 부(富)는 ... 화폐로 전화되어 있는 생산물들에서의 부에 다름 아니다." (메르셰 드 라 뤼비에르[Mercier de la Rivière], ≪정치 사회의 자연적·본질적 질서[*L'ordre naturel et essentiel des sociétés politiques*]≫, p. 573.) "생산물들의 형태에서의 가치가 단지 그 형태를 바꾸었을 뿐이다." (같은 책, p. 486.)

실로 상품유통의 초기에는 사용가치들의 잉여분만이 화폐로 전화된다. 금과 은은 그리하여 저절로 여유분의, 즉 부의 사회적 표현이 된다. 전통적이고 자가수요(自家需要)를 위한 생산양식에 상응하여 욕망들의 범위가 굳게 폐쇄되어 있는 민족들의 경우에는 화폐축장의 이러한 소박한 형태가 영구화된다. 아시아인들, 특히 인도인들의 경우가 그렇다. 물가는 한 나라에 존재하는 금과 은의 량에 의해서 규정된다고 망상하는 봔더린트는 인도의 상품들은 왜 그렇게 저렴한가 하고 자문한다. 답은, 인도인들은 화폐를 파묻기 때문이라는 것이다. 1602년부터 1734년 사이에 인도인들은, 본래 아메리카에서 유럽으로 실려왔던 1억5000만 파운드 스털링(Pfd.St.)의 은을 매장했다고, 그는 지적하고 있다.[87] 1856년부터 1866년 사이에, 따라서 10년 동안에 영국은, 미리 오스트레일리아의 금[원문은 '화폐(Geld)': 역자]과 바꾸어 두었던 1억2000만 파운드 스털링(Pfd.St.)의 은을 인도와 중국에 (중국으로 수출된 금속은 대부분 다시 인도로 흘러 들어갔다) 수출하였다.

상품생산이 더욱 발전함에 따라서 상품생산자는 누구나 만물의 신경(nervus rerum)[*1]인 "사회적 동산담보"를 확보하지 않으면 안 된다.[88] 그의 욕망들은 끊임없이 갱신되고, 또 타인의 상품

---

[87] "이러한 관행(practice, [*MEW*에서는 'Maßnahme', 즉 '조치': 역자])을 통해서 그들은 그들의 모든 재화와 제조품들을 그렇게 낮은 가격에 유지하고 있다." (봔더린트, ≪화폐가 만물의 답이다 [화폐만능론]≫, pp. 95, 96.)

[*1] [역주] "*nervus rerum* (만물의 신경)" — "사물(사태)의 핵심", "원동력", "모든 노력의 목표" 등의 의미로 쓰이고, 농담으로 "돈"을 가리킨다.

[88] "화폐는 … 하나의 담보이다." (존 벨러즈[John Bellers], ≪빈민·제조업·무역·식민·부도덕에 관한 논문집[*Essays about the Poor, Manufactures,*

을 끊임없이 구매할 것을 요구하지만, 반면에 자기 자신의 상품의 생산과 판매는 시간을 요하고, 또 우연에 달려 있다. 판매하지 않고 구매하기 위해서는 그는 사전에 구매하지 않고 판매했어야 한다. 이러한 행위는, 그것이 전반적인 규모로 수행된다면, 자기 모순인 것처럼 보인다. 하지만 귀금속은 그 원산지에서는 직접 다른 상품들과 교환된다. 거기에서는 (금·은 소유자 측의) 구매 없이 (상품소유자 측의) 판매가 이루어진다.[89] 그리고 구매들이 뒤따르지 않는 이후의 판매들은 단지 모든 상품소유자들 사이에 그 귀금속이 더욱 분배되는 것을 매개할 따름이다. 그리하여 교역의 모든 지점에서 다양한 규모의 금·은의 축장이 생긴다. 상품을 교환가치로서, 또는 교환가치를 상품으로서 확보해둘 가능성과 함께 황금욕(黃金慾)이 눈을 뜬다. 상품유통이 확대됨에 따라, 항상 전투준비가 되어 있고 절대적으로 사회적인, 부의 형태인 화폐의 힘이 증대한다.

"금은 놀라운 물건이다! 그것을 가진 사람은 그가 원하는 무엇이든 할 수 있다. 금으로 영혼을 천국에 보낼 수도 있다." (콜럼버스, ≪자메이카로부터의 편지≫, 1503.)

화폐를 보아도 무엇이 그것으로 전화되어 있는지를 알 수 없기 때문에, 상품이든 아니든, 모든 것이 화폐로 전화된다. 모든 것이 판매될 수 있게 되고, 구매할 수 있게 된다. 유통은, 모든 것이 그곳으로 날아들었다가는 화폐결정(貨幣結晶)이 되어 다시 나오는

Trade, Plantation, and Immorality]≫, 런던, 1699, p. 13.)

[89] 왜냐하면, 범주적 의미에서의 구매는 금 또는 은을 이미 상품의 전화된 자태, 즉 판매의 산물로 전제하고 있기 때문이다.

거대한 사회적 증류기가 된다. 이 연금술에는 성도(聖徒)의 유골(遺骨)조차 결코 견뎌낼 수 없거늘, 하물며 보다 덜 단단한 (grob),*1 인간들의 상거래 밖에 있는 성스러운 물건들(res sacrosanctae, extra commercium hominum)*2이야 더욱 그렇다.90 화폐에서는 모든 질적 차이가 제거되어 있는 것처럼, 화폐는 그 자체가 철저한 평등주의자로서 모든 차이를 제거한다.91 그러나

---

*1 [역주] 독일어 "grob"에는, "거친", "조야(粗野)한", "굳은", "강한", "튼튼한", "난폭한", "우악스러운", "무례한", "뻔뻔스러운" 등의 뜻이 있다.

*2 [역주] 주 90)에서 언급되고 있는 "푀니키아의 처녀들"을 가리킨다.

90 가장 기독교적인 프랑스의 왕,*3 앙리 3세는 수도원 등의 성유물(聖遺物)을 약탈, 그것들을 돈과 바꾸고 있다. 푀키즈인들(Phocians)에 의한 델퓌(Delphi) 신전의 재물의 약탈*4이 그리스 역사에서 어떤 역할을 했는가는 주지의 사실이다. 고대인들[그리스·로마인들: 역자]에게 있어서는, 주지하는 바와 같이, 신전들은 상품이라는 신(神)을 위한 거처(居處)로 이용되었다. 신전들은 "신성한 은행들"*5이었다. 탁월한(par excellence) 상업민족이었던 푀니키아인들(Phoenicians)에게는 화폐는 모든 물건들의 변용(變容)된 자태(姿態)로 통했다. 그리하여 사랑의 여신의 축제에서 낯선 사람들에게 몸을 바치는 처녀들이 보수로 받는 화폐조각을 여신에게 바치는 것은 당연한 일이었다.

*3 [新日本판 역주] "가장 기독교적인 프랑스의 왕"은 프랑스 국왕의 공식 칭호.

*4 [新日本판 역주] 기원 전 457년에 푀키즈인들은 아테네와 동맹하여 델퓌를 점령했다.

*5 [新日本판 역주] 고대은행은 기원 전 8세기인 호메로스 때에 이미 존재했고, 농공산품의 저당, 대부, 주화유통에 수반하여 기원 전 6세기에는 신전은행이 개인은행과 함께 등장했다.

91 "금! 노랗고, 번쩍이며, 값비싼 금!
 이것만 있으면, 검은 것도 희게, 추한 것도 아름답게 만들고,
 그릇된 것도 옳게, 천한 것도 귀하게, 늙은 것도 젊게,
 겁쟁이도 용감하게 만드는구나.
 … 신들이여! 이것이 무엇이란 말인가? 왜 이런가?
 이것은 당신들의 제사장들과 하인들을 당신의 제단에서 꾀어내고
 회복 중인 환자의 머리 밑에서 베개를 낚아채니,
 이 노란 노예가

화폐는 그 자신이 상품이며, 어느 누구나의 사유재산이 될 수 있는 외적인 물건이다. 그리하여 사회적 힘이 사인(私人)의 사적인 힘으로 된다. 그 때문에 고대 사회는 화폐를 그 사회의 경제적·관습적 질서의 파괴자(Scheidemünze)*¹로 고발하고 있다.92 이미 그 유년기에 플루토스(Plutos)*²를 머리칼을 잡아 땅속에서 끌어낸93 근대사회는 황금의 성배(聖杯) 속에서 자신의 가장 고

> 성스러운 무리를 모았다가 흩뜨리고, 저주받은 자를 축복하며,
> 나병환자도 사랑스럽게 만들고, 도둑도 칭찬하여
> 원로원에 모셔놓고 지위와 영향력을 주어 굽신거리니,
> 늙은 과부를 재혼시키는 것도 바로 이것이다.
> ... 에이, 천하에 저주받을
> 인류 공동의 매춘부."
>   (쉐익스피어, ≪아테네의 티몬≫)

*¹ [역주] "파괴자(Scheidemünze)" ― "Scheidemünze"는 본래 "보조주화"인데, 여기에서는 "갈라놓는(scheiden) 돈(münze)"으로, 즉 "파괴자", "교란자" 정도의 의미로 풍자되어 있다. 실제로, 프랑스어판에서는 "그 경제적 조직과 인민적 풍습의 파괴자, 즉 ... 가장 적극적인 교란자(l'agent subvertif, ... le dissolvant le plus actif de son organisation économique et de ses moeurs populaires)"로 되어 있고, 영어판에도 "파괴자(subversive)"로 되어 있다.

92 "참으로 인간에게서 나온 것들 중에 화폐만큼
  지독히 나쁜 것은 없다. 이것은 도시들 자체도 파괴할 수 있고,
  사람들을 집에서 쫓아낼 수도 있다.
  그것은 고귀한 심성을 유혹하여
  성실한 사람들로 하여금 비열한 행위에 몰두하게 하고,
  사람들로 하여금 사악한 책략의 길을 가도록 하고,
  신의 미움을 사는 일을 저지르게 한다."
    (소포클레스(Sophokles), ≪안티고네≫)

*² [역주] "Plutos(플루토스)" ― 혹은 "Pluto". 그리스 신화에서 지하의 금과 은을 관리하는 부(富)의 신. "금권정치"를 의미하는 "plutocracy", "Plutokratie" 등의 단어는 바로 이 이름에서 유래한다.

93 "탐욕은 플루토스 자체를 땅속에서 끌어내기를 바란다." (아테나이오스 [Athenaeus], ≪학자의 향연(*Deipnos*)≫.)

유한 생활원칙의 찬란한 화신을 환영하고 있다.

사용가치로서의 상품은 어떤 특수한 욕망을 충족시키며, 소재적(素材的) 부의 하나의 특수한 요소를 이룬다. 그러나 상품의 가치는 소재적 부의 모든 요소들에 대한 그 상품의 견인력의 정도의 크기이며, 따라서 그 소유자의 사회적 부의 크기이다. 미개하고 단순한 상품소유자에게는, 그리고 심지어 서유럽의 농민에게도, 가치는 가치형태로부터 분리할 수 없으며, 따라서 금·은 축장의 증대는 가치의 증대이다. 물론 화폐의 가치는, 그것이 그 자체의 가치변동의 결과이든, 상품들의 가치변동의 결과이든, 변동한다. 그러나 이것은, 한편에서는, 200온스의 금은 100온스의 금보다, 300온스의 금은 200 온스의 금보다 여전히 더 많은 가치를 가지고 있다는 것을 방해하지 않으며, 또 한편에서는, 이 물건의 금속적 현물형태가 의연히 모든 상품의 일반적 등가형태라는 것, 즉 모든 인간노동의 직접적으로 사회적인 화신이라는 것도 방해하지 않는다. 화폐축장의 충동은 그 본성상 한이 없다. 화폐는, 어느 상품으로도 직접적으로 전화될 수 있기 때문에, 질적으로 혹은 그 형태상으로 무제한하다. 다시 말하면, 소재적 부의 일반적 대표자이다. 그러나 동시에 어떤 현실적인 화폐액도 량적으로 제한되어 있고, 따라서 또한 효력이 제한된 구매수단일 뿐이다. 화폐의 량적 제한과 질적 무제한성 사이의 이러한 모순은 화폐축장자를 언제나 축적이라는 시지푸스(Sisyphus)적 노동[1]으

---

[1] [역주] "시지푸스적 노동(Sisyphusarbeit)" — 시지푸스는, 생전의 교활함 때문에, 저승에서 밀어 올려도 끊임없이 다시 굴러 내리는 바위를 산마루에 밀어 올려놓아야 하는 벌을 받았다는 그리스 신화 속의 인물로서, "시지푸스적 노동"은 끝없이 반복하지 않으면 안 되는 도로무익(徒勞無益)한 노동을 의미한다.

로 되몰아댄다. 그는 마치, 새로운 국가를 정복할 때마다 새로운 국경에 부딪치는 세계정복자와 같은 것이다.

금을 화폐로서, 따라서 화폐축장의 요소로서 확보하기 위해서는 그것이 유통하는 것, 즉 구매수단으로서 향락수단으로 해소돼 버리는 것을 저지하지 않으면 안 된다. 그리하여 화폐축장자는 황금물신에게 자신의 육체적 욕망을 희생으로 바친다. 그는 금욕(Entsagung)*¹의 복음을 진지하게 받아들인다. 한편, 그는 자신이 유통에 상품으로 투입하는 것만을 거기에서 화폐로 끌어낼 수 있을 뿐이다. 그는 많이 생산하면 많이 생산할수록, 그만큼 더 많이 판매할 수 있다. 그리하여 근면과 절약, 탐욕이 그의 기본덕성을 이루고, 많이 판매하고 적게 구매하는 것이 그의 경제학의 전체를 이룬다.94

축장화폐의 직접적인 형태와 나란히 그 미적(美的) 형태, 즉 금·은 제품들의 소유가 진행된다. 그것은 부르주아 사회의 부와 함께 증가한다. "부자가 되자. 그렇지 않으면 부자처럼 보이게 하자. (Soyons riches ou paraissons riches.)"(디드로). 그리하여, 한편에서는, 금·은의 시장이, 그것들의 화폐기능들과는 무관하게 형성되어 끊임없이 확대되어 가고, 다른 한편에서는, 특히 사회적 폭풍우의 시기들*²에 유출되는 화폐의 잠재적 공급원이 형

---

*1 [역주] 프랑스어판과 영어판에서는 "절욕(renoncement; abstention)".

94 "각 상품의 판매자들의 수는 가능한 한 증대시키고, 구매자들의 수는 가능한 한 감소시키는 것, 이것이야말로 경제학의 모든 방책(方策)의 요체(要諦)다." (붸리[Verri], ≪경제학에 관한 고찰≫, pp. 52, 53.)

*2 [역주] "사회적 폭풍우의 시기들(gesellschaftliche Sturmperioden)"이 프랑스어판에는 "사회적 위기의 시기들(péroides de crise sociale)"로, 영어판에는 "위기와 사회적 동란의 시기들(times of crisis and social disturbance)"로

성된다.

화폐축장은 금속유통의 경제에서는 다양한 기능을 수행한다. 그 제1의 기능은 금주화나 은주화의 회류조건들로부터 생긴다. 이미 본 바와 같이, 상품유통의 규모·가격들·속도가 끊임없이 변동함에 따라서 화폐의 회류량도 쉴새없이 증감한다. 따라서 화폐의 회류량은 수축할 수도 팽창할 수도 있지 않으면 안 된다. 어떤 때는 화폐가 주화로서 흡인되지 않으면 안 되고, 어떤 때는 주화가 화폐로서 튕겨나가지 않으면 안 된다. 현실적으로 회류하고 있는 화폐량이 유통영역의 포화도(飽和度)에 언제나 일치하기 위해서는 한 나라에 존재하는 금 혹은 은의 분량이 주화기능을 하고 있는 분량보다 많지 않으면 안 된다. 이 조건은 화폐의 축장화폐형태에 의해서 충족된다. 축장화폐라는 저수지는 동시에, 유통하고 있는 화폐의 유출입 통로로 이용되고, 따라서 유통하는 화폐는 그 회류의 수로를 결코 범람하지 않는다.95

되어 있다.
95 "한 나라의 상업을 영위하기 위해서는 일정액의 금속화폐가 필요한데, 그 액은 변동하며, 사정이 요구하는 데에 따라 때로는 많아지고 때로는 적어진다. … 화폐의 이러한 간만(干滿)은 정치가들의 어떤 도움이 없이 저절로 조절된다. … 두레박들이 번갈아 작동해서, 화폐가 모자라면 지금(地金)이 주화로 주조되고, 지금이 부족하면 화폐가 용해(鎔解)된다."(D. 노쓰 경, ≪교역론≫, 후기, p. 3.) 장기간 동인도회사[47]의 관리였던 존 스튜어트 밀은 인도에서는 아직도 은 장식품이 직접적으로 축장화폐로 기능하고 있다는 것을 확인하고 있다. "은 장식품들은, 이자율이 높아지면, 끌려나와 주화로 주조되고, 이자율이 낮아지면, 다시 본래대로 돌아간다."(J. St. 밀의 증언, ≪은행법에 관한 보고들≫, 1857, No. 2084, 2101.) 인도의 금·은 수출입에 관한 1864년의 한 의회 문서[48]에 의하면, 1863년에는 금·은의 수입이 그 수출을 19,367,764파운드 스털링(Pfd.St.)만큼 초과했다. 1864년까지 지난 8년 동안에는 귀금속의 수출에 대한 수입의 초과가 109,652,917파운드 스털링에 달했다. 금세기[19세기: 역자] 중에 200,000,000파운드 스털링 이상이 인도

b) 지불수단

지금까지 고찰한 상품유통의 직접적 형태에서는 동일한 가치크기가 언제나 이중으로, 즉 한 극(極)에는 상품으로, 그 대극(對極)에는 화폐로 존재했다. 그러므로 상품소유자들은 상호 수중에 있는 등가물들의 대표자들로서 접촉했을 뿐이다. 그럼에도 불구하고 상품유통이 발전함에 따라서, 상품의 양도가 그 가격의 실현으로부터 시간적으로 분리되는 관계들이 발전한다. 이들 관계 가운데 여기에서는 가장 단순한 것을 대략 말하는 것으로 충분하다. 어떤 상품종류는 그것을 생산하는 데에 비교적 긴 시간을 필요로 하고, 다른 상품종류는 비교적 짧은 시간을 필요로 한다. 상이한 상품들의 생산은 상이한 계절들과 결부되어 있다. 어떤 상품은 그 시장소재지에서 탄생하지만, 다른 상품은 원격지 시장으로 여행하지 않으면 안 된다. 그리하여 어떤 상품소유자는 다른 상품소유자가 구매자로 등장하기 전에 판매자로 등장할 수도 있다. 같은 사람들 사이에 같은 거래들이 부단히 반복되는 경우에는 그 상품들의 판매조건들은 그 생산조건들에 의해서 규제된다. 다른 한편에서는, 어떤 상품종류, 예컨대, 주택의 이용은 어떤 일정한 기간에 걸쳐 판매된다.[*1] 그 기간이 지난 후에야 비로소 구매자는 그 상품의 사용가치를 현실적으로 인수한 것이 된다. 따

에서 주화로 주조되었다.

[*1] [역주] "판매된다(verkauft werden)"가 프랑스어판에는 "양도된다(être aliéné)"로 되어 있고, 영어판에는 "판매된다(일상 용어로는, 임대된다)(be sold [in common parlance, let])"로 되어 있다.

라서 그는 그 상품을, 지불하기 전에 구매하고 있다. 한 상품소유자는 수중(手中)의 상품을 판매하고, 다른 상품소유자는 화폐의 단순한 대표자, 즉 미래의 화폐의 대표자로서 구매하는 것이다. 판매자는 채권자가 되고, 구매자는 채무자가 된다. 여기에서는 상품의 변태, 즉 그 가치형태의 전개가 달라지기 때문에, 화폐도 하나의 다른 기능을 갖게 된다. 그것은 지불수단이 된다.96

채권자 혹은 채무자라는 역할은 여기에서는 단순상품유통으로부터 기인한다. 단순상품유통의 형태변화가 판매자와 구매자에게 이러한 새로운 각인을 찍는 것이다. 따라서 우선 그것은 판매자와 구매자라는 역할과 마찬가지로 똑같은 유통당사자들에 의해서 교대로 연출되는 일시적인 역할이다. 그럼에도 불구하고 대립은 이제 본래부터 그다지 유쾌하지 않은 것처럼 보이고, 또한 한층 더 굳어지기 쉬운 것이다.97 그러나 동일한 역할들은 상품유통과 무관하게도 등장할 수 있다. 예컨대, 고대세계의 계급투

---

96 루터(Luther)는 구매수단으로서의 화폐와 지불수단으로서의 화폐를 구별하고 있다. "[당신은: 역자] 나에게, 여기에서는 지불할 수 없고 저기에서는 구매할 수 없다는 이중의 손해를 주고 있다." (마틴 루터, ≪고리대에 반대하여 설교할 목사들에게[*An die Pfarrherrn, wider den Wucher zu predigen*]≫, 비텐베르크, 1540.)[49]; ([역주] 이 인용문은, 원금과 이자 상환을 지체시키고 있는 발처(Baltzer)라는 채무자에게 고리대금업자 한스(Hans)가 채근하는 말의 일부이며, 고리대금업자가 이렇게 "이중의 손해"를 주장하는 데에 대해서 루터는 그것이 "가공의 손해(ertichten [erdichteten] Schaden)", "진실이 아닌, 환상적 손해(*non verum, sed phantasticum interesse*; keinen wirklichen, sondern eingebildeten Schaden)"라며 비판하고 있다. ≪잉여가치학설사≫ 제3권, *MEW*, Bd. 26.3, S. 523 참조.)

97 18세기 초 영국의 상인들 사이의 채무자·채권자 관계에 관해서는 — "여기 영국에서는 상인들 사이에, 어떤 인간 사회에서도, 세계 어느 나라에서도 볼 수 없는 잔인한 정신이 팽배해 있다." (≪신용과 파산법론[*An Essay on Credit and the Bankrupt Act*]≫, 런던, 1707, p. 2.)

쟁은 주로 채권자와 채무자 간의 투쟁이라는 형태로 행해지고, 150) 로마에서는 평민적인 채무자의 몰락으로 끝나, 이 채무자는 노예가 된다. 중세에는 투쟁이 봉건적 채무자의 몰락으로 끝나는데, 그는 자신의 정치권력을 그 경제적 기반과 함께 잃는다. 그럼에도 불구하고 여기에서 화폐형태는 — 그리고 채권자와 채무자의 관계는 하나의 화폐관계의 형태를 취하고 있다 — 단지 더욱 깊은 곳에 있는 경제적 생활조건들의 적대관계를 반영하고 있을 뿐이다.

상품유통의 영역으로 되돌아가자. 판매과정의 양극(兩極)에 상품과 화폐라는 등가물들이 동시에 나타나는 일은 없어졌다. 화폐는 이제는, 첫째로 판매되는 상품의 가격결정에서 가치척도로 기능한다. 계약으로 확정된 그 가격은 구매자의 채무, 다시 말하면, 일정 기간 그가 빚으로 지는 화폐액의 크기이다. 화폐는, 둘째로 관념적인 구매수단으로 기능한다. 화폐는 비록 구매자의 화폐지불약속 속에만 존재할 뿐이지만, 상품의 소유자를 바꾸게 한다. 지불기일이 도래해야 비로소 지불수단은 현실적으로 유통에 들어간다. 다시 말하면, 구매자의 손에서 판매자의 손으로 넘어간다. 유통수단이 축장화폐가 된 것은 유통과정이 그 제1 단계와 더불어 중단되었기 때문이다. 즉, 상품이 전화된 자태가 유통으로부터 끌려 나왔기 때문이다. 지불수단이 유통에 들어가지만, 그것은 상품이 이미 유통에서 나가버린 후이다. 그 화폐는 이미 과정을 매개하지 않는다. 그것은 교환가치의 절대적인 현존재(現存在), 즉 일반적인 상품으로서 자립적으로 그 과정을 종결시킨다. 판매자는 화폐를 통해서 어떤 욕망을 충족시키기 위해서, 화폐축장자는 상품을 화폐형태로 보존하기 위해서, 빚을 진 구매자는 지불할 수 있기 위해서 상품을 화폐로 전화시켰다. 만일 그가 지불하지 않으면, 그의 소유물이 강제매각된다. 따라서 상품의 가치자태, 즉 화폐는 이제 유통과정 자체의 관계들로부터 기인하는 사회적 필연성에 의해서 판매의 자기목적으로 된다.

구매자는, 그가 상품을 화폐로 전화시키기 전에, 화폐를 상품으로 재전화시킨다. 즉, 제1의 상품변태 이전에 제2의 상품변태를 수행한다. 판매자의 상품은 유통하지만, 그 가격을 단지 사법상(私法上)의 화폐청구권으로서만 실현할 뿐이다. 그 상품은 화폐로 전화되기 전에 사용가치로 전화된다. 그 제1의 변태는 나중에야 비로소 완수된다.98

유통과정의 어느 일정 기간에 있어서나, 만기가 도래한 채무들은 그 판매가 이 채무들을 야기한 상품들의 가격총액을 대표한다. 이 가격총액의 실현을 위해서 필요한 화폐량은 우선 지불수단의 회류속도에 달려 있다. 그 회류속도는 두 가지 사정에 의해서 제약되는바, 자신의 채무자 B로부터 화폐를 받은 A가 그것을 다시 자신의 채권자 C에게 지불하는 등의 채권자와 채무자의 관계들의 연쇄(連鎖)와, 다양한 지불기한들 사이의 시간의 길이가

---

98 제2판의 주. 본문에서 왜 내가 반대의 경우를 전혀 고려하지 않는가는, 1859년에 간행된 나의 저술에서 빌려온 다음 인용문을 보면 알 것이다. "이와 반대로 G-W라는 과정에서는, 화폐의 사용가치가 실현되기 전에, 즉 상품이 양도되기 전에 화폐가 현실적 구매수단으로서 양도되고, 그리하여 상품의 가격이 실현될 수 있다. 이는, 예컨대, 선불(先拂)이라는 일상적인 형태로 행해지고 있다. 혹은, 영국정부가 인도의 소농들(Ryot)의 아편을 ... 구입하는 형태에서도 [그렇다: 역자]. 그러나 이 경우 화폐는 구매수단이라는 이미 알려진 형태로 기능할 뿐이다 ... 자본도 물론 화폐의 형태로 선대(先貸)된다. ... 그러나 이러한 관점은 단순 유통의 시야에는 들어오지 않는다." (≪경제학 비판을 위하여≫, pp. 119, 120 [*MEW*, Bd. 13, S. 117].)

그것이다. 지불들의, 즉 뒤늦은 제1의 변태들의 연속적인 사슬은 앞에서 고찰했던 변태계열들의 뒤엉킴과는 본질적으로 다르다. 유통수단의 회류에는 판매자들과 구매자들 사이의 관련이 표현되는 것만이 아니다. 그 관련 자체가 화폐회류 안에서 그리고 그 회류와 더불어 비로소 발생한다. 그에 반해서 지불수단의 운동은 그 운동 이전에 완성되어 존재하고 있는 관련을 표현한다.

판매들의 동시성과 병행(並行)은 회류속도에 의한 주화량의 대체를 제한한다.[*1] 그것들은 거꾸로 지불수단의 절약에서의 하나의 새로운 지렛대를 형성한다. 지불들이 같은 장소에 집중됨에 따라서 그들 지불을 결제하기 위한 고유의 설비들과 방법들이 자연발생적으로 발전한다. 예컨대, 중세 리용(Lyon)의 비르망(virements; [대체(對替)])이 그것이다. A의 B에 대한, B의 C에 대한, C의 A에 대한 등등의 채권들은, 그것들이 정(正; +)·부(負; −)의 크기로서 어떤 일정한 금액까지 서로 상쇄되기 위해서는 단지 대조될 필요가 있을 뿐이다. 그렇게 하면, 청산할 채무 차액만이 남게 된다. 지불들의 집중이 많아지면 많아질수록 그 차액은 상대적으로 적어지고, 따라서 유통하는 지불수단의 량도 그만큼 적어진다.

지불수단으로서의 화폐의 기능은 하나의 직접적인 모순을 내포하고 있다. 지불들이 상쇄되는 한, 그것은 단지 관념적으로 계산화폐 또는 가치의 척도로서 기능할 뿐이다. 현실의 지불이 이

[*1] [역주] 이 문장은 영어판에서는 이렇게 되어 있다. ― "수많은 판매가 동시에, 그리고 나란히 일어난다는 사실은 주화가 회류의 속도에 의해서 대체될 수 있는 범위를 제한한다. (The fact that a number of sales take place simultaneously, and side by side, limits the extent to which coin can be replaced by the rapidity of currency.)"

루어져야 하는 한, 그것은 유통수단으로서, 즉 물질대사의 단지 일시적·매개적 형태*¹로서 등장하는 것이 아니라, 사회적 노동의 개별적 화신, 즉 교환가치의 자립적 현존재, 즉 절대적 상품*²으로서 등장한다. 이러한 모순은 생산·상업공황의, 화폐공황이라고 불리는99 순간에 폭발한다. 이 공황은, 지불들의 연쇄와 그 지불들의 상쇄를 위한 인위적 제도가 충분히 발달되어 있는 경우에만 발생한다. 이 기구가 비교적 전반적으로 교란되면, 그 교란이 어디에서 기인하든, 화폐는 갑자기 그리고 무매개적으로 계산화폐라는 단지 관념적인 자태로부터 경화(硬貨)로 돌변한다. 그것은 평범한 상품들에 의해서 대체될 수 없게 된다. 상품의 사용가치는 무가치해지고, 그 가치는 자신의 가치형태 앞에서 사라진다. 바로 아까까지도 부르주아는 호황에 도취된 계몽주의적 오만함으로 화폐는 공허한 망상이라고 천명했다. 상품만이 화폐라는 것이다. 이제는 오직 화폐만이 상품이다!는 외침이 세계시장에 날카롭게 울려 퍼진다. 사슴이 맑은 물을 갈구하며 울부짖듯이, 그렇게 부르주아의 영혼이 화폐, 즉 유일한 부를 갈구하여 울부짖는다.100 공황에서는 상품과 그 가치자태, 즉 화폐 사이의 대립

---

*1 [역주] "물질대사의 단지 일시적·매개적 형태"는 영어판에는 "생산물 교환의 단지 일시적인 매개물(a mere transient agent in the interchange of products)"로 되어 있다.

*2 [역주] "절대적 상품(absolute Ware)"이 영어판에는 "보편적인 상품 [=세계상품](the universal commodity)"으로 되어 있다.

99 본문에서 모든 일반적인 산업·상업공황의 특수한 국면으로 규정되어 있는 것과 같은 화폐공황은, 역시 화폐공황이라고 부르긴 하지만 자립적으로 등장할 수 있는, 그리하여 공업과 상업에는 단지 반작용적으로만 영향을 미치는 특수한 종류의 공황과는 명확히 구별되어야 한다. 그 운동중심이 화폐자본이고, 따라서 은행, 거래소, 금융이 그 직접적 영역인 것은 바로 이들 공황이다. (제3판에의 맑스의 주.)

이 절대적 모순으로까지 고양된다. 그러므로 이때에는 또 화폐의 현상형태야 아무렇든 상관이 없다. 금으로 지불해야 하든, 신용화폐, 즉 가령 은행권으로 지불해야 하든, 화폐기근(貨幣飢饉)은 여전히 마찬가지이다.101

이제 어떤 주어진 기간에 회류하는 화폐의 총액을 고찰하면, 153 그것은, 유통수단 및 지불수단의 회류속도가 주어져 있는 경우, 실현되어야 할 상품가격들의 총액에 만기가 된 지불들의 총액을 더한 다음, 상쇄되는 지불들을 빼고, 마지막으로 동일한 화폐조각이 번갈아 어떤 때는 유통수단으로, 어떤 때는 지불수단으로 기능하는 수만큼의 회류액을 뺀 것과 같다. 예컨대, 농부가 그의 곡물을 2파운드 스털링에 팔면, 이 2파운드 스털링은 유통수단으

---

100 "신용제도로부터 화폐제도로의 이러한 돌연한 변전(變轉)은 실제의 패닉 (Panik)에 이론적 공포를 덧붙인다. 그리고 유통당사자들은 자신들의 관계들의 꿰뚫어볼 수 없는 신비 앞에서 전율한다." (칼 맑스, ≪경제학 비판을 위하여≫, p. 126 [MEW, Bd. 13, S. 123].) "가난한 사람들에게 일이 없는 것은, 부자들이 식품과 의류(衣類)를 공급할 토지와 일꾼들은 이전과 마찬가지로 가지고 있지만, 그들을 고용할 화폐를 가지고 있지 않기 때문이다. ... 국민의 진정한 부는 식품과 의류이지, 화폐가 아니다." (존 벨러즈, ≪산업전문학교 설립을 위한 제안[Proposals for Raising a College of Industry]≫, 런던, 1696, p. 3.)

101 이러한 순간들이 "상업의 벗들(amis du commerce)"에 의해서 어떻게 악용되는가를 다음은 보여준다. "언젠가(1839) (씨티[런던의 금융 중심지: 역자]의) 한 탐욕스러운 늙은 은행가가 그의 사실(私室)에서 그가 마주 앉아 있는 책상의 뚜껑을 들춰 은행권 뭉치들을 친구에게 보여주면서 기뻐 어쩔 줄 몰라 하며, 여기에 60만 파운드 스털링이 있는데, 금융을 경색(梗塞)시키려고 잡아둔 것이며, 그날 3시 이후에는 전부 방출될 것이라고 말했다." ([H. 로이(Roy)], ≪환시세론. 1844년의 은행특허법(The Theory of Exchanges. The Bank Charter Act of 1844)≫, 런던, 184, p. 81.) 준(準) 정부 기관지인 ≪디 옵저버(The Observer)≫는 1864년 4월 24일에 이렇게 말하고 있다. "은행권의 부족을 야기하기 위해서 사용된 수단에 대한 몇몇 대단히 수상한 풍문들이 떠돌고 있다. ... 모종의 책략이 채택되었을 것이라고 생각하는 것은 의문의 여지가 있지만, 소문이 너무나도 널리 퍼져 있는지라 실제로 언급할 가치가 있다."

로 이용된다. 만기일에 그는 그것으로 직포공이 자신에게 공급했던 아마포 값을 지불한다. 동일한 2파운드 스털링이 이제는 지불수단으로 기능한다. 직포공은 이제 현금으로 성서를 산다. — 그것은 또 다시 유통수단으로 기능한다, 등등. 그리하여, 가격들과 화폐회류의 속도, 지불들의 절약이 주어져 있다 하더라도, 어떤 기간, 예컨대 하루 동안에 회류하는 화폐량과 유통하는 상품량은 이미 일치하지 않는다. 오래 전에 유통으로부터 끌려 나간 상품들을 대표하는 화폐가 회류한다. 그 화폐등가물이 미래에야 비로소 나타날 상품들이 유통한다. 다른 한편에서, 매일 계약이 체결되는 지불들과, 같은 날에 만기가 되는 지불들은 전혀 비교할 수 없는 크기이다.102

신용화폐는, 판매된 상품들에 대한 채무증서들 자체가 채권의 이전을 위하여 다시 유통하기 때문에, 지불수단으로서의 화폐의 기능으로부터 직접적으로 발생한다. 다른 한편에서, 신용제도가 확대됨에 따라서, 지불수단으로서의 화폐의 기능도 그만큼 확대된다. 이러한 지불수단으로 화폐는 고유한 존재형태들을 취하는데, 이러한 형태들로 그것은 거액 상거래들의 영역

---

102 "어떤 주어진 하루 동안에 이루어지는 구매 [독일어판에는 '판매': 역자] 또는 계약의 액은 그 특정한 날에 회류하는 화폐의 량에는 영향을 미치지 않을 것이고, 대부분의 경우, 조만간에 후일에야 회류할 화폐량에 대한 다종다양한 어음들로 돼버릴 것이다. ... 오늘 발행된 어음 또는 개설된 신용이 수량이나 금액, 기간에서 내일이나 모레에 발행되고 받아들여지는 그것들과 닮아야 할 필요는 전혀 없다. 아니 오히려, 오늘의 어음이나 신용의 다수는, 기일이 오면, 과거 불특정한 날들에 발생한 숱하게 많은 채무들과 만나고, 흔히 12개월·6개월·3개월 혹은 1개월의 어음들이 합해져서, 어떤 특정한 날에 만기가 되는 채무를 팽창시킨다. ..." (≪통화이론의 재검토: 영국의 한 은행가가 스코틀랜드 인민에게 보내는 편지.≫, 에든버러, 1845, pp. 29, 30 여기저기.)

을 차지하게 되고, 반면에 금·은 주화는 주로 소액 거래의 영역으로 밀려난다.103

상품생산이 일정한 고도(高度)와 범위에 달하면, 지불수단으로서의 화폐의 기능은 상품유통의 영역을 넘어간다. 화폐가 계약의 일반적 상품으로 된다.104 지대, 조세 등은 현물납부로부터 화

---

103 현금이 본래의 상거래에 얼마나 적게 들어가는가를 보여주는 한 예로서 여기에 런던의 최대의 상사(商社)들 중의 하나(모리슨·딜론 상회[Morrison, Dillon & Co.])의 년간 화폐수입과 지불에 관한 도표를 들어둔다. 수백만 파운드 스털링에 달하는 1856년의 이 회사의 거래액이 여기에서는 100만 파운드 스털링으로 축소되어 있다.

수 입	파운드 스털링
은행 및 상인의 기한부 어음	553,596
은행 기타의 일람불 수표	357,715
지방은행권	9,627
잉글랜드은행권	68,554
금화	28,089
은화 및 동화	1,486
우편환	933
총 액:	1,000,000

지 출	파운드 스털링
기한부 어음	302,674
런던의 은행들 앞 수표	663,672
잉글랜드은행권	22,743
금화	9,427
은화 및 동화	1,484
총 액:	1,000,000

(≪은행법 특별위원회 보고서≫, 1858년 7월, p. LXXI.)

104 "거래의 과정[독일어판에는 '성격': 역자]이 재화 대(對) 재화의 교환 또는 수수(授受)에서, 판매와 지불로 바뀌었기 때문에 모든 거래는 ... 이제 화폐가격을 토대로 하여 표현된다." (D. 디포[Defoe], ≪공공신용론[*An Essay*

폐지불로 전화된다. 이러한 전환이 생산과정의 총자태(總姿態)에 의해서 얼마나 심하게 제약되는가 하는 것은, 예컨대, 모든 조세를 화폐로 징수하려다 수포로 돌아간, 로마제국의 두 번에 걸친 시도에 의해서 입증되고 있다. 부아규베르, 보반(Vauban) 원수(元帥) 등이 그토록 웅변적으로 비난하고 있는, 루이 14세 치하 프랑스 농민들의 엄청난 빈곤은, 단지 고율의 조세 때문만은 아니었고, 현물조세가 화폐조세로 전환된 때문이기도 했다.105 다른 한편에서, 지대의 현물형태가 동시에 국세의 주요 요소이기도 한 아시아에서는 이 지대의 현물형태가, 자연의 관계들과 같은 불변성을 가지고 재생산되는 생산관계들에 의거하고 있다면, 그 지불형태는 반작용적으로 그 낡은 생산형태를 유지하고 있다. 그것은 터키제국이 자기를 유지하는 비밀들 중의 하나를 이루고 있다. 유럽에 의해서 강요된 대외무역이 일본에서 현물지대를 화폐지대로 전화시킨다면, 일본의 전형적인 농업도 끝장이다. 그 협소한 경제적 존재조건들이 해체될 것이다.

어느 나라에서나 일정한 일반적인 지불기한들이 확립된다. 이들 지불기한은, 재생산의 여타 순환들을 도외시하면, 부분적으로 계절의 변화와 결부된 자연적 생산조건들에 기초해 있다. 이들 지불기한은, 조세, 지대 등과 같은, 상품유통에서 직접적으로 기

---

upon Public Credit≫, 제3판, 런던, 1710, p. 8.)

105 "화폐는 만물의 사형집행인이 되었다." 재정기술은 "이 재앙으로 가득 찬 진액을 얻기 위해서 그 안의 무서운 량의 재화와 상품이 증류된 증류기이다." "화폐는 인류에게 선전 포고하고 있다." (부아규베르, ≪부, 화폐 그리고 공납의 본성에 관한 논술[*Dissertation sur la nature des richesses, de l'agent et des tributs*]≫, 데르 편, ≪재정경제학자들[*Économistes financiers*]≫, 빠리, 1843, 제1권, pp. 413, 419, 417, 418.)

인하지 않는 지불들도 마찬가지로 규제한다. 사회의 표면 전체에 분산되어 있는 이들 지불을 위하여 1년 중 일정한 날들에 필요한 화폐량은 지불수단의 절약에 주기적인, 그러나 전적으로 표면적인 혼란을 야기한다.106 지불수단의 회류속도에 관한 법칙으로부터, 모든 주기적 지불들에 필요한 지불수단의 량은, 그 지불들의 기원(起源)이 무엇이든, 지불기간의 길이에 정[*1]비례한다는 결론이 나온다.107

---

106 1826년의 하원조사위원회에 크레익(Craig) 씨는 말하고 있다. "1824년의 성령강림절 월요일에는 에든버러의 은행들에 대한 은행권 수요가 엄청나서 11시가 되자 은행 금고에는 한 장의 은행권도 남아 있지 않았습니다. 은행들은 다른 은행들에 차례로 사람을 보내 은행권을 빌리려 했지만, 입수할 수가 없었고, 수많은 거래들이 단지 전표(傳票)들로만 청산되었는데, 3시가 되자 그 은행권들 전체가 그것을 발행한 은행들로 되돌아 왔습니다! 은행권들은 단지 손에서 손으로 양도되었을 뿐이었던 것입니다." 스코틀랜드에서 은행권의 실제 평균유통액은 3백만 파운드 스털링에 미치지 못했지만, 그럼에도 불구하고 1년 중 여러 지불기한들에는 모두 합해 약 700만 파운드 스털링에 이르는, 은행들이 가지고 있는 모든 은행권이 동원된다. 이들 경우 은행권은 단 하나의 독특한 기능을 수행하지 않으면 안 되는데, 일단 그것을 수행하자마자 그것들은 그것들을 발행한 해당 은행들로 되흘러 들어간다. (풀라턴, ≪통화조절론≫, 제2판, 런던, p. 86, 주.) 이해를 돕기 위해서 덧붙이자면, 풀라턴의 저술이 나올 무렵의 스코틀랜드에서는 예금에 대해서 수표가 아니라 은행권만을 내주었다.

*1 [*MEW*편집자 주] 제1판에서 4판까지, "반(反)".

107 "년 4000만을 조달할 필요가 있을 때, 같은 600만"(의 금)"으로 상업이 필요로 하는 회전과 순환에 충분할 것인가" 하는 문제에 대하여 페티는 언제나처럼 대가답게 대답한다. "나는 그렇다고 대답한다. 소요비용이 4000만이기 때문에, 만일 회전이 그렇게 짧은 주기로, 즉, 토요일마다 받아서 지불하곤 하는 가난한 공예가들과 노동자들 사이에서 그렇듯이 매주 이루어진다면, 100만의 화폐의 $40/52$으로 이들 목적에 응할 수 있을 것이다. 그러나 우리의 지대 지불이나 조세 징수의 관례에 따라서 그 순환이 4분기마다 이루어진다면, 1000만이 요구된다. 따라서, 지불주기가 일반적으로 1주일에서 13주일 사이에 뒤섞여 있다고 가정하면, [100만의: 역자] $40/52$에 1000만을 더해야 하고, 그 절반은 약 $5\frac{1}{2}$[백만: 역자]이 될 것이므로, 우리가 $5\frac{1}{2}$백만을 가지고

지불수단으로서의 화폐가 발전하면, 채무액의 만기일을 대비한 화폐축적이 필요해진다. 자립적인 치부형태로서의 화폐축장이 부르주아 사회의 발전과 더불어 사라지는 반면에, 지불수단 준비금의 형태를 취한 화폐축장은 부르주아 사회의 발전과 더불어 거꾸로 증대한다.

c) 세계화폐

화폐는, 국내의 유통영역을 넘어섬과 동시에, 가격의 도량표준, 주화, 보조주화, 그리고 가치표장이라고 하는, 그 국내 유통영역에서 취하고 있던 지역적 형태들*¹을 다시 벗어버리고, 귀금속 본래의 지금형태(地金形態)로 되돌아간다. 세계무역에서는 상품들은 그 가치를 보편적으로 전개한다. 그리하여 여기에서는 상품들의 자립적 가치자태 역시 세계화폐로서 상품들과 대립한다. 세계시장에서 비로소 화폐는, 그 현물형태가 동시에 추상적(in abstracto) 인간 노동의 직접적으로 사회적인 실현형태*²인 상품으로서 완전히 기능한다. 화폐의 존재양식이 그 개념에 부합하게 된다.

국내의 유통영역에서는 오직 하나의 상품만이 가치척도로, 따라서 화폐로서 이용될 수 있다. 세계시장에서는 이중의 가치척도가, 즉 금과 은이 지배한다.108

있으면, 그걸로 충분하다." (윌리엄 페티, 《아일랜드의 정치적 해부[*Political Anatomy of Ireland*]》, 1672. 런던판, 1691, pp. 13, 14.)[50]

*1 [역주] 영어판에는 "지역적 복장들(local garbs)".

*2 [역주] 프랑스어판과 영어판에서는 "화신(incarnation)".

108 따라서, 국내에서 화폐로서 기능하는 귀금속만을 축장하도록 국립은행들에게 지시하는 입법은 어느 것이나 부조리한 것이다. 예컨대, 잉글랜드 은행이 그렇게 하여 스스로 조성한 "유쾌한 장해들"은 잘 알려져 있다. 금과 은의 상대적 가치변동이 심했던 역사상의 시대들에 관해서는 칼 맑스 ≪경제학 비판을 위하여≫, p. 136 이하[MEW, Bd. 13, S. 131 이하]를 보라. — 제2판에의 보충: 롸버트 필 경은 자신의 1844년 은행법에서, 은준비가 금준비의 4분의 1을 결코 넘어서는 안 되지만, 잉글랜드 은행에 대해 은지금을 담보로 은행권을 발행하도록 허용함으로써 그 곤란을 제거하려고 했다. 이때 은의 가치는 런던시장에서의 (금에 의한) 은의 시장가격에 따라 평가된다. {제4판에. — 우리는 다시 금과 은의 상대적 가치변동이 심한 시대에 살고 있다. 약 25년 전 은에 대한 금의 가치비율은 $15^1/_2$: 1이었으나, 지금은 약 22 : 1이며, 은은 금에 대해서 계속 떨어지고 있다. 이는 본질적으로 두 금속의 생산양식의 변혁의 결과이다. 이전에는 금은 거의 금을 함유하고 있는 광맥의 풍화작용의 산물인 금을 함유하고 있는 충적지층(沖積地層)의 세광(洗鑛)에 의해서만 채취되었다. 지금은 이 방법은 이미 불충한 것으로 되었으며, 이미 고대인들(≪디오도로스[Diodor von Sicilien]≫, 제3권, 12-14절)에게도 잘 알려져 있었으나 이전에는 부차적으로만 실행되었던, 금을 함유한 석영광 그 자체의 정련(精鍊)에 의해서 뒷전으로 밀리고 있다. 다른 한편에서는, 아메리카의 롸키산맥 서부에서 새로운 거대한 은광맥이 발견되었을 뿐 아니라, 이 은광들과 멕시코의 은광들에 철도가 개통되어, 근대적인 기계설비와 연료가 공급되게 되었고, 이로 인해서 은의 채취가 대규모로 그리고 최소의 비용으로 가능하게 되었다. 그러나 이 두 금속이 광맥 속에 존재하는 양식에는 커다란 차이가 있다. 금은 대개 순수하게, 그러나 그 대신 극소량으로 석영 속에 산재할 뿐이다. 따라서 광석 전부를 빻아서 금을 물로 일궈내든지, 혹은 수은으로 추출해야 한다. 그렇게 하면 1,000,000그램의 석영에서 흔히 겨우 1 내지 3그램의 금이 나오고, 극히 드물게는 30 내지 60그램의 금이 나온다. 은은 순수하게 존재하는 경우는 드물지만, 그러나 그 대신 비교적 쉽게 광맥으로부터 분리되는 특수한 광석 속에 존재하며, 그 광석들은 대개 40 내지 90퍼센트의 은을 함유하고 있다. 혹은, 비록 비교적 소량이긴 하지만, 구리, 납 등 그 자체로 이미 정련할 가치가 있는 광석들 속에 함유되어 있다. 이미 여기에서 나오는 결론은, 금을 생산하기 위한 노동은 오히려 증대하는 반면, 은을 생산하는 노동은 결정적으로 감소했고, 따라서 은의 가치하락은 그 자체로 당연히 분명하다는 것이다. 이러한 가치하락은, 은가격이 지금도 아직 이용되고 있는 인위적인 수단에 의해서 높이 유지되지 않는다면, 한층 더 커다란 가격하락으로 표현될 것이다. 그런데 아메리카의 은 매장량은 아직 겨

세계화폐는 일반적 지불수단, 일반적 구매수단 그리고 부 일반(보편적 부 [universal wealth])의 절대적으로 사회적인 체현물로서 기능한다. 국제수지의 차액을 청산하기 위한 지불수단으로서의 기능이 지배적이다. 따라서 중상주의의 구호는 — 무역차액!109 서로 다른 국민들 간의 물질대사의 통상적(通常的)인 균

우 그 작은 부분이 채굴되었으며, 그리하여 은가치는 아직도 비교적 장기간에 걸쳐 계속 저락할 것이라고 모두 전망하고 있다. 일용품과 사치품을 위한 은 수요의 상대적인 감소, 즉 도금된 상품들이나 알루미늄 등에 의한 대체도 은가치가 한층 더 저락하는 데에 일조하지 않을 수 없다. 그것[지금까지 말한 것: 역자]에 의거해서, 어떤 국제적인 강제통용력이 은을 $1 : 15\frac{1}{2}$이라는 이전의 가치비율로 다시 인상시킬 것이라는 복본위론자들의 생각이 공상(Utopismus)임을 알 수 있다. 오히려 은은 세계시장에서도 그 화폐 자격을 더욱 더 상실할 것이다. — F. 엥엘스.}

109 중상주의는 금과 은에 의한 무역 흑자의 결제를 세계무역의 목적이라고 논했는데, 그러한 중상주의의 반대자들은 그들대로 세계화폐의 기능을 전적으로 오해했다. 유통수단의 량을 규제하는 법칙들에 대한 그릇된 이해가 어떻게 귀금속의 국제적 운동에 대한 그릇된 이해에 그대로 반영되고 있는가는 내가 이미 리카도를 다루면서 상세하게 입증했다 (≪경제학 비판을 위하여≫, p. 150 이하 [MEW, Bd. 13, S. 143 이하]). "무역수지의 적자는 오로지 유통수단의 과잉으로 말미암아 발생하는 것이다. ... 주화의 수출은 그것이 싸기 때문이며, 수지 적자의 결과가 아니라 그 원인이다."[51]는 리카도의 그릇된 독단은 이미 바본의 다음과 같은 말에서도 볼 수 있다. "무역적자는, 그러한 것이 있다 하더라도, 화폐를 국외로 내보내는 원인이 아니다. 화폐의 국외 유출은 지금(地金)의 가치가 나라마다 다른 데에서 기인한다." (N. 바본, 같은 책, pp. 59, 60.) 맥컬록(MacCulloch)은 ≪경제학 문헌. 분류목록(*The Literature of Political Economy, a classified catalogue*)≫(런던, 1845)에서 바본의 이 선견지명을 칭찬하고 있는데, 그러나 바본의 경우에도 소박한 형태로 나타나고 있는, "통화주의"[52]의 불합리한 전제들에 관해서는 언급하는 것조차 용의주도하게 회피하고 있다. 맥컬록의 목록의 무비판성과 심지어 부정직은 화폐이론의 역사에 관한 편(篇)들에서 절정에 이르고 있는바, 왜냐하면 맥컬록은 거기에서 그가 "은행가들의 공인(公認) 군주(facile princeps argentariorum)"라고 부르는 오버스톤 경(전 은행가 로이드[Loyd])의 아첨꾼으로서 꼬리를 치고 있기 때문이다.

형이 돌연히 교란될 때마다 금과 은은 결정적으로(wesentlich) 국제적 구매수단으로서 이용된다. 마지막으로, 세계화폐가 부의 절대적으로 사회적인 체현물로서 이용되는 것은, 구매도 지불도 문제가 아니라, 한 나라로부터 다른 나라로의 부의 이전이 문제일 때이고, 상품형태로의 이 이전이 세계시장의 상황이나 수행할 목적 그 자체에 의해서 배제되는 때이다.110

어느 나라나, 그 국내 유통을 위해서처럼, 세계시장 유통을 위해서도 준비금을 필요로 한다. 축장화폐의 기능들은 따라서 부분적으로는 국내의 유통수단 및 지불수단으로서의 화폐의 기능으로부터 발생하고, 부분적으로는 세계화폐로서의 그 기능으로부터 발생한다.110ᵃ 이 후자의 역할에서는 언제나 실제의 화폐상품, 즉 진짜 금과 은이 요구되고, 그 때문에 제임스 스튜어트는 금과 은을, 그것들의 단순히 국지적인 대리물들로부터 구별하여, 명시적으로 세계화폐(money of the world)*¹로 특징짓고 있다.

---

110 예컨대, 보조금, 전쟁수행이나 은행의 정화지불(正貨支拂 [=금태환: 역자]) 재개를 위한 차관 등의 경우, 화폐형태의 가치가 요구될 것이다.

110ᵃ 제2판의 주. "정화지불이 이루어지는 나라들에서 화폐축장의 기구가, 일반적 유통으로부터 어떤 상당한 지원도 없이, 국제적 지원에 필요한 모든 역할을 수행할 능력이 있는가 하는 데에 대해서, 사실 나는, 프랑스가, 파괴적인 외국의 침략의 충격으로부터 겨우 막 회복되고 있을 때에, 그에게 강요된 거의 2000만 [파운드 스털링]의 배상금을, 자국 통화의 어떤 뚜렷한 수축이나 혼란 없이, 그리고 심지어 그 환시세의 어떤 경계할 만한 동요도 없이, 27개월 사이에 연합국들에 완전히 지불했고, 그것도 그 금액의 상당한 부분을 정화로 지불했다는 사실 이상으로 더 확실한 증거를 바랄 수 없다." (풀라턴, 같은 책, p. 141.) {제4판에. ― 보다 더 결정적인 예는, 바로 그 프랑스가 1871-1873년에 30개월에 걸쳐 그보다 10배 이상이나 되는 전쟁배상금을, 마찬가지로 상당한 부분은 금속화폐로, 갚을 수 있었다는 사실이다. ― F. 엥엘스.}

*1 [新日本판 역주] J. 스튜어트, ≪경제학 원리 연구(*An Inquiry into the*

금과 은의 흐름의 운동은 이중적 운동이다. 한편에서, 그것은 그 원산지로부터 나와 세계시장 전체를 전전(轉轉)하는데, 거기에서 그것은 다양한 규모로 다양한 국민적 유통영역으로 끌려들어가, 그 국내의 회류수로로 들어가고, 마멸된 금·은 주화를 보충하며, 사치품들에 재료를 공급하고, 축장화폐로 응고된다.111 이 첫 번째 운동은, 상품들에 실현되어 있는 국민적 노동들과, 금·은을 생산하는 국가들의 귀금속에 실현되어 있는 노동들이 직접적으로 교환됨으로써 매개된다. 다른 한편에서, 금과 은은 다양한 국민적 유통영역들을 오락가락하는데, 이는 환시세의 부단한 변동에 뒤따라 일어나는 운동이다.112

부르주아적 생산이 발전한 나라들은 은행이라고 하는 저수지에 대량으로 집적되는 축장화폐를 그 특유의 기능들을 위하여 필요한 최소한으로 제한한다.113 일정한 예외는 있지만, 축장화폐의 저수지가 그 평균수위를 넘어 현저하게 범람하는 것은 상품유통의 정체, 즉 상품변태의 흐름의 중단을 가리킨다.114

---

principles of political economy), 더블린, 1770, 제2권, p. 370.

111 "화폐는 언제나 생산물들에 의해서 끌어당겨지기 때문에 … 그에 대한 필요에 따라 국가들 사이에 분배된다." (르 뜨로느[Le Trosne], ≪사회적 이익에 관하여≫, p. 916.) "금과 은을 계속 공급하고 있는 광산들은 어느 나라에나 이렇게 필요한 량을 공급할 만큼 충분하다." (J. 반더린트, ≪화폐가 만물의 답이다 [화폐만능론]≫, p. 40.)

112 환시세는 매주 오르내리는데, 년중 어떤 특정한 시기에는 어떤 국민에게 불리하게 올라가고, 또 다른 시기에는 반대로 유리하게 올라간다." (N. 바본, 같은 책, p. 39.)

113 이들 다양한 기능은, 은행권의 태환준비금이라는 기능이 거기에 새로 첨가되자마자 서로 위험한 충돌을 일으킬 수 있다.

114 "국내 상업을 위해서 절대적으로 필요한 량 이상의 화폐는 모두 죽은 자본

이며 ... 그것이 외국무역에서 수출된다든지 수입된다든지 하는 경우 외에는, 그 보유국에 어떤 이윤도 가져다주지 않는다." (죤 벨러즈, ≪논집≫, p. 13.) "만일 우리가 너무 많은 주화를 가지고 있다면, 어떨까? 우리는 아마 가장 무거운 것들[=가장 마모되지 않은 주화들: 역자]을 녹여 금·은제의 화려한 접시·그릇들이나 기구들로 만들거나, 그것을 필요로 하고 원하는 곳으로 그것을 상품으로서 송출하든가, 혹은 이자가 높은 곳으로 이자를 받고 대출할 것이다." (W. 페티, ≪화폐에 관한 소론. ...≫, p. 39.) "화폐는 국가라는 신체의 지방(脂肪)에 불과하며, 따라서 너무나 많으면 신체를 흔히 민첩하지 못하게 하고, 너무나 적으면 병들게 한다. ... 지방이 근육의 운동을 매끄럽게 하고, 영양의 부족을 보충하고, 우묵한 곳들을 메워 신체를 아름답게 하는 것처럼, 국가에서 화폐는 국가의 행동을 민첩하게 하고, 국내에 기근이 발생하면 해외로부터 식량을 공급하며, 채무를 갚고 ... 전체를 아름답게 한다. 물론" — 하고, 그는 풍자적으로 결론을 내린다 — "그것을 듬뿍 가지고 있는 특별한 인물들을 특별히 더 아름답게 하는 것이지만." (W. 페티, ≪아일랜드의 정치적 해부≫, p. 14.)

해설

[1] 《자본론》은 칼 맑스의 주저(主著)이며, 그는 자신의 생애의 40년을 이 책을 저술하는 데에 바쳤다. "맑스는, 경제적 구조가 토대이며, 그 위에 정치적 상부구조가 우뚝 솟는다는 것을 인식한 후에는, 무엇보다도 이 경제적 구조의 연구에 주의를 기울였다."(《레닌 전집》 제 19권, 베를린, 1962, S. 5.)

맑스는 1943년 말에 빠리에서 경제학의 체계적인 연구에 착수했다. 그는, 마땅히 현존 질서와 부르주아 경제학에 대한 비판을 포함할 포괄적인 저서를 집필한다는 목표를 세웠다. 이 분야에서의 그의 최초의 연구들은 《1844년의 경제학-철학 초고》, 《독일 이데올로기》, 《철학의 빈곤》, 《임금노동과 자본》, 《공산당 선언》 등의 저작들에 반영되었다. 이들 저작 속에서 이미 자본주의적 착취의 기초나, 자본가들과 임금노동자들의 화해할 수 없는 이해의 대립, 자본주의의 일체의 경제적 관계의 적대적이고 과도적(過渡的)인 성격이 폭로되었다.

1848-49년 혁명의 격렬한 사건들에 의해서 중단되었던 경제학 연구를 그 후 맑스는, 1849년 8월에 망명해야만 했던 런던에서 속행했다. 여기에서 그는 경제학의 역사 및 여러 나라의, 특히 당시 자본주의의 고전적 국가였던 영국의 경제를 철저히 그리고 전면적으로 연구했다. 이 시기에 그가 관심을 가졌던 것은 토지소유의 역사와 지대론, 화폐유통과 물가의 역사 및 이론, 경제공황, 기술과 기술학의 역사, 그리고 농학과 농화학의 문제들이었다.

맑스는 믿기 어려울 정도로 어려운 조건들 하에서 연구했다. 그는 끊임없이 곤궁과 싸우지 않으면 안 되었고, 생활비를 벌기 위해서 자주 연구를 중단하지 않으면 안 되었다. 물질적 궁핍 하에서 장기간 지속된 과로는 그 결과를 수반하지 않을 수 없었고, - 맑스는 중병에 시달렸다. 그럼에도 불구하고 1857년이 되면, 그는 수집한 자료의 체계화와 일반화를 시작할 수 있을 만큼, 방대한 준비 작업에 성공했다.

1857년 8월부터 1858년 6월까지 맑스는 인쇄전지(印刷全紙, [국판(菊版)의 16 페이지 분량에 해당: 역자]) 약 50 매 분량의 원고를 작성했는데, 거기에는 장래의 《자본론》의 윤곽이 어느 정도 서술되어 있었다.

이 노작(勞作)은 1939-41년에야 비로소 쏘련공산당 중앙위원회 부설 맑스-레닌주의연구소에 의해 《경제학 비판 요강 (*Grundrisse der Kritik der politischen Ökonomie*)》이라는 제목 하에 원어[독일어: 역자]로 공간되었다. 1857년 11월에 맑스는 그의 저작 계획(Plan)을 작성했는데, 그 계획은 나중에 상세지고 결정적으로 정밀해졌다. 경제학적 범주들을 비판한 자신의 과학적 노작을 그는, 1) 자본에 관하여, 2) 토지소유에 관하여, 3) 임금노동에 관하여, 4) 국가에 관하여, 5) 국제무역, 6) 세계시장이라는 여섯 권으로 분류했다. 제1권[자본에 관하여: 역자]에 대해서 맑스는, a) 자본 일반, b) 경쟁, 즉 다수의 자본의 상호 간의 행동, c) 신용, d) 주식자본이라는 네 편(篇)을 예정하고 있었다. 제1편 [자본 일반: 역자]은, 1. 상품, 2. 화폐, 그리고 3. 자본이라는 세 장(章)으로 구성되어야 했다. 제3장은 다시, 자본의 생산과정, 자본의 유통과정, 양자의 통일 혹은 자본과 이윤·이자라는 3부로 분류되어야 했다. 이 마지막 특별 분류가 나중에 전체 저작을 3권의 《자본론》으로 나누는 기초가 되었다. 경제학과 사회주의의 비판과 역사는 다른 한 저작의 대상이 되어야 했다.

맑스는 자신이 집필하는 저작을 연속적인 분책들로 출판할 계획이었는데, 그 경우 첫 번째 분책은 무조건 상대적으로 완결적인 것, 그리고 전체 저작의 토대가 되지 않으면 안 되었다. 거기에는, 1. 상품, 2. 화폐 또는 단순유통, 그리고 3. 자본이라는 세 부분이 포함되어야 했다. 그러나 정치적 이유들 때문에 첫 번째 간행본의 최종 원고에는 - 《경제학 비판을 위하여 (*Zur Kritik der Politischen Oekonomie*)》라는 책 속에는 - 세 번째 부분이 포함되지 않았다. 그에 관해서 맑스는, 바로 이 부분과 더불어 "진짜 전투가 시작된다"며, 지배계급에게 달갑지 않은 저자들에 대한 정부의 검열과 경찰의 추적, 각종 몰이가 존재하는 때에, 널리 공중(公衆)이 아직 새로운 저작에 대하여 무언가를 알기도 전에 그러한 장(章)을 처음부터 곧바로 공표하는 것은 현명하지 못할 것이라고 언급했다. 첫 분책의 출판을 위해서 맑스는 특히 상품에 관한 장을 썼고, 1857-58년 원고의 화폐의 장을 철저하게 수정했다.

《경제학 비판을 위하여》는 1859년에 출판되었다. 그에 이어 곧바로 그 다음 분책도, 즉 1857-58년 원고의 주요 내용을 이루는, 자본에 관해 서술한 부분도 출판할 참이었다. 맑스는 경제학에 대한 체계적인 연구를 대영박물관에서 다시 계속했다. 그러나 이내 그는, 보나빠르뜨파의 첩자 칼 포크트(Karl Vogt)의 중상모략적 공격의 정체를 폭로하고 또한 긴급한 논문들을 인쇄에 붙이기 위해서 1년 반 동안 그 작업을 중단하지 않으면 안 되었다. 1861년 8월에야 비로소 맑스는 방대한 원고의 집필에 다시 착수했고, 1863년 중엽에 그것을 끝냈다. 23분책으로 이루어져 있고 총분량이 인쇄전지 약 200매인 이 원고는 1859년에 출판된 제1분책 ≪경제학 비판을 위하여≫의 계속이며, 똑같은 제목을 가지고 있다. 이 원고의 주요한 부분(제6-제15분책 및 제18분책)은 경제학설들의 역사를 취급하고 있다. 그것은 맑스와 엥엘스가 생존해 있는 동안에 출판되지 않았다. 독일통일사회당(SED) 중앙위원회 부설 맑스-레닌주의연구소가 이것을 ≪잉여가치학설사 (자본론 제4권)≫이라는 제목 하에 3분책으로 출판했다. 처음 5분책들 속에서, 그리고 부분적으로는 제19-제23분책들 속에서 ≪자본론≫ 제1권의 주제들이 취급되고 있다. 여기에서 맑스는 화폐의 자본으로의 전화(轉化)를 분석하고, 잉여가치론을 전개하며, 일련의 다른 문제들에 관하여 논급하고 있다. 특히, 제19분책과 제20분책에는 제1권 제13장 "기계와 대공업"의 견고한 기초가 놓여 있다. 그 분책들 속에서는 기술의 역사에 대한 극히 풍부한 자료가 제시되고, 자본주의적 산업에서의 기계의 사용이 철저하게 경제학적으로 분석된다. 제21-제23분책들 속에서는 ≪자본론≫의 다양한 주제들과 관련한 문제들, 특히 제2권의 그것들과 관련한 개별적인 문제들이 조명된다. 제3권의 문제들에는 제16분책과 제17분책이 할당되어 있다. 이렇게 하여 1861-1863년의 원고는 많든 적든 ≪자본론≫ 4개의 권 모두의 문제들에 관해 논급하고 있다.

작업이 더욱 진행되는 가운데 맑스는 이전에 세 부분으로 이루어진 "자본 일반"의 편을 위해서 만들어두었던 계획에 따라서 자신의 저작 전체를 구축(構築)하기로 결심했다. 원고의 역사적-비판적 부분은 네 번째의, 끝맺음 부분이 되어야 했다. 1866년 10월 13일자로 쿠겔만(Kugelmann)에게 보낸 편지에서 맑스는, "이 저작 전체는 요컨대 다음과 같은 부분들로, 즉 제1권 자본의 생산과정, 제2권 자본의 유통과정, 제3권 총과정의 모습들, 제4권 이론의 역사에 관하여로 나누어진다"고 쓰고 있다. 맑스는 또한 연속적인 분책들로 출판하려던 이전의 계획을 버리고, 작업 전체를 완성하고 나서, 그때에야 비로소 그것을 출판하기로 결심했다.

맑스는 저술 작업을, 특히 1861-1863년의 원고에서 아직 충분히 전개되지 못했던 부분들의 작업을 집중적으로 계속했다. 그는 추가적으로 거대한 량의 경제학적·기술적 문헌들을 연구했는데, 특히 농업경제에 관한 문헌과 신용 및 화폐유통의 문제들에 관한 문헌들을 연구했다. 그는 통계자료들, 의회 기록들, 공업에서의 아동노동이나 영국 프롤레타리아트의 생활조건들 등에 관한 정부 보고서들을 연구했다. 그 직후 맑스는 2년 반(1863년 8월부터 1865년 말까지)에 걸쳐서 새로운 방대한 원고를 작성했고, 그것이 《자본론》의 이론적인 세 권의, 상세한 부분까지 퇴고된 최초의 이문본(異文本, Variante)이다. 저작 전체를 다 집필하고 난 후에야 (1866년 1월에) 비로소 맑스는 인쇄를 위한 최종 퇴고에 착수했다. 이때에 맑스는, 저작 전체를 한꺼번에 인쇄하도록 준비하지 말고, 우선 제1권만 준비하라는 엥엘스의 권고를 따랐다. 이 최종의 퇴고를 맑스는 극히 면밀히 수행했다. 그것은 실제로는 제1권 전체의 또 한 번의 수정이었다. 서술을 짜임새 있게 하고, 완전하게 하며, 명확하게 하기 위해서 맑스는, 1859년에 간행된 자신의 저서 《경제학 비판을 위하여》의 내용을 《자본론》 제1권의 서두에 요약해둘 필요가 있다고 생각했다.

독일어 신판을 준비하면서 그리고 다른 언어들로 출판하면서 맑스는 《자본론》 제1권을 더욱 개선하려고 했다. 그리하여 제2판(1872년)에는 수많은 변경을 가했으며, 《자본론》의 최초의 외국어 번역으로서 1872년에 뻬쩨르부르끄에서 출판된 러시아어판과 관련해서는 중요한 지시들을 했고, 1872년부터 1875년까지 연속된 분책들로 출판된 프랑스어 번역을 상당한 범위에 걸쳐서 수정하고 교정했다.

맑스는 이 저작 전체를 조속히 완성하려고 했기 때문에, 제1권을 출간한 후에도 쉬지 않고 다음 권들의 작업을 계속했다. 하지만 그에게는 그것이 허용되지 않았다. 국제노동자협회[제1인터내셔널: 역자] 총평의회에서의 다면적인 활동은 많은 시간을 필요로 했다. 나쁜 건강상태 때문에 그는 갈수록 자주 일을 중단하지 않을 수 없었다. 맑스의 비상한 과학적 정확성과 지나칠 정도의 양심 바름, 저 준엄한 자기비판, 즉, 엥엘스가 말한 것처럼, "자신의 위대한 경제학적 발견을 공표하기 전에 그것을 극도로 완벽하게 퇴고하려고" 열망했던 그 준엄한 자기비판은 이런저런 문제를 마무리하고 재검토할 때에 맑스로 하여금 언제나 새로운 연구를 하도록 자극했다.

맑스 사후(死後) 《자본론》의 다음 두 권은 엥엘스에 의해서 인쇄용 원고가 준비되고 간행되었다. 제2권은 1885년에, 제3권은 1894년에 출판되었다. 이로써 엥엘스는 과학적 사회주의의 지적(知的) 보고(寶庫)에 아무리 높이 평가해도 충분하지 않은 공헌을 했다.

엥엘스는 또한 ≪자본론≫ 제1권의 영어 번역(1883년 간행)을 교정했고, ≪자본론≫ 제1권의 독일어 제3판(1883년)과 제4판(1890년)을 준비했다. 그 외에도, 맑스 사후, 그러나 아직 엥엘스가 생존해 있던 중에 ≪자본론≫ 제1권의 다음 판본들이 출판되었다. 즉, 3개의 영어판들(1887, 1889, 1890년)이 런던에서, 3개의 영어판들(1887, 1889, 1890년)이 뉴욕에서, 프랑스어판(1885년)이 빠리에서, 덴마크어판(1885년)이 코펜하겐에서, 스페인어판(1886년)이 마드리드에서, 이딸리아어판(1886년)이 투린에서, 폴란드어판(1884-1889년)이 라이프치히에서, 네덜란드어판(1894년)이 암스테르담에서 간행되었고, 아울러 수많은 다른, 미완의 판본들이 출판되었다.

≪자본론≫ 제1권의 제4판(1890년)에서 엥엘스는 맑스의 지시들에 기초하여 본문과 각주들을 최종적으로 교정했다. 이 제4판은 ≪자본론≫ 제1권의 우리 판본의 기초로도 되어 있다. (11)

[2] 맑스가 여기에서 말하고 있는 것은 제1판(1867년)의, "상품과 화폐"라는 표제를 가진 제1장이다. 제2판을 위하여 맑스는 이 권을 개정했고, 그 구성을 바꾸었다. 그는 이전의 제1장을 3개의 독립적인 장들로 나누었고, 그것들이 이제 동일한 표제 하에 제1편을 이루고 있다. (11)

[3] *De te fabula narratur!* (당신에 관해서 말하고 있는 것이다!) — 로마의 시인 호라티우스(Quintus Horatius, B.C. 65-8)의 ≪풍자시≫ 제1권, 시1로부터. (12)

[4] 청서(青書, *Blaubücher, Blue Books*) — 영국의 의회 자료 간행물들 및 외무성의 외교문서 간행물들에 대한 일반적인 명칭. 푸른색의 표지 때문에 그렇게 불리는 청서들은 영국에서 17세기 이래 발행되고 있으며, 이 나라의 경제사 및 외교사의 가장 중요한 공인 자료이다. (16, 519)

[5] *Segui il tuo corso, e lascia dir le genti!* (너의 길을 가라. 그리고 사람들은 지껄이도록 내버려둬라!) — 단떼(Dante)의 ≪신곡≫, "연옥편", 제5곡(曲)을 변형시킨 격언.; "스승이 말하시되 '어찌하여 네 마음은 이다지 설레이는고? 걸음은 느리기만 하니 대체 이 고장의 속삭임이 네게 어떻단 말인고? 너는 내 뒤에 올 뿐 사람들의 지껄임은 버려둘지니 바람에 불려도 한 번도 끝이 흔들린 적이 없는 굳건한 탑처럼 서 있거라…" (단떼 알리기에르 저, 최민순 역주, ≪신곡≫, 을유문화사, 1970, pp. 275-76.) (17)

[6] ≪자본론≫ 제1권의 제4판(1890년)에서는 이 후기의 첫 네 단락이 생략되어 있다. 현재의 판에서는 그 서문이 완전하게 간행된다. (18)

[7] 곡물법반대동맹 (*Anti-Corn-Law League*) - 1838년에 공장주 콥덴과 브라이트에 의해서 맨체스터에서 결성된 자유무역주의 단체. 외국으로부터의 곡물 수입을 제한 내지 금지하기 위한 이른바 곡물법은 1815년에 영국의 대토지소유자, 즉 지주의 이익을 위하여 도입되었다. 동맹은 완전한 무역의 자유를 요구했고, 곡물법의 폐지를 위해 투쟁했는데, 그 목적은 노동자들의 임금을 낮추고 토지귀족의 경제적 정치적 지위를 약화시키기 위한 것이었다. 토지소유자들과의 투쟁에서 동맹은 노동자 대중을 이용하려고 했다. 그러나 바로 이 시기에 영국의 가장 진보적인 노동자들은 독자적이고 정치적으로 뚜렷한 노동운동(차티스트 운동[1837-1848년의 인민헌장 제정운동: 역자])의 노선을 걷고 있었다. 산업 부르주아지와 토지귀족 간의 투쟁은 1846년에 곡물법 폐지에 관한 법률안이 통과되면서 끝났다. 그 후 동맹은 해체되었다. (21)

[8] J. 디츠겐의 논문 "칼 맑스의 ≪자본론, 경제학 비판≫, 함부르크, 1867"은 1868년에 ≪데모크라티쉔 보헨블랏 (*Demokratischen Wochenblatt*, 민주주보(民主週報))≫ 제31, 34, 35, 36호에 발표되었다. 1869년부터 1876년까지 이 신문은 ≪데어 폴크스쉬타트 (*Der Volksstaat*, 인민국가)≫라는 이름으로 간행되었다. (22)

[9] ≪라 필로소피 포지티브. 르뷔 (*La Philosophie Positive. Revue*, 실증주의 철학. 평론)≫ - 1867년부터 1883년까지 빠리에서 발간된 잡지. 1868년 11/12월의 제3호에서 이 잡지는 실증주의 철학자 오귀스뜨 꽁뜨(Auguste Comte)의 한 추종자인 드 로베르티(De Roberty)가 집필한, ≪자본론≫ 제1권에 관한 짧은 비평을 발표했다. (25)

[10] 니꼴라이 지베르, ≪최근의 보완 및 설명과 관련한 리카도의 가치 및 자본에 관한 이론 (*Теорія цѣнности и капитала Д. Рикадо въ связи съ поднѣйшими дополненіями и разъясненіями*)≫, 끼에프, 1871, p. 170. (25)

[11] 맑스가 여기에서 염두에 두고 있는 것은 독일의 부르주아적 철학자들인 뷔히너(Büchner), 랑게(Lange), 뒤링(Dühring), 훼히너(Fechner) 등등이다. (27)

[12] ≪자본론≫ 제1권의 프랑스어판은 1872년부터 1875년까지 빠리에서 연속적인 분책으로 출판되었다. (33)

[13] 신3분의 2 탈러 (*neue Zweidrittel*) - 3분의 2 탈러의 가치를 가진 은화로서, 17세기 말부터 19세기 중엽까지 독일의 여러 지역에서 유통되었다. (34)

[14] ≪자본론≫ 제1권 영어판의 장(章) 번호는 독일어판의 장 번호와 일치하지 않는다. (37)

[15] "노예제 옹호 반란 (*proslavery rebellion*)" - 미국 남부의 노예소유자들이 일으켜 1861-1865년의 내전으로 발전한 반란. (40, 302, 450)

[16] 글래드스톤(Gladstone)의 1863년 4월 16일 연설을 맑스가 의도적으로 위조하여 인용했다며 맑스를 비난한, 부르주아지의 대표자들 측으로부터의 거듭된 모략적 공격의 정체를 엥엘스는 "브렌타노(Brentano) 대 (對) 맑스. 이른바 인용위조에 관하여. 전말(顚末)과 문서"라는 특별한 논문에서 폭로했다. 이 논문은 1891년에 함부르크에서 출판되었다. (*MEW*, Band 22를 보라.) (42)

[17] A. 베벨을 반대한 꼬마 라스커의 발명품 (*Erfindung des Laskerchen contra Bebel*) - 1871년 11월 8일 [독일] 제국의회의 회의에서 국민자유당의 의원 라스커는 A. 베벨과의 논전(論戰)에서, 만일 독일 노동자들이 빠리의 꼬뮌전사들(Pariser Kommunarden)의 예를 본받으려고 생각한다면, "성실하고 재산을 가진 시민들은 그들을 몽둥이로 때려죽이게" 될 것이라고 선언했다. 하지만 연설자는 이 표현을 공표할 결심을 못했고, 속기록에는 이미 "그들을 몽둥이로 때려죽인다" 대신에 "자신의 권력으로 그들을 진압한다"고 되어 있었다. 이 변조를 베벨은 폭로했다. 라스커는 노동자들 사이에서 조롱거리가 되었다. 그의 키가 작았기 때문에 "꼬마 라스커(Laskerchen)"라는 별명이 붙여졌다. (43)

[18] 여기에서 엥엘스는, 혼자서 50명과 싸웠다고 말하는 허풍선이이자 겁쟁이 활스타프(Falstaff)의 대사를 바꾸어 말하고 있다. (쉐익스피어, ≪헨리 4세≫, 제1부, 제2막, 제5장 [김정환 역, ≪헨리 4세≫ 제1부, 아침이슬, 2012, p. 66]). (45)

[19] 사무엘 버틀러(Samuel Butler, 1612-1680. [17세기 영국의 풍자시인: 역자])의 서사시 ≪휴디브라스 (*Hudibras*)≫, 제2부, 제1가(歌), 제465

-466행을 변형시킨 인용. (51)

[20] 윌리암 제이콥, ≪귀금속의 생산과 소비에 관한 역사적 연구≫, 런던, 1831, (55)

[21] W. 페티, ≪조세·공납(貢納)론≫, 런던, 1667, p. 47. (58)

[22] 쉐익스피어, ≪헨리 4세≫, 제1부, 제3막, 제3장. (62)

[23] *Paris vaut bien une messe!* (빠리는 분명 미사를 받을 가치가 있다!) - 1593년에 앙리 4세가 국가의 정책을 위해서 카톨릭으로 개종했을 때에 했다는 말. (67)

[新日本판 역주] 신·구 두 기독교도가 격렬한 항쟁을 벌이는 속에서 1593년 신교를 지지하는 앙리 4세(Henri Ⅳ, 1553-1610)가 구교도가 지배하는 빠리로 진격하면서, 왕위를 유지하는 데에 장애가 되는 신교를 버리고 구교인 카톨릭의 미사에 참석하려 했을 때 했다는 말. 대신(大臣) 쉴리(Maximilien de Bethune, duc de Sully)가 개종을 건의했을 때의 말이라고도 하며, 쉴리의 말로는 '빠리' 대신에 '왕위'였다고 함. 맑스는 이 말을 valoir의 용례(用例)로서 사용하고 있고, 프랑스어에서는 vaut [valoir의 3인칭 단수 변화형]가 빠리의 바로 다음에 오는 데에 비해서 독일어[Paris ist schon eine Messe wert!]에서는 wert가 주어와 떨어져 끝에 오기 때문에 덜 적절하다는 뜻일 것이다.

[24] 맑스가 여기에서 ≪이마누엘 베커 편, 아리스토텔레스 저작집≫ 제9권, 옥스퍼드, 1837년에 수록된, 아리스토텔레스, ≪니코마코스 윤리학≫, pp. 99-100으로부터 인용하고 있다. (74)

[25] 롬바르드가(*Lombardstreet*) - 영국의 가장 중요한 은행과 상사(商事)들이 있는 런던의 금융가. (75)

[26] K. 맑스, ≪철학의 빈곤. M. 프루동의 빈곤의 철학에 대한 반박≫, 빠리, 브뤼셀 1847, 제1장 (*MEW*, Bd. 4, S. 67-124). (83)

[27] 괴테의 ≪파우스트≫, 제1부, "서재"로부터의 변형된 인용. (83)

[28] *pour encourager les antres* (다른 것들을 격려하기 위하여) - 1848-49년의 혁명이 패배한 후 유럽에서는 칠흑같이 어두운 정치적 반동기가 시작되었다. 이 무렵 유럽의 귀족층 그리고 부르주아들도 심령술, 특히 염력(念力)으로 탁자를 움직이는 것(Tischrücken)에 열광했는데, 한

편 중국(China)에서는 특히 농민들 사이에서 강력한 반봉건 해방운동이 전개되었고, 그것은 태평천국의 난으로 역사에 기록되어 있다. (85)

[29] 리카도는 저서 ≪농업 보호에 관하여≫, 제4판, 런던, 1822, p. 21에서 오언 씨의 평행 4 변형에 관해서 언급하고 있다. 자신의 공상적(utopisch) 사회개조계획 속에서 오언은, 정착촌이 평행 4 변형 혹은 정 4 각형의 형태로 건설되면, 경제성의 관점에서도 거주성의 관점에서도 가장 합리적이라는 것을 증명하려고 하였다. (90)

[30] 에피쿠로스의 신들 - 고대 그리스 철학자 에피쿠로스의 견해에 의하면, 신들은 세계와 세계 사이의 틈새, 그 중간의 공간에 존재하고 있다. 그들은 천지만물의 발전에도 인간의 생활에도 어떤 영향도 미치지 않는다. (93)

[31] 쉐익스피어, ≪헛소동≫, 제3막, 제3장, (98)

[32] 랑디(*Landit*) - 빠리 근교의 마을로서 거기에는 12 세기부터 19 세기까지 매년 커다란 장이 섰다. (99)

[33] ≪요한계시록 (*Apokalypse*)≫ - 초기 기독교 문헌의 한 작품인데, 요한의 계시로서 ≪신약성서≫에 수록되었다. 원작자는 대부분 사도 요한으로 간주되고 있다. 그것은 "세계의 종말"과 "그리스도의 재림"이라고 하는 신비주의적인 예언들을 포함하고 있는데, 중세에는 자주 이단적인 민중운동을 야기했다. 나중에는 교회가 인민대중을 위협하기 위해 요한계시록의 예언들을 이용했다.

맑스는 여기에서 ≪요한계시록≫의 제17장 제13절과 제13장 제17절을 인용하고 있다. (101)

[34] 잉카국(*Inkastaat*) - 원시사회의 중요한 잔재들을 가지고 있던 노예소유자국가. 사회적·경제적 조직의 토대는 토지와 가축을 공유한 씨족 혹은 농민공동체(Aylla)였다. 잉카국이 전성기를 경험한 것은 15 세기 말부터 16 세기 30 년대에 스페인에 의한 정복과 잉카국의 전멸에 이르기까지로서, 당시 그것은 오늘날의 페루와 에콰도르, 볼리비아, 칠레 북부 지역에 걸쳐 있었다. (102)

[35] 판덱텐(*Pandekten*, [그리스어]) 혹은 디게스텐(*Digesten*, [라틴어]) - 로마민법(Corpus juris civilis)의 주요 부분. 판덱텐은 로마의 법률학자들의 저작들로부터 발췌한 것들을 편찬한 것으로서, 노예소유자들의 이

해에 일치했다. 그것은 비잔틴의 황제 유스티아누스 1세(Justianus I)의 명령에 의해 작성되었고, 533년에 법률로 공포되었다. (106)

[36] [윌리엄 에드워드 패리 (W. E. Parry)] ≪대서양으로부터 태평양으로의 북서항로를 발견하기 위한 항해 일지―윌리엄 에드워드 패리의 지휘하에 제국군함 헤클라(Hecla)호와 그라이퍼(Griper)호에 의해 1819-1820년에 수행되었다≫, 제2판, 런던, 1821, pp. 277, 278. (110)

[37] 시적 연대기 (*poetische Chronologie*) ― 고대 신화에서는 인류의 역사는 5개의 시대로 나뉘어져 있었다. 황금시대에는 사람들이 가장 행복하게 고뇌를 모르고 살았다. 토지는 그들의 공동의 소유였고, 모든 생활 필수품을 보급해주었다. 하지만 이러한 완벽한 상태에 이어 세계는 단계적으로 악화되어 가, 은시대, 청동시대, 영웅시대, 철시대로서 묘사되었다. 이 최후의 시대의 특징은 수확이 부족한 토지에서의 고된 노동이었고, 생활은 부정과 폭행, 살육으로 가득 차 있었다. ― 이 5개 시대의 전설은 그리스의 서사시인 헤시오도스(Hesiodos)의 작품 속에, 그리고 나중에는 로마의 서정시인 오비디우스(Publiius Ovidius Naso)의 작품 속에 다시 수록되어 있다. (114)

[38] 1707년에 성사된 영국과 스코틀랜드의 연합은 스코틀랜드를 최종적으로 영국에 합병시켰다. 스코틀랜드의 의회는 폐지되고, 양국 간의 모든 경제적 장벽은 제거되었다. (114)

[39] 맑스는, 성(聖) 히에로니무스, ≪에우스토키움에의 편지 ― 처녀성의 유지에 대하여≫를 인용하고 있다. (118)

[40] 단떼, ≪신곡≫, "천국"편, 제24곡, 필랄레테 독일어 역, 라이프치히, 1871.; [최민순 역주, 을유문화사, 1970, p. 657.] (118)

[41] "*the course of true love never does run smooth*" ("진실한 사랑의 길은 결코 평탄치 않다") ― 쉐익스피어, ≪한 여름밤의 꿈≫, 제1막, 제1장. (122)

[42] 케네로부터의 이 인용문은 ≪외제느 데르(Eugène Daire) 편, 중농주의자들 ...≫, 제1부, 파리, 1846,에 수록된, 뒤뽕 드 너무르(Dupont de Nemours)의 저작, ≪케네 박사의 준칙들, 혹은 그의 사회경제학 원리의 개요≫, p. 392에 있다. (123)

[43] *Non olet* ([Es stinkt nicht] 그것은 악취를 풍기지 않는다) — 로마 황제 베스파시아누스(Vespasianus, 재위 69—79)는, 공중변소에 과세한 것을 그 아들이 비난하자, 그 화폐에 대해서 그렇게 말했다. ([新日本판 역주] 로마 황제 베스파시아누스(재위 69—79)는, 공중변소에 대한 과세를 아들로부터 비난받았을 때, 맨 먼저 세(稅)로 거둔 화폐를 아들에게 보여주면서 악취가 나는지를 묻고, 악취가 나지 않는다는 대답에 "그렇지만 이것은 분뇨에서 걷은 것이다"라고 말한 데에서 연유한다. 수에토니우스(Suetonius), ≪베스파시아누스≫, 23에서.) (124)

[44] A.H. Müller, ≪정치술의 기초(*Die Elemente der Staatskunst*)≫, 제2부, 베를린, 1809, S. 280. (139)

[45] 말장난: "Sovereign"은 "Souverän(통치자)", "Monarch(군주)"를 의미하며, 동시에 영국의 금화(1 Pfd.St.)의 명칭 "Sovereign(쏘브린)"이기도 하다. (141)

[46] *aus meuble in immeuble* (동적인 것에서 부동적인 것으로) — 외제느 데르(Eugène Daire) 편, ≪18세기의 재정 경제학자들 (*Economistes financiers du XVIIIe siècle*)≫, 빠리, 1843에 수록된, Boisguillebert, ≪프랑스 상론(詳論) (*Le détail de France*)≫, p. 213. (144)

[47] 동인도회사 — 1600년에서 1858년까지 존속했던 영국의 무역회사. 그것은 인도, 중국 그리고 기타 아시아 국가들에서의 영국의 강도적 식민정책의 도구였다. 그것의 도움을 받아 영국의 식민지 개척자들은 인도를 점차적으로 정복하는 데에 성공했다. 동인도회사는 장기간 인도와의 무역을 독점했고, 인도의 가장 중요한 행정기능들을 장악했다. 인도에서의 민족해방 반란(1857-59)은 영국인들로 하여금 그 식민지 지배형태를 바꾸지 않을 수 없도록 강요했다. 동인도회사는 해체되고, 인도는 영국왕의 소유로 선언되었다. (148, 780)

[48] ≪동인도 (지금). 하원의 질의에 대한 1864년 2월 8일부 답변 (*East India* [*Bullion*]. *Return to an address of the Honourable the House of Commons, dated 8 February 1864*)≫. (148)

[49] 루터로부터의 인용문은 ≪자본론≫ 제4판에 의거하고 있다. (149, 207, 619)

[50] 맑스가 여기에서 인용하고 있는 것은 페티의 저작 ≪현자(賢者)에게는

한 마디면 족하다 (*Verbum sapienti*)≫로, 그것은 ≪아일랜드의 정치적 해부≫의 부록으로 게재되었다. (156, 160, 289)

[51] 맑스가 여기에서 인용하고 있는 것은 D. 리카도의 저서, ≪지금(地金)의 고가격. 은행권 감가의 증거 (*The High Price of Bullion. A Proof of the Depreciation of Bank Notes*)≫, 제4판, 런던, 1881이다. (158)

[52] "통화주의 (*currency principle*)" − 19세기 전반기에 영국에 널리 유포됐던 화폐이론으로, 그것은 화폐수량설로부터 출발하고 있었다. 수량설의 대표자들은, 상품들의 가격은 회류하고 있는 화폐의 량에 의해서 규정된다고 주장한다. "통화주의"의 대표자들은 금속유통의 법칙들을 본받으려고 했다. 통화(유통수단)에 그들은 금속화폐 이외에 은행권들도 포함시켰다. 그들은 은행권에 대한 완전한 금준비 보증을 통해서 안정적인 화폐회류를 달성할 수 있다고 믿고, 은행권의 발행은 귀금속의 수출입에 따라서 조절되어야 한다고 믿었다. 이 이론에 의거하려는 영국정부의 시도(1844년 은행법)는 전혀 성공하지 못했고, 단지 그 이론이 과학적으로 지지될 수 없다는 것과 실제의 목적을 위해서도 전혀 쓸모가 없다는 것만을 입증했을 뿐이다. (*MEW*, Bd. 13, S. 156-159도 참조하라.) (158, 648)

도량형 및 화폐표

무 게

1 톤 (영국 톤)	=20 헌드레드웨이트	1,016.05 kg
1 헌드레드웨이트	=112 파운드	50.802 kg
1 쿼터	=28 파운드	12.700 kg
1 스톤	=14 파운드	6.350 kg
1 파운드	=16 온스	453.592 g
1 온스		28.349 g
1 첸트너 (프로이쎈의)	=100 파운드	45.359 kg

귀금속 · 보석 · 약품의 중량

1 파운드 (트로이 파운드)	=12 온스	372.242 g
1 온스 (트로이 온스)		31.103 g
1 그레인		0.065 g

길 이

1 영(국) 마일	=5,280 퓌트	1,609.329 m
1 야드	=3 퓌트	91.439 cm
1 퓌트	=12 인치	30.480 cm
1 인치		2.540 cm
1 엘레 (프로이쎈의)		66.690 cm

면 적

1 에이커	=4 로드	4,046.8 m²
1 로드		1,011.7 m²
(현대의 1 로드[rod]는 $30^1/_4$ yd², 25.29 m²)		
1 루트		14.21 m²
1 아르		100.00 m²
1 유겔름		2,523.00 m²

곡물 · 액체의 량

1 쿼터	=8 붓쉘	290.792 l
1 붓쉘	=8 갤론	36.349 l
1 갤런	=8 파인트	4.544 l
1 파인트		0.568 l
1 쉐펠 (프로이쎈의)		54.96 l

통 화

(마르크 및 퀘니히로의 환산률은
1871년 기준: 1 마르크 = 순금 $^1/_{2790}$ kg)

1 파운드 스털링	=20 쉴링	20.43 마르크
1 쉴링	=12 펜스	1.02 마르크
1 페니 (펜스)	=4 퐈딩	8.51 퀘니히
1 퐈딩	=1/4페니	2.12 퀘니히
1 기니	=21 쉴링	21.45 마르크
1 쏘브린 (영국의 금화)	=1 파운드 스털링	20.43 마르크
1 프랑	=100 쌍띰	80 퀘니히
1 쌍띰 (프랑스의 보조화폐)		0.8 퀘니히
1 리브르 (프랑스의 은화)	=1 프랑	80 퀘니히
1 쎈트 (미국의 주화)		약 4.2 퀘니히
1 드라크마 (고대 그리스의 은화)		
1 도카트 (유럽의 금화. 본래는 이딸리아의 금화)		약 9 마르크
1 마라베티 (스페인의 주화)		약 6 퀘니히
1 레알 (레이스) (포르투갈의 주화)		약 0.45 퀘니히